Völkerstrafrecht, Rechtsschutz und Rule of Law

VÖLKERRECHT EUROPARECHT UND INTERNATIONALES WIRTSCHAFTSRECHT

Herausgegeben von Peter Hilpold und August Reinisch

Band 14

PETER LANG
Frankfurt am Main · Berlin · Bern · Bruxelles · New York · Oxford · Wien

Werner Schroeder
Jelka Mayr-Singer
(Hrsg.)

Völkerstrafrecht, Rechtsschutz und Rule of Law

Das Individuum als Herausforderung für das Völkerrecht

Beiträge zum 34. Österreichischen Völkerrechtstag 2009 in Tramin/Südtirol

PETER LANG
Internationaler Verlag der Wissenschaften

Bibliografische Information der Deutschen Nationalbibliothek
Die Deutsche Nationalbibliothek verzeichnet diese Publikation in der Deutschen Nationalbibliografie; detaillierte bibliografische Daten sind im Internet über http://dnb.d-nb.de abrufbar.

ISSN 1862-457X
ISBN 978-3-631-60665-0

www.peterlang.de

Vorwort

Der Österreichische Völkerrechtstag bietet Völkerrechtlerinnen und Völkerrechtlern alljährlich Gelegenheit zu einem vertieften Meinungs- und Erfahrungsaustausch über internationale Fragestellungen. Er versteht sich als Zusammenkunft von Wissenschaft und Praxis, als informelles Forum, in dessen Rahmen aktuelle Themen aufgegriffen und sowohl von den Mitgliedern der österreichischen Völkerrechtsinstitute als auch von Praktikern unter Einbeziehung auswärtiger Gastteilnehmer diskutiert werden. Der vorliegende Sammelband enthält all jene Vorträge, die im Rahmen des 34. Österreichischen Völkerrechtstages gehalten und in schriftlicher Form vorgelegt wurden. Turnusmäßig wurde dieser Völkerrechtstag vom 18. bis zum 20. Juni 2009 vom Institut für Europarecht und Völkerrecht der Universität Innsbruck auf Schloss Rechtenthal bei Tramin in Südtirol veranstaltet.

Schwerpunktthema des Österreichischen Völkerrechtstages 2009 waren das Völkerstrafrecht und die internationale Gerichtsbarkeit, beides besonders dynamische Bereiche des Völkerrechts. Der erste Themenblock war dabei dem materiellen Völkerstrafrecht gewidmet. Die Autoren der Beiträge kommen der genannten Tradition des Völkerrechtstages entsprechend sowohl aus dem universitären Bereich (*Andreas Paulus*), als auch aus der einschlägigen Praxis (*Walter Gehr* und *Christian Wenaweser*, Präsident der Versammlung der Vertragsstaaten des Internationalen Strafgerichtshofes). Auch im zweiten Themenblock, der internationalen Strafgerichtsbarkeit, kommen sowohl Vertreter der Universitäten (*Andreas Th. Müller* und *Jelka Mayr-Singer*) als auch prominente Praktiker zu Wort. So schildert *Renate Winter*, Präsidentin des Sondergerichtshofs für Sierra Leone mit welchen Schwierigkeiten die gerichtliche Aufarbeitung schwerster Menschenrechtsverletzungen in Afrika konfrontiert ist. Auch der italienische Richter *Cuno Tarfusser* vermittelte Eindrücke von seiner Tätigkeit am Internationalen Strafgerichtshof in Den Haag. Leider war es ihm aus zeitlichen Gründen nicht möglich, sein Referat auch schriftlich einzubringen. Dasselbe gilt für *Bruno Simma*, der aktuelle Fälle am Internationalen Gerichtshof darstellte. Sein Referat war Teil des dritten Themenblocks, der die verschiedenen Facetten Österreichs als aktives Mitglied der Staatengemeinschaft behandelte. *Kirsten Schmalenbach* nimmt in ihrem Beitrag zu Fragen des Rechtsschutzes im UN-System Stellung, während *Konrad G. Bühler* aus der Praxis Österreichs im Sicherheitsrat und über die Rule of Law berichtet.

Dank gebührt dem österreichischen Bundesministerium für europäische und internationale Angelegenheiten, dem Bundeskanzleramt, der Südtiroler Landesregierung, der Stiftung Südtiroler Sparkasse, der TIWAG AG und der Marktgemeinde Kaltern, die es durch ihre großzügige Unterstützung ermöglicht haben, dass der 34. Österreichische Völkerrechtstag 2009 erfolgreich durchgeführt werden konnte. Unser Dank gilt außerdem den Mitarbeitern des Instituts für Europarecht und Völkerrecht, Universität Innsbruck, die an der Organisation der Tagung mitgewirkt haben, insbesondere Frau Andrea Gruber und Frau Gabriele Schwank sowie Walter Obwexer.

Innsbruck, im Jänner 2011 Werner Schroeder und Jelka Mayr-Singer

Inhaltsverzeichnis

Autoren- und Herausgeberverzeichnis

Mag. Alexander Brenneis, Universitätsassistent am Institut für österreichisches, europäisches und vergleichendes öffentliches Recht, Politikwissenschaft und Verwaltungslehre, Universität Graz

Gesandter Dr. Konrad G. Bühler, Rechtsberater und Sicherheitsratskoordinator für Rechtsfragen, Sanktionen und Terrorismus; Ständige Vertretung Österreichs bei den Vereinten Nationen, New York

Dr. Walter Gehr, Division for Treaty Affairs, United Nations Office on Drugs and Crime, Wien

Dr. Jelka Mayr-Singer, Assistentin am Institut für Europarecht und Völkerrecht, Universität Innsbruck

Mag. Dr. Andreas Th. Müller, LL.M. (Yale), Universitätsassistent am Institut für Europarecht und Völkerrecht, Universität Innsbruck

Prof. Dr. Andreas L. Paulus, Institut für Völkerrecht und Europarecht, Abteilung Allgemeines Völkerrecht, Universität Göttingen; Richter des Bundesverfassungsgerichts (Erster Senat), Karlsruhe

Univ.-Prof. Dr. Kirsten Schmalenbach, Fachbereich Öffentliches Recht/ Völkerrecht, Universität Salzburg

Univ.-Prof. Dr. Werner Schroeder, LL.M. (Berkeley), Institut für Europarecht und Völkerrecht, Universität Innsbruck

Botschafter Dr. Christian Wenaweser, Ständiger Vertreter Liechtensteins bei den Vereinten Nationen, Präsident der Versammlung der Vertragsstaaten des Internationalen Strafgerichtshofs

Mag. Renate Winter, Mitglied der Berufungskammer des Sondergerichtshofs für Sierra Leone, Präsidentin des Sondergerichtshofs für Sierra Leone von Mai 2008 bis Oktober 2009

Erfahrungen mit dem materiellen Völkerstrafrecht im Römischen Statut im Lichte der Überprüfungskonferenz 2010

*Andreas Paulus**

---

* Andreas Paulus ist Richter des deutschen Bundesverfassungsgerichts und Inhaber eines Lehrstuhls für Öffentliches Recht, insbes. Völkerrecht, an der Georg-August-Universität Göttingen sowie Co-Direktor des Instituts für Völkerrecht und Europarecht. Der Beitrag gibt allein seine persönliche Meinung wieder. Der Vortragsstil wurde beibehalten. Für ihre große Hilfe bei der Literaturrecherche sowie der Beschaffung neuester Informationen danke ich Frau Rechtsreferendarin Dipl.-Jur. Anne Dienelt sehr herzlich; für die behutsame Aktualisierung im Januar 2011 Herrn Dipl.-Jur. Nicolas Klein. Die Verantwortung für alle Fehler bleibt selbstverständlich beim Verfasser. Dieser Beitrag ist vor der Konferenz in Kampala entstanden. Die Ergebnisse der Konferenz sind jedoch, wo möglich, in den Fußnoten in Bezug genommen worden. Eine ausführlichere Darstellung der Vorgänge in Kampala, insbesondere bezüglich der Arbeitsgruppe zum Aggressionsverbrechen, findet sich im Beitrag von *Christian Wenaweser*, in diesem Band, 39 ff.; vgl. dazu auch Goettingen Journal of International Law 2 (2010), 669-811.

I. Einleitung: Übersicht

Die erste Überprüfungskonferenz gem Art 123 Abs 1 des Römischen Statuts des Internationalen Strafgerichtshofs (IStGH), die in diesem Jahr (in Anbetracht des Inkrafttretens am 1.7.2002 an sich ein Jahr zu spät) in der ugandischen Hauptstadt Kampala stattfinden wird, gibt Anlass für eine Bilanz. Gem Art 123 Abs 1 des Statuts des internationalen Strafgerichtshofs kann eine solche Überprüfung „insbesondere, jedoch nicht ausschließlich, die in Artikel 5 enthaltene Liste der Verbrechen umfassen". Aus diesem Anlass wird in diesem Beitrag der Fokus auf das *materielle* Völkerstrafrecht gelegt. Dabei finden diejenigen Aspekte besonders Berücksichtigung, welche das allgemeine Völkerrecht betreffen – also ohne den „allgemeinen Teil" des internationalen Strafrechts, den ich gern den Völkerstrafrechtlern überlasse. Dabei werde ich mich nicht nur auf den Bereich beschränken, der in den *Resolutionen E und F* der Konferenz von Rom für eine Überprüfung vorgeschlagen wurde (Aggressionsverbrechen, Terrorismus, Drogenverbrechen), sondern auch auf aktuelle Entwicklungen seit 1998 in Rechtsprechung und internationaler Politik eingehen sowie die Lücken des Statuts einbeziehen. Die Einbeziehung von Drogenverbrechen werde ich allerdings nicht behandeln, da ich nicht erkennen kann, dass eine reale Bereitschaft der Vertragsstaaten besteht, die Zuständigkeit des IStGH auf „gewöhnliche Kriminalität" auszudehnen. Nämliches gilt für die jüngst ins Gespräch gebrachte Schaffung eines internationalen Gerichtshofs gegen die Piraterie.[1]

Meine Behandlung des *Aggressionsverbrechens* werde ich auf einige besonders kritische Fragen konzentrieren, da Herr Botschafter *Wenaweser* auf die einzelnen Punkte mit der Autorität des Vorsitzenden der entsprechenden Arbeitsgruppe eingehen wird. An anderer Stelle habe ich die meines Erachtens dringend erforderliche Diskussion des Projekts zu befördern versucht.[2] Allerdings möchte ich kein Geheimnis daraus machen, dass ich dem Projekt jedenfalls zu diesem Zeitpunkt äußerst kritisch gegenüberstehe.

Zuvor werde ich aber auf jede der *vorhandenen Verbrechenskategorien* eingehen und dabei Schwerpunkte setzen. Dabei werde ich die bisherige Rechtsprechung des IStGH ebenso einbeziehen wie die einschlägige *Rechtsprechung* anderer internationaler Gerichte, insbesondere den Internationalen Strafgerichtshof für das ehe-

---

1 Netherlands and Russia to explore prospects for piracy tribunal, Government of the Netherlands, Press release v. 25.6.2009, http://www.government.nl/News/Press_releases_and_news_items/2009/June/Netherlands_and_Russia_to_explore_prospects_for_piracy_tribunal (Stand 4.3.2010); s. dazu nun auch UNSC Res. 1918 v. 27. April 2010.

2 *A. Paulus* (Hrsg), Symposium: The Codification of the Crime of Aggression,20 European Journal of International Law (2009), 1099-1156 mit Beiträgen von *R.S. Clark*, *C. Kress*, *S. Murphy*, und dem *Verfasser*.

malige Jugoslawien (ICTY), sowie *allgemeine Entwicklungen* mit Auswirkungen auf das Völkerstrafrecht, wie die Terroranschläge vom 11. September 2001.

Bei den *Kriegsverbrechen* werde ich zunächst auf die Fortentwicklung des humanitären Völkerrechts durch das Römische Statut eingehen, was die Definition des internationalen bewaffneten Konflikts angeht, und mich mit der in Rom offen gebliebenen Liste der verbotenen Waffen (Art 8 II b xx) beschäftigen.

Bei den *Verbrechen gegen die Menschlichkeit* werde ich mich auf deren Verhältnis zum *Terrorismus* beschränken. Angesichts des Fehlens einer allgemeinen Terrorismuskonvention komme ich zu dem Schluss, dass derzeit jedenfalls eine Einbeziehung des Terrorismus in die Zuständigkeit des IStGH nicht angebracht ist, was aber nicht ausschließt, dass terroristische Verbrechen als Verbrechen gegen die Menschlichkeit vom IStGH verfolgt werden können.

Der *Völkermordartikel* steht wohl kaum zur Revision an. Dennoch steht er im Zentrum der Aufmerksamkeit, insbesondere in Bezug auf Darfur und die Anklage des sudanesischen Präsidenten *al-Bashir*.[3] Deshalb werde ich auch auf den Völkermordtatbestand eingehen, zumal auch nach seiner Behandlung durch das Jugoslawien-Tribunal[4], den Internationalen Gerichtshof (IGH)[5] und den Internationalen Strafgerichtshof mehrere Aspekte streitig geblieben sind, gerade auch in Hinblick auf die Zuständigkeit des IStGH. Gleichzeitig wirft der Völkermord Fragen bezüglich des Konkurrenzverhältnisses zwischen den verschiedenen Völkerstraftaten und der Zuständigkeit internationaler Gerichte auf.

Im *Ergebnis* werde ich darlegen, warum die Überprüfungskonferenz eigentlich immer noch zu früh kam. Im Anbetracht der vielfach ungeklärten Fragen erscheint mir eine behutsame Fortentwicklung des IStGH nahezuliegen, bevor der Gerichtshof neue Aufgaben übernehmen kann. Wichtiger erscheint das Erreichen universeller Akzeptanz, die auch im Völkerrecht Voraussetzung für die Einführung einer legitimen Strafgerichtsbarkeit ist. All dies setzt der Einführung neuer Straftaten enge Grenzen.

---

3 *Prosecutor v. Omar Al-Bashir*, Warrant of Arrest for Omar Hassan Ahmad Al-Bashir, Pre-Trial Chamber, ICC-02/05-01/09, 4.3.2009, http://www.icc-cpi.int (zuletzt 4.3.2010).

4 *Prosecutor v. Radislav Krstic*, Trial Chamber, Urteil v. 2.8.2001, IT-98-33-T, www.icty.org (zuletzt 4.10.2010).

5 IGH, *Application of the Convention on the Prevention and Punishment of the Crime of Genocide (Croatia v. Serbia)*, judgment on preliminary objections v. 18.11.2008, www.icj-cij.org (zuletzt, 4.3.2010); IGH, *Application of the Convention on the Prevention and Punishment of the Crime of Genocide (Bosnia and Herzegovina v. Serbia)*, Urteil v. 26.2.2007, www.icj-cij.org (zuletzt 4.3.2010).

II. Kriegsverbrechen, internationaler und nicht-internationaler Konflikt

Lassen Sie mich zunächst kurz auf die Entwicklung der *Kriegsverbrechen im Römischen Statut* eingehen. Die Hauptproblematik der Struktur der Kriegsverbrechen ist die – vom Jugoslawien-Tribunal im *Tadić*-Urteil früh kritisierte[6] – Differenzierung zwischen strafbaren Handlungen im internationalen und im nicht-internationalen Konflikt. Für letzteren hält Artikel 8 des Römischen Statuts zudem eine differenzierte Regelung bereit – nämlich die Strafbarkeit von Verletzungen des gemeinsamen Artikels 3 der Genfer Konventionen einerseits und anderer schwerer Verletzungen des humanitären Völkerrechts andererseits.

Daneben geht es hier um die Einführung einer *Waffenverbotsliste*, wie sie in Art 8 II b) xx IStGH-Statut für den internationalen, aber nicht für den nicht-internationalen Konflikt vorgesehen ist.

1. Die Lösung von Rom: Auf dem Weg zu einer Vereinheitlichung von internationalem und nicht-internationalem Konflikt?

Die Lösung in Rom steht zwischen einer grundsätzlichen Anerkennung der *gleichen Schutzbedürftigkeit* der Zivilbevölkerung in internationalen und nicht-internationalen Konflikten einerseits und dem *Fehlen* einer eindeutigen *Kodifikation* dieser Entwicklung andererseits. Die Differenzierung erscheint angesichts dieser Entwicklung wohl unvermeidlich. Letztlich setzt das Völkerstrafrecht hier eine Weiterentwicklung des humanitären Völkerrechts und des Rechts des bewaffneten Konflikts voraus.

Das Römische Statut hat in Art 8 II f implizit die engen *Anwendungsvoraussetzungen* des 2. Zusatzprotokolls zu den Genfer Konventionen durch die *Tadić*-Kriterien für den bewaffneten Konflikt erweitert. Das entspricht grundsätzlich der Rechtsentwicklung in der Rechtsprechung von Jugoslawien- und Ruanda-Tribunal sowie von IGH und IStGH.[7] Damit dehnt die Rechtsprechung den Schutz des II. Zusatzprotokolls zu den Rotkreuzkonventionen[8] auf *bewaffnete Konflikte zwi-*

---

6 Siehe *Prosecutor v. Duško Tadić*, Appeals Chamber, Interlocutory Appeal on Jurisdiction, IT-94-1-AR72, Urteil v. 2.10.1995, Z. 119: 'What is inhumane, and consequently proscribed, in international wars, cannot but be inhumane and inadmissible in civil strife'. Siehe auch *S. R. Ratner*, The Schizophrenias of International Criminal Law 33 (1998) 237.

7 Siehe dazu *A. Paulus/M. Vashakmadze*, Asymmetrical war and the notion of armed conflict – A tentative conceptualization, 91 International Review of the Red Cross (2009), No. 873, 95 (105-108).

8 Art 1 2. Zusatzprotokoll zu den Genfer Abkommen vom 12. August 1949 über den Schutz der Opfer internationaler bewaffneter Konflikte (ZP I) v. 8.06.1977, UNTS 1125, S. 3.

schen nicht-staatlichen Gruppen aus und schränkt die zu hohen Anforderungen von Art 1 Abs 1 ZP II an die Organisation solcher Gruppen und die Gebietskontrolle implizit ein. Demgegenüber hat die Vorverfahrenskammer I des IStGH die Gebietskontrolle als Kriterium für die Fähigkeit zur Umsetzung des humanitären Völkerrechts aus dem II. Zusatzprotokoll übernommen[9] und damit den Fortschritt des Römischen Statuts in Frage gestellt. Damit wollte die Kammer aber wohl nur festhalten, dass die Kontrolle des Territoriums durch nicht-staatliche Konfliktparteien ein wichtiges, nicht aber ein notwendiges Kriterium für die Anwendbarkeit der Vorschriften über Kriegsverbrechen darstellt.

Allerdings erscheint die Anwendung auf „lang anhaltende" („*protracted*") bewaffnete Konflikte der Rechtsprechung insofern zu eng, als die Rechtsprechung des Jugoslawien-Tribunals zum Teil auch besonders einschneidende Konflikte unabhängig von ihrer Dauer einbezieht.[10] Hier scheint mir die Rechtsprechung allerdings die *Grenzen der Auslegbarkeit* von Strafvorschriften zu überschreiten,[11] zumal eine zu niedrige Eingriffsschwelle unerwünschte Folgen für das Ausnahmerecht nach internationalem und nationalem Recht zeitigen kann.

Schließlich ist nach dem Statut selbst unklar, inwieweit sogenannte *transnationale bewaffnete Konflikte*, dh Konflikte mit nichtstaatlichen Gruppen über Grenzen hinweg, wie zB im Libanon- oder Gaza-Krieg, unter Art 8 fallen, und wenn ja, ob die Lösung des Obersten Gerichtshofs der USA im *Hamdan*-Urteil,[12] nämlich solche Konflikte als nicht-international anzusehen, tragfähig ist. Die *Obama*-Regierung scheint am Konzept des Krieges mit Al-Quaida bzw den Taliban festzuhalten.[13] Ob Versuche wie die des *Verfassers*, solche Konflikte nur bei Überschreiten der Schwelle eines bewaffneten Konflikts auf einem bestimmten Gebiet,

---

9 Siehe *Prosecutor v. Omar Al-Bashir*, Decision on the Application for a Warrant of Arrest v. 4.3.2009, ICC-02/05-01/09, Z. 64; Vgl *Prosecutor v. Germain Katanga and Mathieu Ngudjolo Chui*, Pre-Trial Chamber, Decision on the Confirmation of Charges v. 30.9.2008, ICC-01/04-01/07-717, Z. 239; anders *Prosecutor v. Thomas Lubanga Dyilo*, Decision on the Confirmation of the Charges v. 29.01.2007, ICC-01-04-01/06-803-tEN, Z. 234.

10 *Prosecutor v. Ramush Haridinaj*, Trial Chamber, Urteil v. 3.4.2008, IT-04-84-T, Z. 49. Vgl dazu *Paulus/Vashakmadze* (Fn 7) 106 f.

11 *'[P]rotracted'* bedeutet gem. einem autoritativen Wörterbuch 'lasting for a long time or longer than expected or usual', siehe *C. Soanes* and *A. Stevenson* (Hrsg), Oxford Dictionary of English, Oxford, 2005, 1416.

12 United States Supreme Court, *Hamdan v. Rumsfeld*, 548 U.S. 557, 633, 126 S.Ct. 2749, 2797 (2006).

13 Siehe *B. Obama*, Remarks by the President on National Security v. 21.5.2009 (http://www.whitehouse.gov/the_press_office/Remarks-by-the-President-On-National-Security-5-21-09/); Vgl die Argumentation der amerikanischen Regierung in *Al-Gherebi v. Obama*, Civil Action No. 04-1164, 2009 U.S. Dist., Lexis 34649; kritisch dazu *Paulus/Vashakmadze* (Fn 7), 110.

genauer Definition des Gegners und territorialer Radizierung anzuerkennen,[14] als Kompromiss akzeptabel sind, muss hier wohl offen bleiben. Allerdings ist doch fraglich, ob die Nichtanwendung von Mindeststandards für die Kampfführung in solchen Konflikten humanitären Zwecken dient. Andererseits ist zu bedenken, dass die uferlose Ausweitung des Rechts des bewaffneten Konflikts die Anwendbarkeit des Friedensvölkerrechts, und insbesondere die Menschenrechte, in inakzeptabler Weise einschränken könnte.

Die Übergangsbestimmung des Artikel 124 des Römischen Statuts, der ein temporäres Opt-out von der Zuständigkeit für Kriegsverbrechen erlaubt, deutet in Satz 3 selbst die Möglichkeit seiner eventuellen Aufhebung durch die erste Revisionskonferenz an. Der Artikel wurde kaum benutzt – anfangs von Frankreich, das seine Erklärung bald zurückzog, später von Kolumbien, dessen Erklärung Ende 2009 ausgelaufen ist.[15] Es fragt sich, ob die Klausel nicht doch weiter den nützlichen Zweck erfüllen kann, Staaten mit starken Militärs wie zB Indonesien oder gar einmal den Vereinigten Staaten eine Zustimmung zum Statut zu erleichtern, ohne zu unerträglichen Nebenfolgen zu führen, da die systematische Verfolgung der Zivilbevölkerung als Verbrechen gegen die Menschlichkeit bestraft werden kann.[16]

Angesichts des Chapeau von Artikel 8, der die Zuständigkeit des Gerichtshofs – und nicht etwa die Strafbarkeit – auf größere oder systematischere Kriegsverbrechen beschränkt, ist Artikel 124 aber auch von eher kosmetischer Bedeutung – es besteht nicht der Hauch eines Anhaltspunkts für eine wirkliche Gefahr für Streitkräfte, die das humanitäre Völkerrecht einhalten, mit frivolen Anklagen überzogen zu werden. Eher lässt sich fragen, ob die Situationen im Kongo, in Uganda, in Zentralafrika und in Darfur, und die bisherigen Anklagen gegen kaum mehr als ein Dutzend Beschuldigte angesichts der massenhaften Begehung von Kriegsverbrechen und Verbrechen gegen die Menschlichkeit nicht nur in Afrika nicht eine eher bescheidene Ausbeute darstellen.

2. Waffenächtung, Nuklearwaffen und interner Konflikt

Die Differenzierung zwischen internationalem und nicht-internationalem Konflikt wirkt sich besonders auf die *verbotenen Waffen* aus. Die Verbote von Gift-

---

14 Paulus/Vashakmadze (Fn 7), 110.

15 S. Multilateral Treaties Deposited with the Secretary-General, Ch. XVIII 10, treaties.un.org. Erklärung Kolumbiens, Z. 5 sowie Fn 10 (Frankreich). Vgl dazu bereits *S. Bourgon*, in: *A. Cassese/G. Gaja/P. Kirsch* (Hrsg), The Rome Statute on the International Criminal Court – A Commentary, Oxford, Oxford 2002, Vol I, 554 ff.

16 In diesem Sinne wurde auch in Kampala der Wortlaut des Art. 124 nicht geändert, RC/Res. 4, 11th plenary meeting, 10 Juni 2010.

waffen, einiger chemischen Waffen sowie von Dum-Dum Geschossen beschränken sich gem Art 8 Römischen Statut ebenso auf den internationalen Konflikt wie die zu erstellende Waffenliste, die zB Laserwaffen, Landminen, biologische, chemische und uU auch nukleare Waffen umfassen könnte. Im Einklang mit der allgemeinen Tendenz in Richtung auf die *Vereinheitlichung* jedenfalls der Verhaltensregeln in beiden Konflikten läge nahe, diese Waffen auch im nicht-internationalen bewaffneten Konflikt zu verbieten. Andererseits gibt es nach wie vor *unterschiedliche Regelungen für beide Konflikte* im Recht der Waffenverbote.[17]

Dieselben Gründe, die einen Kompromiss in Rom unmöglich gemacht haben, verhindern ihn auch jetzt noch, insbesondere der Streit um die Rechtmäßigkeit des Gebrauchs von und der Drohung mit *Nuklearwaffen* seit dem IGH-Gutachten von 1996[18] sowie die fehlende Klarheit in Bezug auf die existierenden Waffenverbote.[19]

Möglich erschiene aber die langsame Entwicklung einer *Waffenliste,* welche die Fortschritte zum Beispiel im Bereich der *Landminen* einschlösse. Dabei könnten diese zB insoweit kriminalisiert werden, als sie im Zusatzprotokoll zum *UN Waffenübereinkommen*[20] auch für Nichtvertragsstaaten der umfassenden Osloer Verbotskonvention[21] untersagt sind.

Der mittlerweile nicht weiterverfolgte[22] *Vorschlag Belgiens*, die Waffenverbote aus dem Biowaffenübereinkommen,[23] dem Chemiewaffenübereinkommen[24]

17 Vgl die Übersicht im Anhang.

18 IGH, *Legality of the Threat or Use of Nuclear Weapons*, Gutachten v. 8.7.1996, ICJ Reports 1996, 226.

19 Siehe *H. von Hebel/D. Robinson*, Crimes within the Jurisdiction of the Court, in: *R.S. Lee* (Hrsg), The International Criminal Court. The Making of the Rome Statute, The Hague 1999, 113-116.

20 Protokoll über das Verbot oder die Beschränkung des Einsatzes von Minen, Sprengfallen und anderen Vorrichtungen v. 10.10.1980, UNTS 1342, 168, dt BGBl 1992 II, 958, geänderte Fassung v. 3.5.1996, UNTS No. 22495, 35 International Legal Materials (1996) 1206, dt BGBl 1997 II, 806.

21 Übereinkommen über das Verbot des Einsatzes, der Lagerung, der Herstellung und der Weitergabe von Antipersonenminen und über deren Vernichtung v. 18.9.1997, UNTS 2056, 211, 36 International Legal Materials (1997), 1507, dt BGBl 1998 II, 779

22 Siehe Assembly of States Parties, Resolution ICC-ASP/8/Res 6, 8th Plenary Meeting, 26 Nov. 2009, Annex III. Der belgische Vorschlag wird von Deutschland und Österreich unterstützt und fügt in der jetzigen Fassung nur die Waffenverbote des internationalen Konflikts in den nicht-internationalen ein. Dieser Vorschlag wurde auch in Kampala wortgetreu in Art. 8, paragraph 2 (e) übernommen, s. RC/Res. 5 Annex I, 12th plenary meeting, 11 Juni 2010.

23 Konvention über das Verbot der Entwicklung, Herstellung und Lagerung bakteriologischer (biologischer) Waffen und Toxinwaffen sowie über die Vernichtung solcher Waffen v. 10.4.1972, UNTS 1015, 166, dt BGBl 1983 II, 133.

und der Landminenkonvention[25] sowie die Protokolle über nicht erkennbare Splitter und blindmachende Laserwaffen[26] über Art 121 Z 5 des Statuts nur für die Staaten in Kraft zu setzen, die sie akzeptiert haben, erscheint demgegenüber vorzugwürdig, weil er ihre Akzeptanz für Zwecke des Statuts *unabhängig* von der Stellung als *Vertragspartei* macht.

Dann wäre es aber auch möglich, die Streumunitionskonvention (*cluster munitions*)[27] einzubeziehen, die im August 2010 in Kraft tritt, wenn die Konventionen einzeln angenommen werden könnten; allerdings fragt sich, ob das nicht einer Ausweitung des Römischen Statuts auf bisher grundsätzlich nicht verbotene und schon gar nicht strafbare Waffen gleichkäme – vielleicht sollte zumindest aber die Verwendung von Streubomben gegen *Zivilisten* als Kriegsverbrechen bestraft werden. In diesem Sinne wäre auch möglich, sowohl die Landminenkonvention als auch das Zweite Zusatzprotokoll zur Konvention über konventionelle Waffen aufzuführen,[28] um eine möglichst breite Strafbarkeit sicherzustellen.

Eine Ausdehnung der strafbaren Waffenverbote auf *interne Konflikte*, der inzwischen von Belgien und einer Reihe anderer Staaten offiziell beantragt wird,[29] entspricht der derzeitigen Entwicklung des humanitären Völkerrechts[30] sowie des Waffenverbotsrechts. So sind inzwischen 72 von 109 Vertragsparteien des UN-Waffenübereinkommens von 1980 auch Partei einer entsprechenden Ergänzung

---

24 Übereinkommen über das Verbot der Entwicklung, Herstellung, Lagerung und des Einsatzes chemischer Waffen und über die Vernichtung solcher Waffen v. 13.1.1993, UNTS 1974, 45, 32 International Legal Materials (1993), 800, dt BGBl 1994 II, 807; geänd. BGBl 2003 II 578, 2005 II, 76.

25 Siehe Fn 21.

26 Konvention über das Verbot oder die Beschränkung des Einsatzes bestimmter konventioneller Waffen v. 10.10.1980, UNTS 1342, 137, 19 International Legal Materials (1980), 1523, dt BGBl 1992 II, 958, 1993 II, 935, 2004 II, 1507; Protokoll I über nichtentdeckbare Splitter v. 10.10.1980, UNTS 1342, 168, dt BGBl 1992 II, 958, 19 International Legal Materials (1980), 1529; Protokoll IV über blindmachende Laserwaffen v. 13.10.1995, UNTS No. 22495, 35 International Legal Materials (1996), 1218, BGBl 1997 II, 827.

27 Übereinkommen über Streumunition v. 30.5.2008, Inkrafttreten am 1.8.2010 auch für D und A (s. Multilateral Treaties Deposited with the Secretary-General, treaties.un.org (zuletzt 4.3.2010), Kap. XXI 6), Diplomatische Konferenz in Oslo CCM/77, verfügbar unter http://www.clustermunitionsdublin.ie/pdf/ENGLISHfinaltext.pdf.

28 Zur Minenverbotskonvention s. oben Fn 27; siehe auch das Protokoll über das Verbot oder die Beschränkung des Einsatzes von Minen, Sprengfallen und anderen Vorrichtungen v. 10.10.1980, oben Fn 20, welches in Art 3 ff. Beschränkungen, aber kein vollständiges Verbot der Verwendung von Antipersonenminen enthält.

29 Siehe die Res 6 der Assembly of State Parties, oben Fn 22.

30 Siehe *D. Fleck* (Hrsg), The Handbook of International Humanitarian Law, 2. Aufl, Oxford 2008, Rdnr. 411, 1212.

von 2001;[31] die anderen relevanten Konventionen sind ebenfalls unterschiedslos auf internationale wie interne Konflikte anwendbar, zum Teil mit Ausnahme von Situationen, die nicht unter dem Gemeinsamen Art 3 der Genfer Konventionen fallen (Waffenübereinkommensänderung) bzw Mittel für die Unruhebekämpfung außerhalb bewaffneter Konflikte jedweden Charakters (Tränengas).[32]

Nach der Initiative von *Kissinger* und anderen ehemaligen Außenministern für ein universelles *Kernwaffenverbot* und der *Obama*-Rede von Prag[33] erscheint die Ächtung und nicht nur die Nichtweiterverbreitung von Kernwaffen wieder auf der internationalen Agenda zu stehen. Damit ist das alte *Quid pro quo* des Nuklearwaffensperrvertrages wiederhergestellt, demzufolge die Privilegien der Nuklearwaffenstaaten nur gerechtfertigt sind, wenn diese sich ernsthaft in die Richtung auf eine vollständige Abschaffung dieser Waffen bewegen.[34]

Dennoch sehe ich derzeit nicht, wie jenseits der vorhandenen Verbrechen – immerhin wäre ein Gebrauch von Kernwaffen von mehr als nur taktischem Ausmaß fast notwendig ein unterschiedsloser und unverhältnismäßiger Angriff und damit uU ein Kriegsverbrechen gem Art 8 II b iv IStGH-Statut und wohl auch ein Verbrechen gegen die Menschlichkeit, weil er sich gar nicht auf militärische Ziele beschränken könnte – eine Strafbarkeit des Einsatzes von Nuklearwaffen von den Kernwaffenstaaten akzeptiert werden könnte, ohne ihnen mit dem Gutachten des IGH die Berufung auf das Selbstverteidigungsrecht zu erlauben,[35] also unter Aufgabe der Unterscheidung zwischen *jus ad bellum* und *jus in bello*. Allenfalls ließe sich hier eine Lösung über einen *Hinweis auf das Nuklearwaffengutachten* in den Verbrechenselementen und eine implizite Bezugnahme auf den Stand des allgemeinen Völkerrechts zur Frage der Rechtmäßigkeit von Nuklearwaffen finden.

Daher erscheint es richtig, dass die Nuklearwaffenfrage derzeit ausgeklammert ist. Es fragt sich nur, ob das die Staaten, die auf einer Strafbarkeit des Gebrauchs von Nuklearwaffen beharren,[36] zufriedenstellen wird.

---

31 Siehe Art I Abs 5 UN-Waffenübereinkommen in der 2001 geänderten Fassung der 2. Überprüfungskonferenz v. 21.12.2001, UNTS 1342, 137; dt BGBl 2004 II, 1507.

32 Ebd. Siehe. die Übersicht im Anhang.

33 Siehe Remarks by President *B. Obama* v. 5.4.2009, (http://www.whitehouse.gov/the_press_office/Remarks-By-President-Barack-Obama-In-Prague-As-Delivered); *Shultz et al*, 'A World Free of Nuclear Weapons', Wall Street Journal v. 4.1.2007, A 15.

34 Vgl dazu *A. Paulus/J. Müller*, Survival Through Law. Is There a Law Against Nuclear Proliferation?, 18 Finnish Yearbook of International Law (2007), 83.

35 IGH, *Legality of the Threat or Use of Nuclear Weapons*, Gutachten v. 8.7.1996, ICJ Reports 1996, 226.

36 So im Vorfeld vor allem Mexiko.

III. Verbrechen gegen die Menschlichkeit und internationaler Terrorismus

Die Verbrechen gegen die Menschlichkeit sind in Artikel 7 des Römischen Statuts zum ersten Mal umfassend und mit universellem Anspruch kodifiziert worden. Seitdem ist diese Definition, welche dieses Verbrechen endgültig von der Verbindung zu einem bewaffneten Konflikt löste und sich mit einem *ausgedehnten oder systematischen* Angriff auf die Zivilbevölkerung als Voraussetzung der Verfolgung begnügte, soweit ersichtlich universell akzeptiert, auch was das Fehlen einer Diskriminierungsabsicht angeht, wie sie noch Art 3 des Ruanda-Statuts forderte.[37]

Wenn ein Kodifikationsproblem besteht, geht es mE eher um das Fehlen eines Vertrages, der die Staaten analog zur Völkermordkonvention vor die Alternative der Strafverfolgung oder der Auslieferung stellte (*aut dedere, aut judicare*), einschließlich von Verfolgungs- und Verhütungspflichten, die auch die in Ruanda und Darfur aufgetauchte makabre Diskussion beenden könnte, wo die *Grenze* zwischen Verbrechen gegen die Menschlichkeit und *Völkermord* liegt und ob die Begehung ersterer für die Notwendigkeit eines internationalen Eingreifens ausreichend ist. Damit könnte auch das überstrapazierte Verbrechen des Völkermords – zu diesem sogleich – „entlastet" werden.

Statt dessen will ich mich hier auf die Frage konzentrieren, ob der seither in den Mittelpunkt gerückte Kampf gegen den internationalen Terrorismus eine Erweiterung des Römischen Statuts erfordert, wie sie seit jeher die Türkei anstrebt. Das Thema des internationalen Terrorismus wurde in Rom durchaus gesehen, und *Resolution E* verschob seine eventuelle Einbeziehung in das Statut auf „eine", aber nicht notwendig die erste Überprüfungskonferenz, zusammen mit dem Thema des Drogenhandels.

In beiden Fällen handelte es sich um *Restbestände* der Vorstellung von einem Strafgerichtshof, der vor allem Entlastungsfunktion für überforderte Nationalstaaten haben sollte, und nicht eines Gerichtshofs, der die schwersten Verbrechen gegen die Menschheit als Ganzes verfolgen soll. In diesem Kontext ist die Kritik von *Triffterer* und anderen an dem Vorhaben verständlich.[38] Die Frage des Drogenhandels wird von mir denn auch nicht weiterverfolgt werden.

---

37 Siehe *R. Hall*, in: *O. Triffterer* (Hrsg), Commentary on the Rome Statute of the International Criminal Court. Observer's Notes, Article by Article, 2. Aufl, München 2008, Art 7, Rn 3; *M. McAuliffe de Guzman*, The Road from Rome: The Developing Law of Crimes against Humanity, 22 Human Rights Quarterly (2000), 335 (353, 364 ff).

38 So *O. Triffterer*, Salzburg Retreat - The Future of the International Criminal Court, 25-27 Mai 2006, 23, verfügbar unter www.salzburglawschool.com/Download-document/10-Salzburg-Retreat.html; *A. Zimmermann*, in: *O. Triffterer* (Hrsg), Commentary on the

Anders stellt sich das Problem beim *internationalen Terrorismus*. Angesichts des 11. Septembers und der Dimension von Anti-Terror-Kampf oder gar „Krieg" stellt sich schon die Frage, ob jedenfalls ab einer gewissen Schwelle der Internationale Strafgerichtshof der richtige Adressat ist – *Nuklearterrorismus* kommt dabei ebenso in Frage wie *Selbstmordattentate*, die systematisch oder im größeren Ausmaß begangen werden. Hier erscheint der Einwand, es gehe nicht um Werte der internationalen Gemeinschaft als Ganzes,[39] weniger überzeugend.

Allerdings stellen sich beim Terrorismus zwei andere Fragen: Zunächst einmal, ob nicht bereits Terroranschläge größeren Ausmaßes unter der bisherigen Definition des Verbrechens gegen die Menschlichkeit strafbar sind, wenn sie systematisch oder in ausgedehntem Maß begangen werden. Und zweitens, ob überhaupt der notwendige internationale Konsens hinsichtlich der Verbrechensdefinition gegeben ist, um terroristische Verbrechen in das Statut einzubeziehen.

1. Verbrechen gegen die Menschlichkeit als Auffangtatbestand

Nach dem 11. September wurde die Frage, ob der Angriff auf das World Trade Center und das Pentagon mit zivilen Verkehrsflugzeugen durch eine Terrorgruppe unter Verbrechen gegen die Menschlichkeit subsumiert werden kann, zunächst durchaus kontrovers diskutiert. Insbesondere fragte es sich, ob ein *Angriff* auf die Zivilbevölkerung *von Zivilpersonen* ausgehen könnte. Der Wortlaut des Römischen Statuts schließt dies keineswegs aus, und die Rechtsprechung der Straftribunale fordert es nicht. Ein Angriff erfordert nicht einmal die Anwendung von militärischer oder sonstiger Gewalt, wie zB das Verbrechen der Verfolgung deutlich macht.[40]

Jedenfalls ist die Zurechnung zu einem *staatlichen Akteur nicht erforderlich*, so dass ein ausgedehnter oder systematischer Angriff ausreicht, der die vorsätzliche Tötung von Menschen mit sich bringt. Meines Erachtens ist der Schluss unvermeidlich, dass in diesem Sinne auch die Terrorangriffe des 11. September 2001 unter das Verbrechen gegen die Menschlichkeit subsumiert werden können. Damit werden diejenigen Terrortaten, welche durch Ausmaß oder Planung die gesamte internationale Gemeinschaft betreffen, bereits durch das Römische Statut erfasst, was eine *Kodifikation* des Terrorismus als solchen *weniger dringlich* erscheinen lässt.

Rome Statute of the International Criminal Court. Observer's Notes, Article by Article, 2. Aufl, München 2008, Art 5, Rn 3ff, 5 f, 38.

39 So *Triffterer* (Fn 37), 30.

40 Siehe *R. Dixon/C. K. Hall*, in: *O. Triffterer* (Hrsg), Commentary on the Rome Statute of the International Criminal Court. Observer's Notes, Article by Article, 2. Aufl, München 2008, Art 7 Rn 8 mwN in Fn 46.

Daran ändert auch die Definition in Art 7 II a des Römischen Statuts nichts, derzufolge ein *Angriff* „in Ausführung oder zur Unterstützung der Politik eines Staates oder einer Organisation, die einen solchen Angriff zum Ziel hat" erfolgen muss. Sie bestätigt eher die hier vertretene Meinung, weil demnach auch eine *nichtstaatliche Organisation ausreicht*. Allerdings geht wohl die Auffassung zu weit, derzufolge das Merkmal ganz überflüssig ist[41] – der terroristische *Einzeltäter* fällt jedenfalls aus der Zuständigkeit des ICC heraus. Aber das dürfte für die Eingrenzung der relevanten Taten und die Begrenzung der Zuständigkeit des Gerichtshofs eher von Vorteil als von Nachteil sein.

Schließlich ist das zuweilen angenommene Erfordernis einer *Gebietskontrolle* im Sinne von Art 1 ZP II durch eine Organisation im Sinne des Art 7 *abzulehnen.*[42] Vielmehr zeigt gerade die Definition des nicht-internationalen Konflikts in Art 7 II e, dass das Römische Statut dieses Element gerade nicht übernommen und eine entsprechende gewohnheitsrechtliche Entwicklung damit bestätigt hat.[43] Vielmehr geht es um Organisationen, die einen politischen Zweck („*policy*") verfolgen und nicht nur – wie die Mafia oder Piraten – nach privatem Gewinn streben.

---

41 Für überflüssig halten diese Bestimmung denn auch *Dixon/ Hall* (Fn 39), Rn 12, 91, 92 mwN. A.A. *C. Bassiouni*, Crimes Against Humanity in International Humanitarian Law, 1. Aufl, The Hague 1992, 248f. Ähnlich wie im Statut bereits Art 18 des ILC Draft Code of Crimes, *Watts* (Hrsg), The International Law Commission, 1949-1998, Vol 3, 1746 ff. Für eine vorsichtige Ausweitung auf „forces which, although not those of the legitimate government, have de facto control over, or are able to move freely within, defined territory.", *Prosecutor v. Dusko Tadić*, Trial Ch. I, IT-94-1-T, Urteil v. 7.5.1997, Z. 654-55. Die Entscheidung der Gerichtskammer deutet an, dass entweder eine ausgedehnte ODER systematische Tatbegehung eine entsprechende Politik indiziert. Vgl *McAuliffe de Guzman* (Fn 36), 335 (374), die „policy" als einen „course of action, guiding principle, or procedure" definiert, der „with some entity beyond the individual perpetrator" assoziiert ist und nur die Gerichtszuständigkeit, nicht aber den Vorsatz betrifft. Die Verbrechenselemente halten jedenfalls an dem Erfordernis fest, siehe Art 7 Introduction, Z. 3 S. 2 („policy to commit such attack" „requires that the State or organization actively promote or encourage such an attack against a civilian population.") Für eine Eingrenzung auf ausgedehnte Angriffe *K. Ambos*, Völkerstrafrecht, 2. Aufl, München 2009, § 7 Rn 186.

42 Siehe *Ambos* (Fn 40) § 7 Rn 188 mwN. AA die Rspr. vor dem Römischen Statut, s. *Prosecutor v. Dusko Tadić*, Trial Chamber I, IT-94-1-T, Urteil v. 7.5.1997, Z. 654; *Prosecutor v. Zoran Kupreskykic et al*, Trial Chamber, IT-95-16-T, Urteil v. 14.1.2000, Z. 552; *Prosecutor v. Tihomir Blaskic*, Trial Chamber, IT-95-14-T, Urteil v. 3.3.2000, Z. 205.

43 Dazu *Paulus/Vashakmadze* (Fn 7), 116 f.

2. Das einstweilige Scheitern der allgemeinen Anti-Terrorkonvention

Dazu kommt, dass über die zahlreichen speziellen Konventionen gegen terroristische Straftaten hinaus, von der Flugzeugentführung bis zum Nuklearterrorismus und der Terrorismusfinanzierung, die *allgemeine Antiterrorismuskonvention*[44] bisher nicht zustande gekommen ist. Zwar hat man sich weitgehend auf eine Definition geeinigt, aber hat damit das Problem auf den Anwendungsbereich verschoben.

Allen Klarstellungsversuchen zum Trotz, an denen es wahrlich nicht gefehlt hat,[45] ist es bisher nicht gelungenen, die Komplexe „Staatsterrorismus" und „Freiheitskampf" in Artikel 18 (bzw 20) des Entwurfs durch eine Betonung der Trennung zwischen Anti-Terrorkonvention und dem existierenden humanitären Völkerrecht zu entschärfen. Insbesondere die arabischen Staaten halten daran fest, einerseits den *„Staatsterrorismus"* in die Konvention einzuschließen, andererseits aber den *Freiheitskampf* in Ausübung des Selbstbestimmungsrechts insbes gegen Besatzungsmächte auszunehmen. Der Bezug zum Nahostkonflikt ist offensichtlich.

Zwar kann das Römische Statut in der Tat darauf verweisen, dass Staatsterror unter die Verbrechen gegen die Menschlichkeit fallen kann. Andererseits sind Völkerstraftaten, insbesondere gegen die Zivilbevölkerung, auch nicht aus einer wirklichen oder vermeintlichen Wahrnehmung des Selbstbestimmungsrechts oder der Teilnahme am bewaffneten Kampf zu rechtfertigen. Dass es bei der Auseinandersetzung aber eher um politische Pluspunkte als um Terrorbekämpfung geht, dürften jedem Beteiligten klar sein. Dass man sich durchaus einigen kann, wenn das als notwendig erscheint, zeigt die Konvention gegen den Nuklearterrorismus, wo die essentiell gleichen Fragen gelöst wurden.[46]

Schließlich muss ich gestehen, dass ich einer Einbeziehung der allgemeinen Konsensdefinition des Terrorismus[47] eher skeptisch gegenüberstehe, da sie sehr weit geraten ist, weil sie nicht nur den Tod oder körperliche Schäden betrifft,

---

44 Siehe Draft Comprehensive Convention on International Terrorism, in: Report of the coordinator on the results of the informal consultations on a draft comprehensive convention on international terrorism, UN Doc. A/59/894 v. 12.8.2005, insbes Art 20 (sonst als Art 18 bekannt). Zum neuesten (nicht wesentlich veränderten) Stand s. UNGA Res 64/118 v. 15.1.2010, Measures to eliminate international terrorism, UN Doc. A/RES/64/118 (2010), Z. 22-26; zum Ganzen siehe *M. Hmoud*, Negotiating the Draft Comprehensive Convention on International Terrorism, 4 Journal of International Criminal Justice (2006), 1031.

45 Für den neuesten Versuch siehe Report of the Ad Hoc Committee established by General Assembly resolution 51/210 v. 17.12.1996, 13th sess., UN Doc. A/64/37 (2009).

46 Convention for the Suppression of Acts of Nuclear Terrorism v. 13.4.2005, UNTS No. 44004, UN Doc. A/RES/59/290 (2005).

47 Draft Comprehensive Convention (Fn 43), Art 2.

sondern auch Schaden für öffentliches und privates Eigentum einschließt, wenn dies dem Zweck dient, Regierung oder Bevölkerung zu einer bestimmten Handlung zu zwingen. Dabei werden entsprechende Drohungen ebenfalls erfasst.[48]

Jedenfalls geht dies für eine Verbrechensdefinition im Römischen Statut wohl zu weit. Die schon in Rom von den Vereinigten Staaten geäußerte Befürchtung der *Politisierung* des Gerichtshofs[49] erscheint demnach alles andere als fernliegend.

3. Kodifikationsnotwendigkeit und Probleme des Anwendungsbereichs

Dagegen wäre zu erwägen, ob nicht statt einer allgemeinen Terrorismusdefinition eine *Liste der speziellen Anti-Terror-Verträge*, die besonders schwere Straftaten betreffen, wie zum Beispiel der Nuklearterrorismus, langfristig in das Römische Statut einbezogen werden könnten. Dieser Ansatz hat für sich, dass er mit *präziseren Straftaten* umgeht, welche durch die ideologische Überfrachtung der allgemeinen Anti-Terror-Konvention nicht betroffen sind. Das setzt allerdings voraus, dass man sich wirklich auf die Tatbestände konzentriert, welche keine allgemeine Terrorismusdefinition voraussetzen.

Aber wie jeder Ansatz, der einzelne Verträge in das Römische Statut einbeziehen will, muss sich auch dieser fragen lassen, was mit den Vertragsparteien geschieht, welche die eine oder andere Konvention bewusst *nicht ratifiziert* haben. Hier bietet sich an, eine *separate Zustimmung* vorzusehen, wie dies auch nach dem belgischen Vorschlag für Kriegsverbrechen der Fall ist.

Durch eine vernünftige Auslegung des Verbrechens gegen die Menschlichkeit können wirklich weltbewegende Terrortaten, von Bali über Madrid bis zum 11. September, vom Römischen Statut sehr wohl erfasst werden. Eine Kodifikation darüber hinaus bräuchte einen stärkeren Konsens, und ein stärkeres Bedürfnis globalen Handelns als derzeit vorhanden.

IV. Völkermord im Jurisdiktionskonflikt

Es wird viele von Ihnen überraschen, dass der Völkermord überhaupt in einem Diskussionspapier zur Überprüfungskonferenz auftaucht. Um es klar zu sagen:

48 Siehe Appendix II, Draft comprehensive convention against international terrorism, Consolidated text prepared by the coordinator for discussion, Artikel 2, UN Doc. A/59/894 (2005).

49 CRS Report for Congress, U.S. Policy Regarding the International Criminal Court, Updated August 29, 2006, Order Code RL31495, http://fpc.state.gov/documents/organization/73990.pdf.

die Aussichten auf eine *Modifikation des Tatbestandes* – etwa in Richtung auf den Einschluss zusätzlicher Gruppen in die Vernichtungsabsicht – dürften *gegen Null* tendieren, und ich beabsichtige hier nicht, für eine Modifikation des Römischen Statuts zu plädieren. Dementsprechend spielte der Tatbestand des Völkermords auch in der Review Conference in Kampala keine Rolle. Aber zu einer Bilanz des Veränderungsbedarfs am Römischen Statut gehört auch eine Betrachtung der – insbesondere im Vergleich zu den anderen Verbrechen – geradezu dramatischen Abfolge von sowohl völkerrechtlichen als auch völkerstrafrechtlichen *Judikaten* mit zum Teil deutlich divergierenden Entscheidungen.

Die Entscheidung der *Vorverfahrenskammer* I im Fall des sudanesischen Staatschefs *Omar al Bashir* vom 4. März 2009, keinen Haftbefehl wegen Völkermords in Darfur zuzulassen,[50] hat die Diskussion um den Tatbestand erst recht erneut aufflammen lassen. Dabei bleibt oft unbemerkt, wie weit der *Konsens* über das Verbrechen des Völkermords inzwischen reicht. Im Folgenden werde ich zunächst auf die *Verbrechenselemente* und die Rechtsprechung eingehen, zunächst allgemein und dann in Bezug auf den Sudan. Auch wenn im Ergebnis keine Empfehlung zur Veränderung von Statut oder Verbrechenselementen stehen wird, gibt es mE aber sehr wohl Anlass zur Klarstellung, dass die Betrachtung des Völkermords als „crime of crimes" nicht dazu führen darf, die anderen Straftaten abzuwerten. Die *Rechtsprechung* zum Völkermord hat – jedenfalls vor der *al Bashir*-Entscheidung – einen *bemerkenswerten Konsens* gefunden, der leider angesichts der Debatte über Zurechnungsfragen zwischen Jugoslawientribunal und Internationalem Gerichtshof[51] sowie der wenig überzeugenden IGH-Rechtsprechung zu den Rechtsfolgen einer Verletzung der Verhütungspflicht bei Völkermord im Völkermordfall[52] wenig Widerhall gefunden zu haben scheint.

---

50 *Prosecutor v. Omar Al-Bashir*, Pre-Trial Chamber, ICC-02/05-01/09, Warrant of Arrest for Omar Hassan Ahmad Al-Bashir v. 04.03.2009, Z. 147 ff. S. aber abw. Meinung der Richterin *Ušacka*, *passim* und zuletzt ICC Appeals Chamber, Judgment on the appeal of the Prosecutor against the "Decision on the Prosecution's Application for a Warrant of Arrest against *Omar Hassan Ahmad Al Bashir*", Urteil v. 3.2.2010, No. ICC-02/05-01/09-OA (Rückverweisung der Anklageverweigerung wegen Völkermords wegen Anwendung eines zu strengen Beweisstandards im Vorverfahrensstadium).

51 Vgl IGH, *Application of the Convention on the Prevention and Punishment of the Crime of Genocide (Bosnia and Herzegovina v. Serbia)*, Urteil v. 26.2.2007, www.icj-cij.org (zuletzt 4.3.2010), Z. 397-407 mit ICTY, *Prosecutor v. Dusko Tadić,* Appeals Chamber, IT-94-1-A, Urteil v. 15.7.1999, Z. 145.

52 IGH, *Application of Genocide Convention*, Z. 425-450; zur Kritik, siehe *M. Milanović*, State Responsibility for Genocide: A Follow-Up, 18 European Journal of International Law (2007), 669 (684-692); *A. Gattini*, Breach of the Obligation to Prevent and Reparation Thereof in the ICJ's Genocide Judgment, 18 European Journal of International Law (2007), 695 (706-712).

1. Völkermord zwischen Römischen Statut und Verbrechenselementen

Als weitgehend akademisch erscheint der Streit, ob Völkermord auch durch einen einzelnen Mord begangen werden kann.[53] Die Angst auch mancher Völkerstrafrechtler[54] vor einer *Trivialisierung* des Völkermords durch Verfolgung isolierter Verbrechen erscheint unbegründet.[55] Statt dessen ist festzustellen, dass Staaten wie Gerichte vor der Charakterisierung eines Verhaltens als „Völkermord" wegen der speziellen Konsequenzen, insbes der vom IGH hervorgehobenen Verhütungspflicht aus Art I der Völkermordkonvention,[56] eher zurückschrecken. Am besten hat die Lage wohl das Ruanda-Tribunal zusammengefasst, als es feststellte, dass Völkermord nur sehr schwer ohne das Vorhandensein eines entsprechenden Plans oder einer Organisation zu begehen sei.[57] Der Versuch der Vereinigten Staaten,[58] die Erfordernisse für Verbrechen gegen die Menschlichkeit, also eine verbreitete oder systematische Politik oder Praxis, durch die Hintertür der Verbrechenselemente in den Völkermord hineinzuinterpretieren, ist denn auch gescheitert.

Allerdings war der statt dessen erfolgte Einschluss eines *Kontextelements* in die Völkermorddefinition der *Verbrechenselemente* gem Art 9 des Statuts überflüssig und hat eher zur Verwirrung als zur Klärung beigetragen.[59] Die erste Vorverfahrenskammer des IStGH hat diese Kontextelemente jedoch angewen-

53 In diesem Sinne vor allem *Prosecutor v. Jelisić*, Trial Chamber, IT-95-10-T, Urteil v. 14.12.1999, , Z. 100; bestätigt in *Prosecutor v. Goran Jelisić*, Appeals Chamber , IT-95-10-A, Judgement v. 5.7.2001,, Z. 48. Vgl aber die abweichenden Urteile in *Prosecutor v. Radislav Krstić*, Trial Chamber, IT-98-33-T, Urteil v. 2.8.2001, Z. 571.

54 *W. Schabas*, Genocide in International Law, 2. Aufl, Cambridge 2009, 244-248.

55 S. auch die Rspr. von ICTR und ICTY: *Prosecutor v. Clément Kayishema and Obed Ruzindana*, ICTR-95-1-T, 21.5.1999, Z. 94 und 276; *Prosecutor v. Goran Jelisić*, Appeals Chamber, IT-95-10-A, Urteil v. 5.6.2001, Z. 48; *Prosecutor v. Vidoje Blagojevic*, Trial Chamber, IT-02-60-T, Urteil v. 17.1.2005, Z. 656: Existenz eines Plans oder einer „policy" kein Bestandteil der Völkermorddefinition.

56 IGH, *Application of Genocide Convention*, Z. 428-438; Vgl Art 1 der Konvention über die Verhütung und Bestrafung des Völkermordes v. 9.12.1948, UNTS 78, 277.

57 Prosecutor v. Clément Kayishema & Obed Ruzindana, ICTR-95-1-T, Urteil v. 21.5.1999, Z. 94.

58 Proposal submitted by the USA: Draft elements of crimes, UN Doc. PCNICC/1999/DP.4 (4.2.1999), at 7; siehe dazu *W. Schabas*, in: *O. Triffterer* (Hrsg), Commentary on the Rome Statute of the International Criminal Court. Observer's Notes, Article by Article, 2. Aufl, München 2008, Art 6 Rn 6.

59 Für eine Analyse siehe *L. McKay*, Characterising the System of the International Criminal Court: An Exploration of the Role of the Court Through the Elements of Crimes and the Crime of Genocide, 6 International Criminal Law Review (2006), 257 (264 et passim).

det, da sie nicht etwa dem Statut widersprächen, sondern zu seiner engen Auslegung in Einklang mit Art 22 II des Statuts sowie der Rechtsanwendungspflicht für die Verbrechenselemente gem Art 21 I a) führten.[60] Dem ist – jedenfalls für den IStGH unter dem Römischen Statut – entgegen der abweichenden Meinung[61] zuzustimmen.

Internationaler Gerichtshof und Jugoslawien-Tribunal scheinen sich – trotz einiger Zweifel des ersteren – nun weitgehend darin einig zu sein, dass der Völkermordtatbestand auch dann erfüllt ist, wenn nur ein *signifikanter* oder anderweitig *wesentlicher Teil einer Gruppe*[62] auf einem bestimmten Gebiet vernichtet werden soll, und dabei ein substantieller Teil dieser Gruppe, insbes die zeugungsfähigen Männer, getötet, der Rest vertrieben wird, wie das in *Srebrenica* geschehen ist.[63] Dabei haben IGH, Jugoslawien-Tribunal und IStGH-Vorverfahrenskammer I *unisono* klargestellt, dass die *Vernichtungsabsicht* der entscheidende Unterschied zwischen Verfolgung als Verbrechen gegen die Menschlichkeit und Völkermord darstellt.[64]

Das *Jelisic*-Urteil einer der Gerichtskammern des ICTY, demzufolge die Vernichtungsabsicht die Hauptabsicht sein muss,[65] ist eine Einzelstimme geblieben. Vielmehr gilt auch hier, dass die Vernichtung einer Gruppe nicht das Motiv, wohl aber die unvermeidbare Folge einer Völkermordhandlung ist. Das ändert jedoch nichts daran, dass bloßes Wissen, etwa bei ausführenden Organen, nicht ausreicht, sondern nach dem Römischen Statut Mittäterschaft Völkermordabsicht voraussetzt.[66]

---

60 *Prosecutor v. Omar Al-Bashir*, Pre-Trial Chamber, ICC-02/05-01/09, Warrant of Arrest for Omar Hassan Ahmad Al-Bashir v. 04.3.2009, Z. 128-33.

61 Ibid., abw. Meinung der Richterin *Ušacka*, Z. 20-21.

62 S. *Prosecutor v. Radislav Krstić*, T-98-33-T, Trial Chamber, Urteil v. 2.8.2001, Z. 590; Prosecutor v. *Radislav* Krstić, Appeals Chamber, IT-98-33-A, Urteil v. 19. April 2004, Z. 28; IGH, *Application of the Convention on the Prevention and Punishment of the Crime of Genocide (Bosnia and Herzegovina v. Serbia and Montenegro)*, Urteil v. 11.7.1996, Z. 198, 200.

63 *Prosecutor v. Omar Al-Bashir*, Pre-Trial Chamber, Warrant of Arrest for Omar Hassan Ahmad Al-Bashir v. 4.3.2009, ICC-02/05-01/09, Z. 146; ICJ, *Application of Genocide Convention*, Z. 199; ICTY, *Prosecutor v. Radislav Krstic*, Appeals Chamber, Urteil v. 19.4.2004, IT-98-33-A, Z. 595.

64 *Prosecutor v. Omar Al-Bashir*, Pre-Trial Chamber, Warrant of Arrest for Omar Hassan Ahmad Al-Bashir v. 4.3.2009, ICC-02/05-01/09, Z. 144; IGH, *Application of Genocide Convention*, Z. 190; ICTY, *Prosecutor v. Radislav Krstic*, Trial Chamber, Urteil v. 2.8.2001, IT-98-33-T, Z. 684.

65 *Prosecutor v. Goran Jelisić*,. IT-95-10-A, Urteil v. 5.7.2001, Appeals Ch., Z. 49.

66 Zutreffend *Prosecutor v. Omar Al-Bashir*, Pre-Trial Chamber, ICC-02/05-01/09, Warrant of Arrest for Omar Hassan Ahmad Al-Bashir v. 4.3.2009, Z. 139 Rn 154 mwN; aA *C.*

Auch steht eine Ausweitung des Völkermordtatbestandes auf *weitere Gruppen*, zB politische oder soziale Gruppen, entgegen der isoliert gebliebenen zeitweisen Rechtsprechung der spanischen Audiencia Nacional[67] nicht zur Debatte.[68] Allerdings reicht wohl die subjektive Auffassung des Täters für die Gruppenqualifizierung aus.[69]

2. Untersuchungskommission, Ankläger und Kammer im Fall *Al-Bashir*

Die *Verbrechenselemente* des Völkermords standen denn auch nicht im Mittelpunkt der Auseinandersetzung um den Völkermordcharakter des Geschehens in *Darfur*. Bekanntlich haben die *Cassese*-Kommission und die Vorverfahrenskammer I des IStGH vor der Charakterisierung als Völkermord im Gegensatz zu dem Chefankläger, aber auch der US-Regierung, zurückgeschreckt.[70]

Allerdings bleibt es nach Lektüre der offiziellen Dokumente, insbes des Haftbefehlsantrags, unklar, wieso der Chefankläger zu diesem Zeitpunkt *ohne überzeugende Beweise* für eine Vernichtungsabsicht des Präsidenten *al-Bashir* selbst Anklage und Haftbefehl wegen Völkermords vorantrieb. Die Anklage hat offenbar selbst eingeräumt, nicht über direkte Beweise über die Vernichtungsabsicht der sudanesischen Regierung zu verfügen.[71] Auch die anderen beiden Fälle haben „nur“ zu Haftbefehlen wegen Verbrechen gegen die Menschlichkeit und Kriegsverbrechen geführt.[72] Jedenfalls scheint die auf Eskalation angelegte Anklagestra-

---

Kress, The Darfur Report and Genocidal Intent, 3 Journal of International Criminal Justice (2005), 562 (565 ff.).

67 Audiencia Nacional, Auto del pleno de la Sala de lo Penal de la Audiencia Nacional sobre la competencia de la justicia española para perseguir delitos de genocidio en Chile v. 5.11.1998, http://www.ua.es/up/pinochet/documentos/chile.htm.

68 Zu den gescheiterten diesbezüglichen Versuchen siehe *Schabas* (Fn 57), Art 6 Rn 11 Fn 50.

69 *Prosecutor v. Jean Paul Akayesu*, ICTR, Urteil und Strafausspruch v. 02.9.1998, Case No ICTR-96-4, Z. 522-523; *Schabas* (Fn 57), Art 6 Rn 12.

70 S. International Commission of Inquiry on Darfur, Report to the Secretary-General, 251.2005, S. 124 ff.; *Prosecutor v. Omar Al-Bashir*, Pre-Trial Chamber, ICC-02/05-01/09, Warrant of Arrest for Omar Hassan Ahmad Al-Bashir v. 04.3.2009 Z. 54.

71 *Prosecutor v. Omar Al-Bashir*, Pre-Trial Chamber, Z. 202.

72 S. *Prosecutor v. Ahmad Harun*, Pre-Trial Chamber, Decision on Arrest Warrant for Ahmad Muhammad Harun v. 27.4.2007, ICC-02/05-01/07,; *Prosecutor v. Ali Kushayb,* Pre-Trial Chamber, Decision on Arrest Warrant for Ali Kushayb v. 27.4.2007, ICC-02/05-01/07.

tegie gegenwärtig nicht sehr erfolgreich zu sein und hat die Vorverfahrenskammer mE zu Recht nicht überzeugt.[73]

Die Frage des *Beweisstandards* im Zusammenhang mit einem Haftbefehlsantrag gem Art 58 des Statuts ist nicht Gegenstand dieses Vortrags. Allerdings erscheint mir zweifelhaft, ob sie für die Ablehnung des Haftbefehls wegen Völkermord entscheidend war.[74]

Die Mehrheit der Vorverfahrenskammer I und der IGH haben aber mit Recht den Schluss *vom Ausmaß* begangener Verbrechen gegen die Menschlichkeit oder/und Kriegsverbrechen auf die *Vernichtungsabsicht abgelehnt.*[75] Ob der Darfur-Konflikt die Schwelle zum Völkermord überschritten hat, kann deshalb derzeit nicht geklärt werden. Ein Haftbefehl wegen des Verdachts auf Völkermord erscheint deswegen auch nicht opportun.

Die Diskussion über den Darfur-Konflikt hat sich bedauerlicherweise auf die Frage des Vorliegens eines Völkermords konzentriert, obwohl die dortigen Verbrechen auch bei Einstufung als Verbrechen gegen die Menschlichkeit und Kriegsverbrechen nichts von ihrem Schrecken verlieren. Es ist zu begrüßen, dass die Mehrheit der Vorverfahrenskammer I dem Chefankläger auf diesem Weg nicht gefolgt ist, und es bleibt trotz der Rückverweisung durch die Berufungskammer offen, ob sie diese Entscheidung revidieren muss.

3. Der Völkermordtatbestand zwischen Verhütungspflicht und Straftatbestand

Die Verengung der Diskussion über den Darfur-Konflikt auf den Völkermordtatbestand folgt einer ähnlichen Situation im Blick auf Bosnien, insbesondere das Massaker von Srebrenica. Die Begrenzung der *Verhütungspflicht* nach derzeitigem Völkerrecht auf den Völkermord über Art I der Völkermordkonvention und das Fehlen entsprechender Bestimmungen für Verbrechen gegen die Menschlichkeit und zum Teil auch Kriegsverbrechen führt dazu, dass Nichtregierungsorganisationen zum Schutz der Bevölkerung gezwungen sind, sehr frühzeitig den Völkermordvorwurf zu erheben. Das Versagen im Ruanda-Konflikt wirkt

---

73 *Prosecutor v. Omar Al-Bashir*, Pre-Trial Chamber, Warrant of Arrest for Omar Hassan Ahmad Al-Bashir v. 04.3.2009, ICC-02/05-01/09, Z. 147 ff. S. oben Fn 50.

74 Vgl *Prosecutor v. Omar Al-Bashir*, Appeals Chamber, Urteil v. 3.2.2010 mit Pre-Trial Chamber, *Warrant of Arrest for Omar Hassan Ahmad Al-Bashir* v. 04.3.2009, ICC-02/05-01/09, Z. 165 ff.

75 Prosecutor v. Omar Al-Bashir, Pre-Trial Chamber, Warrant of Arrest for Omar Hassan Ahmad Al-Bashir v. 04.3.2009, ICC-02/05-01/09, Z. 193; IGH, Application of the Convention on the Prevention and Punishment of the Crime of Genocide (Bosnia and Herzegovina v. Serbia and Montenegro), 11.7.1996, Z. 276-77, 319, 328, 334, 344, 354.

hier ebenfalls nach. Ähnlich beschränkt ist zumeist die *Zuständigkeit des IGH* mangels Unterwerfungserklärung.

Dem sollte aber nicht dadurch entgegengekommen werden, dass die *Schwelle des Völkermords* abgesenkt wird. Daher erscheint die Einführung des *Kontextelements* in die Verbrechenselemente zwar inhaltlich nicht erforderlich, ist aber jedenfalls als *Jurisdiktionsschwelle* insgesamt positiv zu sehen, damit der Völkermordvorwurf nicht zu kleiner Münze verkommt. Insofern besteht kein Änderungsbedarf an Statut und Verbrechenselementen; vielmehr sollte die Rechtsprechung zur Klärung der offenen Fragen in der Lage sein.

Um das Völkermordverbrechen insofern zu entlasten, ist daran zu erinnern, dass das Konzept der *Schutzverantwortung* („R2P") auch in der Fassung des Outcome Document des UN-Gipfels 2005[76] sowohl die Verhütungsverantwortung der Staaten als auch die *Pflicht der internationalen Gemeinschaft zum Einschreiten* gleichermaßen auf Völkermord, Verbrechen gegen die Menschlichkeit und Kriegsverbrechen sowie die sog ethnischen Säuberungen erstreckt. Wenn man dieser einstimmigen Erklärung der Staats- und Regierungschefs eine Aussagekraft für die Entstehung eines entsprechenden Gewohnheitsrechts beimisst, besteht eigentlich kein Anlass mehr dafür, den Völkermordtatbestand bis zur Unkenntlichkeit auszuweiten. Auch insofern war das Anklageersuchen des Chefanklägers des IStGH gegen Präsident *al-Bashir* kontraproduktiv.

V. Einige Zweifel über den Beruf unserer Zeit zur Definition des Aggressionsverbrechens

Auch wenn ich der Präsentation der Ergebnisse von Kampala zum Aggressionsverbrechen durch Botschafter *Wenaweser* hier nicht vorgreifen möchte,[77] will ich einige Fragen an ihn – und Sie alle – stellen, die sich mit der Wünschbarkeit einer Definition und damit einer Zuständigkeit des IStGH für das Aggressions-

---

76 2005 World Summit Outcome v. 16.9.205, UN Doc. A/RES/60/1 (24.10.2005), Z. 139; s. auch SC Res 1674 (2006) § 4 („reaffirms"), 1706 (2006); SG report, Implementing the Responsibility to Protect v. 12 Jan. 2009, UN Doc. A/63/677 (2009), Z. 3; *C. Stahn*, Responsibility to Protect, 101 American Journal of International Law (2007), 99-120.

77 Vgl dazu den Beitrag von *Christian Wenaweser* in diesem Band, 39 ff. Zum Ergebnis der Working Group siehe Report of the Special Working Group on the Crime of Aggression, International Criminal Court, Assembly of States Parties, 7th session (second resumption), New York, 9–13 Feb. 2009, 20 Feb. 2009, Doc ICC-ASP/7/SWGCA/2, Appendix I, S. 30 f.; Informal inter-sessional meeting on the Crime of Aggression, ICC Assembly of States Parties, 8th sess., Doc ICC-ASP/8/INF.2 (10 July 2009). Zum Ganzen siehe *A. Paulus* (Fn 2), 1101 ff. Zum Ergebnis der Verhandlungen in Kampala s. RC/Res. 6, 13th plenary meeting, 11 Juni 2010.

verbrechen zum jetzigen Zeitpunkt beschäftigen. Dabei werde ich insbesondere auf Probleme des allgemeinen Völkerrechts eingehen.

Wie Sie wissen, war das vergangene Jahrzehnt seit der Kosovo-Aktion der NATO 1999 und dem Irak-Krieg, aber auch dem Afghanistan-Krieg, dem Libanon-Krieg und dem Gaza-Krieg von *Debatten über das Gewaltverbot* im gegenwärtigen Völkerrecht geprägt: Humanitäre Intervention, Verteidigung gegen nichtstaatliche Akteure, antezipierte Selbstverteidigung gegen die Bedrohung durch Massenvernichtungswaffen sind nur die Hauptstichpunkte. Die Kernfrage, der sich die Befürworter m.E. nicht durch Hinweis auf den internen Verhandlungsprozess entziehen können, ist, ob die Einbeziehung des Aggressionsverbrechens zur Lösung dieser Probleme beitragen kann. Gleichzeitig müssen sich die Befürworter des Einschlusses des Aggressionsverbrechens der Frage stellen, was die Einbeziehung für den *Gerichtshof* bedeuten würde, der schon mit den derzeitigen Situationen und Fällen ein erhebliches, weit über die Sondertribunale hinausgehendes *Durchsetzungsproblem* hat und nicht über deren Akzeptanz verfügt – was angesichts seiner stärkeren, vertraglichen Legitimationsgrundlage sicherlich bedauerlich ist, aber wohl nur durch überzeugende Praxis zu verändern wäre. Sollte nicht *Konsolidierung vor Ausweitung* stehen?

1. Aggressionsdefinition der Generalversammlung als Straftatbestand

Inhaltlich fragt es sich doch, ob die Aggressionsdefinition der Generalversammlung[78] als Ausgangspunkt der Strafbarkeit taugt. Bekanntlich gibt sie dem *Sicherheitsrat das letzte Wort* sowohl hinsichtlich des Einschlusses als auch des Ausschlusses von Tatbeständen. Ein Straftatbestand war weder beabsichtigt noch eignet sich eine solche Ermessensnorm dafür.

Die Konferenz versucht, diesen Problemen durch die Beschränkung auf *„manifeste“*, also auf der Hand liegende Verletzungen der UN-Charta zu entgehen, die durch „Charakter, Schwere und Ausmaß“ (*„character, gravity and scale“*) gekennzeichnet sind.[79] Außer eine Beschränkung auf „große“ Fälle kann ich darin keine spezifische Einschränkung sehen, zumal diese Merkmale sehr *unbestimmt* sind. Allerdings hat die – ebenfalls nicht ganz eindeutige – Protokollerklärung, derzufolge eines der drei Elemente jedenfalls nicht ausreicht (eine andere Lesart verlangt gar alle drei) ein handhabbareres Ergebnis gebracht. Der

---

78 Definition of Aggression, UN GA, Res 3314 (XXIX) v. 14.12.1974, Annex.

79 Art 8bis Abs 1 der Definition der Arbeitsgruppe, oben Fn 76, 30; ebenso im Wortlaut nun auch das Ergebnis von Kampala, Art. 8bis Abs. 1, RC/Res. 6, 13th plenary meeting, 11 Juni 2010, Annex I.

fehlende strafrechtliche „Charakter" eines Verstoßes gegen das Gewaltverbots dient demnach nur zur Einschränkung, nicht zur Ausweitung der Strafbarkeit.

Den Ausschluss des Irak-Krieges durch Hinweis auf seine *völkerrechtliche „Vertretbarkeit"* zu begründen,[80] erscheint mir allerdings weiterhin wenig überzeugend – vertretbar ist vieles. Unklar bleibt, wonach sich das „auf der Hand liegen" oder der Charakter einer Angriffshandlung bestimmen lassen. Mit bloßen Vertretbarkeitskriterien kann man nur schwer einen Straftatbestand eingrenzen.

2. Aggressionsverbrechen und allgemeines Gewaltverbot

Die Bedeutung des Aggressionsverbrechens für das *allgemeine Gewaltverbot* erscheint nicht eindeutig. Während die Befürworter des Völkerstrafrechts seit Nürnberg auf die Strafverfolgung von Individuen als einzigem Erfolg versprechenden *Durchsetzungsmechanismus* des Völkerrechts verweisen, könnte umgekehrt die Nichtverfolgung vieler Angriffskriege das allgemeine Gewaltverbot beschädigen.

In einer ersten Untersuchung hat *Sean Murphy* gezeigt, dass zum Beispiel *humanitäre Interventionen* durch die Nichtverfolgung an Legitimität gewinnen könnten.[81] Weitet man diese Argumentation jedoch auf andere Zweifelsfälle aus, besteht die Gefahr, dass die Verletzung des „gewöhnlichen" Gewaltverbots aus dem Blick geraten könnte, ob nun in grenzüberschreitenden Anti-Terror-Operationen oder bei humanitären Operationen zweifelhafter Natur, wie zum Beispiel dem Georgien-Konflikt.

Ist die Entscheidung von Rom, ein und dasselbe Gericht für Fragen des *jus ad bellum* und des *jus in bello* einsetzen zu wollen, wirklich der Weisheit letzter Schluss? Ich wage das zu bezweifeln. Ein Gericht, das die Gesamtschuld an einem bewaffneten Konflikt feststellt oder feststellen wird, verliert an *Neutralität* zwischen den Parteien – und damit werden die Anreize zur Beachtung des humanitären Völkerrechts geringer, die der Gerichtshof doch gerade setzen sollte. Das kann man in Kauf nehmen wollen und sogar begrüßen.[82] Es muss aber *kritisch durchdacht* werden.

---

80 So aber *C. Kress*, Strafrecht und Angriffskrieg im Licht des „Falles Irak", 115 Zeitschrift für die gesamte Strafrechtswissenschaft (2003), 294 (302); abl. *A. Paulus*, Second Thoughts on the Crime of Aggression, 20 European Journal of International Law (2009), 1123 m.w.N.

81 *S. Murphy*, Criminalizing Humanitarian Intervention, 41 Case Western Reserve Journal of International Law (2009), 341.

82 Vgl *C. Kress*, Time for Decision: Some Thoughts on the Immediate Future of the Crime of Aggression: A Reply to Andreas Paulus, 20 European Journal of International Law (2009), 1134 f.

3. Der Sicherheitsrat als Auslöser der Strafverfolgung

Schließlich stellt sich die Gretchenfrage nach der *Rolle des Sicherheitsrats* und anderer politischer Organe sowie der des Chefanklägers. Die Arbeitsgruppe konnte bezüglich der Vorschaltung weiterer Akteure – Sicherheitsrat, Generalversammlung, Internationaler Gerichtshof – vor einer Strafverfolgung des Aggressionsverbrechens keine Einigkeit erzielen. Erst in Kampala erfolgte der – begrüßenswerte – Durchbruch, der unter bestimmten Kautelen eine unabhängige Anklage und Ermittlung durch den Chefankläger ermöglicht.[83]

Die Argumente der ständigen Sicherheitsratsmitglieder hinsichtlich eines angeblichen *Monopols des Sicherheitsrats* für die Feststellung des Aggressionsverbrechens mögen nicht überzeugend sein, sind aber politisch höchst bedeutsam. Was bedeutete umgekehrt ein Aggressionsverbrechen ohne zwingende Beteiligung des Sicherheitsrats? Ist die *Uniting for Peace*-Resolution der Generalversammlung aus dem Korea-Krieg[84] wirklich ausreichend, um der Generalversammlung Zuständigkeit für die Feststellung zu geben? Und wie steht es mit der Gefahr der *Politisierung*?

Auch stellt sich die Frage nach dem richtigen *Zeitpunkt*: Sollten nicht die Signale aus den Vereinigten Staaten zugunsten einer positiveren Haltung gegenüber dem Gerichtshof ernster genommen werden?[85] Inwieweit wird durch die Einbeziehung des Aggressionverbrechens eine *Erweiterung der Mitgliedschaft* des IStGH befördert oder behindert? Und wie groß ist die Gefahr einer *Spaltung* der Befürworter des Gerichtshofs?

All diese Fragen sollen nicht bedeuten, dass Aggression kein strafbares Vergehen darstellt. Es fragt sich nur, ob es reif ist für die Kodifikation und für die Verfolgung durch den Strafgerichtshof. Nach dem Ergebnis von Kampala waren sich wohl auch die Delegationsmitglieder der prekären Situation des Gerichtshofs bewusst. Damit lassen sich die komplizierten – hier aus Platzgründen nicht zu behandelnden – Bestimmungen zum Inkrafttreten rechtfertigen (30 Ratifikationen, Möglichkeit eines Opt-Out, Inkraftsetzung durch Beschluss der Vertrags-

---

83 Siehe Working Group (Fn 76), Exercise of jurisdiction over the crime of aggression, Art 15*bis*, 31. S. nun das Ergebnis der Konferenz Art. 15bis und Art. 15ter, RC/Res. 6, 13th plenary meeting, 11 Juni 2010, Annex I.

84 S. Uniting for Peace, GA Res 377 (V) v. 3.11.1950, UN GAOR, 5th sess., Supp. No. 20, S. 10, UN Doc. A/1775 (1950), A; dazu neuerdings IGH, *Legal Consequences of the Construction of a Wall in the Occupied Palestinian Territory, Advisory Opinion,* ICJ Reports 2004, 136, 149 f., Z. 27 f.

85 US Policy Toward the International Criminal Court: Furthering Positive Engagement, Report of an Independent Task Force Convened by the American Society of International Law, März 2009, www.asil.org/files/ASIL-08-DiscPaper2.pdf (zuletzt 4.3.2010).

staaten nach frühestens sieben Jahren). Allerdings bleibt die Frage ungeklärt, ob Vertragsstaaten, die weder die Änderungen ratifizieren noch eine Opt-Out-Erklärung abgeben, an die Änderungen trotz der Anwendung von Art 121 Abs 5 des Statuts an das Ergebnis gebunden sind. Das erscheint vor dem Hintergrund des allgemeinen Vertragsrechts jedenfalls sehr zweifelhaft.[86]

VI. Ergebnis: Ein Plädoyer für Behutsamkeit in einer Zeit der Bewährung

Der Gerichtshof hat es in seinen ersten sieben Jahren bereits mit einer großen Fülle von Situationen zu tun, allerdings, gerade im Vergleich zum Jugoslawien-Tribunal, nur mit einer kleinen Zahl von Fällen. Ein *großer Änderungsbedarf* gegenüber dem Kompromiss von Rom ist dabei *nicht* auszumachen.

Dagegen erscheint die *Funktionsweise* des Gerichtshofs noch verbesserungsfähig; insbesondere, was das Verhältnis von Anklagebehörde und Gericht angeht. In dieser Situation erscheint eine Erweiterung des Römischen Statuts als problematisch. Der Gerichtshof wird sich erst *bewähren* müssen, bevor die Staaten ihm weitere Zuständigkeiten anvertrauen können, ohne ihn zu überlasten und den Konsens unter den Vertragsstaaten zu gefährden.

Das gilt insbesondere für die seit neuestem sich ins Positive wendende Position der *Vereinigten Staaten*. Die Vereinigten Staaten sind nicht irgendein Land für den Gerichtshof. Vielmehr ist ihre Mitwirkung – wenn auch ohne eine kurzfristige Perspektive der Mitgliedschaft – in Beweisfragen und im *Sicherheitsrat* oft von zentraler Bedeutung für die Erfolgsaussichten einer effektiven Strafverfolgung. Das hat bereits die Situation in Darfur eindrucksvoll bewiesen. Daher erscheint es derzeit klug, auf *unnötige Konfrontationen* mit den Vereinigten Staaten bezüglich von Waffenverboten und Aggressionsverbrechen zu verzichten, die für den Gerichtshof eher symbolisch als sachlich von Bedeutung sind.

Daher sehe ich allenfalls bei der Schließung der Lücke der Waffenverbote bei den Kriegsverbrechen eine gewisse Dringlichkeit. In Bezug auf die anderen Verbrechen scheint mir *kein dringender Änderungsbedarf* zu bestehen. Insbesondere in Bezug auf Aggressionsverbrechen, Terrorismus und auch Drogenhandel ist vor einer „Jetzt oder nie"-Haltung[87] zu warnen – sie gefährdet die angestrebten Ziele eher, als dass sie den nötigen Einigungsdruck erzeugt.

---

86 Für die entgegenstehende, m.E. wenig überzeugende Auffassung s. *C. Kress & L. von Holtzendorff*, The Kampala Compromise on the Crime of Aggression, Journal of International Criminal Justice 8 (2010), 1179 (1211 ff.).

87 A.A. *C. Kress* (Fn 81),1145.

Es muss dabei bleiben, dass die Ausdehnung der Strafbarkeit den *inhaltlichen Konsens über das Verbotensein und die individuelle Strafbarkeit* von Völkerrechtsverletzungen voraussetzt. Das gebietet schon der strafrechtliche Charakter des Völkerstrafrechts. Gleichzeitig sind die *Auswirkungen auf das allgemeine Völkerrecht* im Blick zu halten. Während das Römische Statut meines Erachtens insbesondere im Hinblick auf die Angleichung der Regeln für den internationalen und nicht-internationalen Konflikt segensreich gewirkt hat, ist eine solche Wirkung beim Aggressionsverbrechen keinesfalls so eindeutig. Auch beim Völkermord ist davor zu warnen, die Pathologien des allgemeinen Völkerrechts durch das Völkerstrafrecht zu verstärken.

Insgesamt gilt, dass das Völkerrecht das Völkerstrafrecht stärker in den Blick nehmen muss. Das Völkerstrafrecht wurde in Nürnberg auch deshalb entwickelt, um dem Völkerrecht Zähne zu verleihen. Heute hat das Völkerstrafrecht umgekehrt große Auswirkungen auf das allgemeine Völkerrecht. Zwölf Jahre nach Rom bleibt das Völkerstrafrecht zu wichtig, um es allein den Völkerstrafrechtlern zu überlassen.

Anhang

Waffenverbote im internationalen und im internen bewaffneten Konflikt

<table>
<tr><th></th><th>Internationaler Konflikt</th><th>Interner Konflikt</th></tr>
<tr><td rowspan="2">Anti-Personen-Minen (anti-personnel mines)
Ottawa Treaty (156 Vertragsparteien)</td><td>Verboten nach Art 1 Ottawa-Konvention</td><td>Verboten nach Art 1 Ottawa-Konvention</td></tr>
<tr><td colspan="2">Art 1 Ottawa Treaty
Each State Party undertakes never under any circumstances:
1. To use anti-personnel mines;</td></tr>
<tr><td rowspan="2">Streubomben (cluster-munition)
Cluster Munitions Convention noch nicht in Kraft, 7 Ratifikationen, 89 Unterzeichnungen</td><td>Verboten nach Art 1 CCM</td><td>Verboten nach Art 1 CCM</td></tr>
<tr><td colspan="2">Art 1 CCM
1. Each State Party undertakes never under any circumstances to:
a. Use cluster munitions;
b. Develop, produce, otherwise acquire, stockpile, retain or transfer to anyone, directly or indirectly, cluster munitions;
c. Assist, encourage or induce anyone to engage in any activity prohibited to a State Party under this Convention.</td></tr>
<tr><td>Bestimmte konventionelle Munition, geregelt in der Convention on Certain Conventional Weapons vom 10. April 1981 (109 Vertragsparteien)
Die eigentlichen Waffenverbote finden sich in den fünf Protokollen, das jüngste stammt von 2003. Dabei enthalten einzelne Protokolle nicht notwendig umfassende Verbote bestimmter Waffen, sondern verbieten nur bestimmte Nutzungsarten
Protokoll I Waffen mit Fragmenten, die nicht durch Röntgenstrahlen erkannt werden können (107 Vertragsparteien)
Protokoll II Minen und Sprengfallen (92 Vertragsparteien)
Protokoll III Brandwaffen (schützt nur Zivilisten,103 Vertragsparteien)
Protokoll IV Blind machende Laserwaffen (92 Vertragsstaaten)
Protokoll V betrifft „explosive remnants of war“ (59 Vertragsparteien)</td><td>Anwendbar nach Art 1
Article 1
Scope of application
This Convention and its annexed Protocols shall apply in the situations referred to in Article 2 common to the Geneva Conventions of 12 August 1949 for the Protection of War Victims, including any situation described in paragraph 4 of Article 1 of Additional Protocol 1 to these Conventions.</td><td>Ursprünglich keine Verbote, jedoch wurde der Vertrag auf Beschluss der 2. Konferenz der Vertragsstaaten im Jahr 2001 geändert und schließt nun ausdrücklich den nicht-internationalen bewaffneten Konflikt mit ein. Dies gilt aber nur für die Staaten, die dieser Änderung gesondert zustimmen, dies haben derzeit 72 Staaten getan (Text der Änderung siehe unten).
Amendment to Article 1
1. This Convention and its annexed Protocols shall apply in the situations referred to in Article 2 common to the Geneva Conventions of 12 August 1949 for the Protection of War Victims, including any situation described in paragraph 4 of Article I of Additional Protocol I to these Conventions.</td></tr>
</table>

		2. This Convention and its annexed Protocols shall also apply, in addition to situations referred to in paragraph 1 of this Article, to situations referred to in Article 3 common to the Geneva Conventions of 12 August 1949. This Convention and its annexed Protocols shall not apply to situations of internal disturbances and tensions, such as riots, isolated and sporadic acts of violence, and other acts of a similar nature, as not being armed conflicts. *3. In case of armed conflicts not of an international character occurring in the territory of one of the High Contracting Parties, each party to the conflict shall be bound to apply the prohibitions and restrictions of this Convention and its annexed Protocols.*
Biologische Waffen – B-Waffen-Konvention (163 Vertragsparteien)	Verbot nach Art 1 BWC *Each State Party to this Convention undertakes never in any circumstances to develop, produce, stockpile or otherwise acquire or retain:* *(1) microbial or other biological agents, or toxins whatever their origin or method of production, of types and in quantities that have no justification for prophylactic, protective or other peaceful purposes;* *(2) weapons, equipment or means of delivery designed to use such agents or toxins for hostile purposes or in armed conflict.*	
Chemische Waffen C-Waffen-Konvention (CWC), 188 Vertragsparteien	Umfassendes Verbot nach Art 1 CWC 1. Each State Party to this Convention undertakes never under any circumstances: (a) To develop, produce, otherwise acquire, stockpile or retain chemical weapons,	Grundsätzlich ebenfalls umfassendes Verbot, aber beachte Art 1 V CWC: *5. Each State Party undertakes not to use riot control agents as a method of warfare.*

	or transfer, directly or indirectly, chemical weapons to anyone; (b) To use chemical weapons; (c) To engage in any military preparations to use chemical weapons; (d) To assist, encourage or induce, in any way, anyone to engage in any activity prohibited to a State Party under this Convention. 2-4. … 5. Each State Party undertakes not to use riot control agents as a method of warfare.	

Das Verbrechen der Aggression – der Kompromiss von Kampala

Christian Wenaweser

Wir[1] traten die Verhandlungen in Kampala unter gemischten Vorzeichen an. Positiv war, dass wir bereits eine Definition für den Tatbestand des Verbrechens der Aggression hatten, ohne jegliche Klammern oder Optionen, die schon im Februar 2009 angenommen worden war.[2] Die Einigung über die Definition galt schon immer als der einfachere der zwei Hauptaspekte der Verhandlungen – der andere betraf die Bedingungen für die Ausübung der Gerichtsbarkeit. Dennoch war die Einigung vom Februar 2009 ein nicht unwichtiger Etappensieg. Bereits zu dieser Zeit genoss die Definition, welche wesentlich auf GV-Resolution 3314 (1974) beruhte, starke Unterstützung. Diese Unterstützung wuchs im Laufe der Zeit weiter an, selbst als die Definition nach und nach Kritik und Vorbehalten ausgesetzt wurde.[3] Obwohl es ein gewisses Verständnis für die vorgebrachten Bedenken gab, setzten sich Befürchtungen durch, dass jegliche Änderungsversuche unausweichlich zu einem totalen Kollaps des Konsenses zur Definition führen würden. Die Vertragsstaaten waren dennoch nicht abgeneigt, legitime Zweifel zu behandeln, jedoch ohne die Definition des Tatbestandes selbst anzurühren. Dies führte zu den sogenannten „Understandings", die in Kampala als Teil des Verhandlungspaketes zur Aggression angenommen wurde.

Die Verhandlungsleitung konnte also relativ zuversichtlich sein, dass die Definition in Kampala im Konsens angenommen werden würde. Unser Ziel für die Konferenz war daher „Definition plus X".[4] Zudem war allseits anerkannt,

---

1 SKH *Zeid Ra'ad Zeid al Hussein* (Jordanien) hatte in Kampala den Vorsitz der Arbeitsgruppe zum Verbrechen der Aggression im Rahmen der Vertragsstaatenversammlung. Ich selbst hatte bis 2009 die Sonderarbeitsgruppe geleitet und fungierte als Präsident der Revisionskonferenz. Die Mitwirkung von *Stefan Barriga*, Stellvertretender Ständiger Vertreter und Rechtsberater der Liechtensteinischen Vertretung in New York, war für beide Gruppen unverzichtbar. Alle in Kampala zirkulierten Texte wurden in dieser kleinen Gruppe vorbereitet, mit informellen Beiträgen von vielen anderen.

2 Report of the Special Working Group on the Crime of Aggression, February 2009, ICC-ASP/7/20/Add.1

3 Vor allem in Diskussion in Glen Cove und Mexico City, Februar und April 2010.

4 Einige Delegationen in Kampala sprachen sich dagegen aus, nur eine Definition zu verabschieden. Manche argumentierten sogar, dass dies schlechter als ein problematisches aber dennoch umfangreiches Paket sein könnte.

dass die Vorbereitungsarbeiten für Kampala von überaus hoher Qualität waren. Dennoch betrachteten einige Akteure die Konferenz mit Skepsis oder Sorge. So wurde die Ansicht vertreten, der Internationale Strafgerichtshof (IStGH) sei institutionell noch nicht bereit, Aggressionsfälle zu behandeln.[5] Einige Staaten, und in fast noch grösserem Masse NGO's, befürchteten ein Ergebnis das Uneinigkeit stiften könnte oder – und dies wurde von vielen als das kleinere Übel angesehen – dass nach langen, polarisierenden Diskussionen keine Einigung möglich wäre. In manchen Kreisen wurde allgemein angenommen, dass ein substantielles Ergebnis nicht ohne Abstimmung möglich wäre. Eine solche Abstimmung wiederum war vielen, ganz gleich aus welchem Zweck und zu welchem Ergebnis, zutiefst zuwider.

Inhaltlich waren in den Verhandlungen vor Kampala vor allem zwei zentrale Fragen offen. Die erste war, ob eine *proprio motu*-Untersuchung oder ein Staatenverweis zum Verbrechen der Aggression einem restriktiveren Gerichtsbarkeitsregime unterworfen werden soll als die anderen drei Hauptverbrechen. Es ging im Kern darum, ob die Zustimmung des mutmaßlichen Angriffsstaates notwendig sein sollte. Die zweite Frage betraf die Rolle des UN-Sicherheitsrates: Sollte der IStGH seine Arbeit nur dann fortsetzen, wenn der Sicherheitsrat einen Aggressionsakt festgestellt hat, oder sollte es Alternativen geben, die dem IStGH erlauben würden, das Verfahren auch ohne eine inhaltliche Feststellung des Sicherheitsrates fortzusetzen? Zu diesen beiden Fragen vertraten die Delegationen unterschiedliche und scheinbar unvereinbare Positionen, die meist als Grundsatzpositionen ausgegeben wurden. Die zwei Fragen waren zudem inhaltlich miteinander verknüpft, was die Situation noch komplizierter machte. Die Vorbereitungsarbeiten vor Kampala hatten diese Positionen noch nicht spürbar angenähert.

Als Basis für die Verhandlungen in Kampala bereiteten wir ein Konferenzpapier vor, das die bestehenden Verhandlungspositionen reflektierte und die verschiedenen Optionen zu den noch offenen Fragen noch in keiner Weise reduzierte. Das Papier zeigte jedoch auf, in welcher Form ein Ergebnis verabschiedet werden könnte. Es bestand aus einer prozeduralen Resolution mit drei Anhängen: den Änderungen am Römer Statut, den „Elements of Crime", sowie den vorhin erwähnten Understandings. In einem separaten Non-Paper brachten wir noch einige neue Ideen vor, die Teil eines Schlusskompromisses bilden könnten, darunter die Idee des verzögerten Inkrafttretens des Regimes.

Das Konferenzpapier stiess auf positive Resonanz und wurde in einem konstruktiven Klima diskutiert, welches es erlaubte, den Text in einer ersten Revisi-

5 Das „Nicht-Jetzt" Argument, wie wir es nannten, wurde von Leuten verschiedenster Affiliationen vorgebracht.

on etwas zuzuspitzen. So wurden drei Optionen für prozedurale Filter gestrichen, die dem IStGH im Falle der Untätigkeit seitens des Sicherheitsrates das Fortsetzen des Verfahrens ermöglichen würden: Die Genehmigung der Fortsetzung durch die UN-Generalversammlung, die Fortsetzung aufgrund eines IGH-Entscheids, sowie die Fortsetzung ohne jegliche Anwendung eines weiteren Filters. Die Diskussion zur Rolle des Sicherheitsrates wurde so auf die Kernfrage reduziert, ob bei Untätigkeit des Sicherheitsrates die Vorverfahrensrichter des IStGH (als nunmehr letzter übriggebliebener Filter) die Fortsetzung des Verfahrens genehmigen können sollten – oder eben nicht. Das zweite große Thema, nämlich die Frage ob auch die grundsätzliche Zustimmung des Angriffsstaates (zB durch Ratifikation der Statutsänderungen), welche wiederum eng mit den Modalitäten des Inkrafttretens der Vertragsänderungen verknüpft war, war von diesen Streichungen nicht betroffen. Dazu gab es einige neue Ideen, die heftig diskutiert wurden.

Am bemerkenswertesten war der Vorschlag Argentiniens, Brasiliens und der Schweiz (ABS), die unterschiedliche Regimes je nach dem Ursprung der Untersuchung vorschlugen: Verfahren aufgrund eines Verweises des Sicherheitsrates würden in einem separaten Artikel geregelt, welcher gemäß Artikel 121(5) des Römer Statuts bereits nach einer einzigen Ratifikation in Kraft treten würde. *Proprio-motu*-Untersuchungen sowie Verfahren aufgrund von Staatenverweisen würden in einem weiteren Artikel geregelt, zu dessen Inkrafttreten jedoch gemäß Artikel 121(4) Ratifikationen von sieben Achtel aller Vertragsstaaten notwendig wären. Verfahren in diesen beiden Kategorien würden so also auf lange Zeit aufgeschoben werden, danach könnte der Gerichtshof aber auch ohne Rücksicht auf das Einverständnis des mutmaßlichen Angriffsstaates tätig werden, selbst im Fall von Nicht-Vertragsstaaten. Dieser Vorschlag wurde mit gedämpfter Begeisterung empfangen. Er stiess vor allem bei jenen Delegationen auf Interesse, die ein Regime befürworteten, das nicht von der grundsätzlichen Zustimmung eines potentiellen Angriffsstaates abhängt. Der Vorschlag wurde aber auch aus genau demselben Grund scharf kritisiert, sowie für den juristischen „Kunstgriff", auf zwei inhaltlich ähnliche Artikel gänzlich verschiedene Inkrafttretensbestimmungen anzuwenden.

Die ABS-Initiative, zu der Slowenien einige ergänzende Vorschläge machte, bestimmte den weiteren Verhandlungsverlauf ganz entscheidend. Sie zeigte deutlich auf, dass die Vertragsstaaten bereit waren, die Verhandlungen aktiv voranzutreiben und wichtige und schwierige Kompromisse einzugehen, um ein Ergebnis zu erreichen. Die ABS-Initiative brachte auch zum ersten Mal die Idee ein, zwei separate Artikel für die verschiedenen Arten der Verweise zu erstellen. Die zweite Überarbeitung des Konferenzpapiers spiegelte diese Idee wider. Dies wiederum fokussierte die Diskussionen zum Thema Einverständnis des Angriff-staates in nützlicher Weise auf den späteren Artikel 15bis, und brachte im Gegenzug einen bereits weitgehend akzeptablen Artikel 15ter zu Sicherheitsratsverweisen.

Eine weitere wichtige Initiative kam von Kanada, das einen stark auf dem Einverständnis von Staaten basierenden Vorschlag unterbreitete, der dies mit der freien Wahl der anzuwendenden Filter sowie dem Gegenseitigkeitsprinzip verband. Die ABS- und die kanadische Initiative konnten vom Vorsitz nicht ignoriert werden. Beide Seiten vertraten starke und inhaltlich entgegengesetzte Ansichten, deuteten aber auch eine Bereitschaft an, Kompromisse einzugehen.

Zu unserer grossen Überraschung gelang es diesen beiden Gruppen auch tatsächlich, sich zwei Tage vor Ende der Konferenz auf einen Kompromiss zu einigen. Der neue Vorschlag hätte die Ausübung der Gerichtsbarkeit des IStGH um mindestens fünf Jahre nach dem Inkrafttreten für den ersten ratifizierenden Vertragsstaat verzögert. Zudem enthielt er einen Kompromissansatz zur Frage des Einverständnisses von potentiellen Angriffsstaaten: Nicht-Vertragsstaaten wurden ganz ausgenommen, und Vertragsstaaten hätten die Möglichkeit, sich durch ein Opt-Out der Gerichtsbarkeit zu entziehen. Beide Seiten hatten also, verglichen mit ihren Ausgangspositionen, deutliche Eingeständnisse gemacht. Zu diesem Zeitpunkt waren die Verhandlungen von der Ebene der Arbeitsgruppe an das Plenum der Konferenz weitergeleitet worden und lagen nunmehr in meiner alleinigen Verantwortung als Präsident. Der Kompromiss von ABS und Kanada wurde von vielen Delegationen begrüßt und fand – mit einigen wichtigen Änderungen – Eingang im ersten „Non-Paper" des Präsidenten.[6] Ich stellte diesen Vorschlag dem Plenum als *sui generis* Lösung vor, die stark auf dem Umstand beruhe, dass die Vertragsstaaten aufgrund von Artikel 12, Absatz 1 des Römer Status[7] bereits ihr Einverständnis gegeben hatten. Dies war nur auf Grund der spezifischen Platzierung des Verbrechens der Aggression im Römer Statut möglich. In der Filterfrage behielt das Non-Paper beide Alternativen unverändert, also den Sicherheitsratsfilter und den Filter der Vorverfahrenskammer.

Dieser Text regte auch zum ersten Mal – wenn auch in Klammern – die Vereinfachung von Verfahren aufgrund von Sicherheitsratsverweisen an (Artikel 15*ter*). Demnach muss der Ankläger, der ja bereits aufgrund eines aktiven Mandats des Sicherheitsrates agiert, diesen nicht mehr explizit anrufen um eine inhaltliche Feststellung eines Aggressionsaktes zu verlangen. Diese Idee war in bilateralen Konsultationen aufgebracht und dort auch weiter ausgelotet worden.

---

6 Das dem Plenum am Morgen des 10. Juni vorgestellt wurde.

7 Dies spiegelte sich auch in einem neuen ersten Absatzes der Präambel der Resolution wider, der auf Artikel 12(1) des Römer Statuts verwies.

Es schien sinnvoll, sie nun auch im Plenum zu erörtern. Gleichzeitig konnten wir einige „Understandings" zur Definition von Aggression vorstellen, die auf US-Initiative und unter deutscher Federführung separat verhandelt worden waren. Dies war enorm wichtig, weil es den Konsens zur Definition vervollständigte und daher die Ansicht unterstützte, dass ein Konsensergebnis möglich wäre.[8]

Einen halben Tag später[9] stellte ich ein weiteres Non-Paper vor, das keine Klammern mehr enthielt, mit Ausnahme Filtern. Es enthielt vor allem das vereinfachte Prozedere zu Sicherheitsratsverweisen (15*ter*). Zur Schlüsselfrage der Filter für *proprio-motu*-Untersuchungen und Staatenverweise (15*bis*) enthielt das Non-Paper weiterhin beide Ansätze, mit einigen Änderungen. Von diesem Zeitpunkt an konzentrierten sich die informellen Verhandlungen auf die zwei Filteransätze. Schon bald war klar, dass ein Vorschlag des Präsidenten nötig war. Zu diesem Zeitpunkt, weniger als 24 Stunden vor Ende der Konferenz, schätzte ich die politische Dynamik in der Konferenz so ein, dass mein Vorschlag logischerweise jene Alternative bevorzugen müsste, die eine Fortsetzung von Aggressionsverfahren auch im Falle der Untätigkeit des Sicherheitsrats ermöglichen würde. Ich war mir bewusst, dass dies auf starken Widerspruch durch einige Delegationen stoßen könnte. Ich konsultierte daher die wichtigsten Beteiligten am Morgen des Freitag, den 11. Juni auf der Basis eines kurzen Non-Papers. Dieses schlug die IStGH-Vorverfahrenskammer als zusätzlichen Filter zum Sicherheitsrat vor, was für die Gegner dieser Variante in zweierlei Hinsicht ausgeglichen wurde: erstens wurde explizit auf Artikel 16 des Statuts verwiesen, wonach der Sicherheitsrat die Kompetenz hat, IStGH-Verfahren auszusetzen. Zweitens wurde die Aktivierung der Gerichtsbarkeit des IStGH um mindestens sieben Jahre verschoben, und gab dabei dem den Sicherheitsratsverweisen den Vorrang: Die Gerichtsbarkeit nach 15*ter* würde nach sieben Jahren automatisch aktiviert, es sei denn, die Vertragsstaaten entschieden zu jenem Zeitpunkt anders. Die kontroversere Gerichtsbarkeit gemäß 15*bis* würde dagegen nicht automatisch aktiviert, sondern müsste frühestens 2017 von Vertragsstaaten in einem separaten Beschluss aktiviert werden. Die Rückmeldungen während dieser Konsultationen führten zu dem Schluss, dass ein solcher Zugang Zustimmung finden könnte, wenn wir die richtige Formulierung zur Aktivierung fänden. Dies war an sich schon ein Durchbruch, doch gestaltete sich die Suche nach solch einer Formulierung kontroverser als erwartet und nahm viele Stunden informeller Konsultation in verschiedenen Formaten in Anspruch.

---

8 Die Schlussfassung des Textes sprach die Frage des „positiven" oder „negativen" Verständnisses von Artikel 121(5), zweiter Satz, nicht mehr an, da dies jetzt durch das Opt-Out Regime im Haupttext abgedeckt wurde.

9 10. Juni, 23.00 Uhr.

Ich stellte diesen neuen Ansatz am Freitagnachmittag im Plenum vor, in einem weiter überarbeiteten Non-Paper, das keine Klammern mehr enthielt, mit der Ausnahme von zwei Platzhaltern für die Formulierungen zur verzögerten Aktivierung in 15*bis* und 15*ter*. Direkte Verhandlungen zwischen den interessiertesten Delegationen gingen weiter bis spät in den Abend, mit ausgedehnten und teilweise irrationalen Diskussionen zu diesem Aspekt des Junktims. Sie blieben letztendlich ergebnislos. Angesichts dessen, was auf dem Spiel stand, sowie der späten Stunde, legte ich einen letzten Vorschlag auf den Tisch, der sich nun in Absatz 3 von Artikel 15*bis* und 15*ter* des Römer Statuts findet: Sowohl Artikel 15*bis* als auch 15*ter* müssen demnach durch eine zukünftige Entscheidung der Vertragsstaaten mit einer absoluten Mehrheit von mindestens zwei Drittel aktiviert werden, und dies kann frühestens im Jahr 2017 geschehen. Ich bin heute noch derselben Ansicht wie damals in Kampala, dass die Frage der Aktivierungsformel zwar wichtig war, aber doch weniger tiefgreifend war als manche der vorangegangenen Kompromisse, insbesondere das Opt-Out-Regime für Vertragsstaaten, die komplette Ausnahme der Nicht-Vertragsstaaten, sowie die Kompetenz der Vorverfahrensrichter, das Verfahren auch im Rahmen von Artikel 15bis auch mangels einer Feststellung von Aggression durch den Sicherheitsrat weiterlaufen zu lassen.

Kaum jemand hatte einen Konsens zu einem umfassenden Paket zur Aggression in Kampala erwartet oder auch nur für möglich gehalten. Am Schluss war dies aufgrund der positiven Verhandlungsdynamik in Kampala möglich, deren wichtigster Ausdruck die allseitige Bereitschaft zu Kompromissen war. Es war auch klar, dass ein solches Klima nur schwer in zukünftigen Verhandlungen hergestellt werden könnte.[10] Die schlussendlich gefundene Lösung zeugt vom immensen Kooperationswillen aller interessierten Verhandlungsparteien. Mit der Annahme der Statutsänderungen zum Verbrechen der Aggression wurde nicht nur das Mandat der Römer Konferenz erfüllt, sondern auch ein großer kollektiver Fortschritt im internationalen Strafrecht erreicht.

10 Wäre kein Abkommen in Kampala möglich gewesen, wären die Themen an die nächste Sitzung der Vertragsstaatenversammlung übertragen worden.

Neue Straftatbestände zur Eindämmung der Proliferation von Massenvernichtungswaffen

*Walter Gehr**

I. Der rechtliche Rahmen zur Verhinderung der Verbreitung von Massenvernichtungswaffen

1. Völkerrechtliche Verträge

Drei Abrüstungs- bzw Rüstungskontrollverträge reglementieren die Nichtweiterverbreitung von sogenannten Massenvernichtungswaffen[1]. Es sind dies

---

* Der Autor trat im Jahre 1989 in das Bundesministerium für auswärtige Angelegenheiten ein. Nach Posten in Dublin, Algier, Genf und Ankara, wurde er Stellvertretender Leiter der Abteilung für Allgemeines Völkerrecht im Völkerrechtsbüro und Leiter des Referates für Internationales Umwelt- und Wirtschaftsrecht zu dessen Agenden die Umsetzung der Sanktionsbeschlüsse der UNO und der Europäischen Union gehörte. 1998 war er stellvertretetender Leiter der österreichischen Delegation bei den Verhandlungen, die zur Annahme des Römer Statuts des Internationalen Strafgerichtshofes führten. Von 1999 bis 2001 war er Vorsitzender der Staatenversammlung der Internationalen Entwicklungsrechtsorganisation (IDLO). Im Dezember 2001 wurde der Autor zum Counter-Terrorism Committee (CTC) des Weltsicherheitsrates berufen, wo er Sprecher der CTC Expertengruppe wurde. Zusammen mit seinem Expertenkollegen half er dem CTC, die weltweite Umsetzung von Sicherheitsratsresolution 1373 (2001) zu überwachen. Der Autor ist nunmehr Abteilungsleiter innerhalb der Terrorismusvorbeugungsgruppe (TPB) des United Nations Office on Drugs and Crime (UNODC) und leitet als solcher weltweit Einsätze zur Umsetzung der universellen Anti-Terrorismus Verträge ins innerstaatlichen Recht. Die im vorliegenden Artikel geäusserten Ansichten sind jene des Autors und spiegeln nicht notwendiger Weise jene der Vereinten Nationen wider.

1. der *Vertrag über die Nichtweiterverbreitung von Kernwaffen* (NPT 1968),
2. das *Übereinkommen über das Verbot der Entwicklung, Herstellung und Lagerung bakteriologischer (biologischer) Waffen und von Toxinwaffen sowie über die Vernichtung solcher Waffen* (BTWC 1972),
3. das *Übereinkommen über das Verbot der Entwicklung, Herstellung, Lagerung und des Einsatzes chemischer Waffen und über die Vernichtung solcher Waffen* (CWC 1993)

Von diesen drei Verträgen enthält alleine die CWC 1993 eine Bestimmung, welche Vertragsparteien verpflichtet, bestimmte legistische Maßnahmen zur Bestrafung bestimmter CWC-widriger Handlungen zu setzen[2].

2. Die Resolution 1540 (2004) des Weltsicherheitsrates

Die Resolution 1540, welche der Weltsicherheitsrat am 28. April 2004 verabschiedete, fordert die Mitgliedstaaten der Vereinten Nationen auf, ihr Bekenntnis zur multilateralen Zusammenarbeit zu erneuern und umzusetzen, insbesondere im Rahmen der Internationalen Atomenergie-Organisation (IAEO), der Organisation für das Verbot chemischer Waffen und des Übereinkommens über biologische Waffen und Toxinwaffen[3].

---

1 Diese drei Verträge wurden in Österreich durch BGBl Nr 258/1970, BGBl Nr 432/1975 bzw BGBl III Nr 38/1997 kundgemacht.

2 Artikel VII(1); die Organisation für das Verbot Chemischer Waffen (OPCW) hat Musterstrafbestimmungen zur Umsetzung dieses Artikels ausgearbeitet (Model Penal Code Provisions to Create Offences Criminalising Activities Prohibited by the Chemical Weapons Convention - [http://www.opcw.org/our-work/implementation-support/national-implementing-legislation/models-checklists-questionnaires]).
(a) (Jeder Vertragsstaat) verbietet ... natürlichen und juristischen Personen, an irgendeinem Ort in seinem Hoheitsgebiet oder an einem anderen Ort unter seiner völkerrechtlich anerkannten Hoheitsgewalt Tätigkeiten vorzunehmen, die einem Vertragsstaat auf Grund dieses Übereinkommens verboten sind; hierzu gehört auch die Schaffung von Strafbestimmungen in Bezug auf solche Tätigkeiten"
(c) im Einklang mit dem Völkerrecht erstreckt er die unter Buchstabe a geschaffenen Strafbestimmungen auf Tätigkeiten, die einem Vertragsstaat auf Grund dieses Übereinkommens verboten sind und von natürlichen Personen seiner Staatsangehörigkeit an irgendeinem Ort vorgenommen werden.

3 Operativ Paragraph 8(c). Die IAEO bzw die OPCW sind aufgrund des NPT bzw der CWC in die Umsetzung dieser Verträge eingebunden. Zur Umsetzung der BTWC wurde bislang keine internationale Organisation gegründet oder beauftragt. Allerdings schuf die sechste Überprüfungskonferenz der BTWC im Jahre 2006 eine kleine „Implementation SupportUnit" [http://www.unog.ch/80256EE600585943/(httpPages)/16C37624830EDAE5C12572BC0044DFC1?OpenDocument] .

Gleichzeitig hat diese Resolution der Schaffung neuer Straftatbestände zur Eindämmung der Proliferation von biologischen, chemischen und nuklearen Waffen einen Impetus gegeben. Diese Resolution wurde verabschiedet nachdem Informationen über das sog *A.Q. Khan* Netzwerk publik wurden[4]. Der Weltsicherheitsrat bekräftigt in dieser Resolution, dass die Verbreitung nuklearer, chemischer und biologischer Waffen und ihrer Trägersysteme eine Bedrohung des Weltfriedens und der internationalen Sicherheit darstellt[5].

Eine von dieser Resolution eingeführte, rechtlich verbindliche Hauptverpflichtung für Staaten ist die Erlassung und Anwendung von Rechtsvorschriften, die es jedem nichtstaatlichen Akteur untersagen, insbesondere für terroristische Zwecke, nukleare, chemische oder biologische Waffen und ihre Trägersysteme herzustellen, zu erwerben, zu besitzen, zu entwickeln, zu transportieren, weiterzugeben oder einzusetzen[6]. Diese Verpflichtung entspringt der ernsthaften Besorgnis des Weltsicherheitsrates, dass „nichtsstaatliche Akteure" tatsächlich nukleare, chemische und biologische Waffen und ihre Trägersysteme erwerben, entwickeln, mit ihnen handeln oder sie einsetzen könnten[7].

Als „nichtstaatlicher Akteur" definiert die Resolution eine Person oder Organisation, die bei der Durchführung von Aktivitäten nicht unter der rechtmäßigen Autorität eines Staates handelt. Darunter fallen Personen, Gruppen, Unternehmen oder Einrichtungen, die mit der Al-Qaida, Osama bin Laden oder den Taliban verbunden sind und gegen die der Weltsicherheitsrat Sanktionen erlassen hat[8]. Darüber hinaus fallen darunter ganz allgemein Terroristen, auf die Resolution 1373 des Weltsicherheitsrates Anwendung findet[9]. Diese Resolution wird manchmal als universelle Anti-Terror Gesetzgebung bezeichnet[10].

---

4 *Austrian Federal Ministry for European and International Affairs/ Institute for International Law and Justice of the New York University School of Law* (Hrsg), The UN Security Council and the Rule of Law, Wien 2008, 12 .

5 Resolution 1540 (2004), Preambular Paragraph 1.

6 Paragraphe opératif 2.

7 Resolution 1540 (2004), Prambular Paragraph 8.

8 Siehe Resolution 1822 vom 30. Juni 2008. Eine dieser Sanktionen besteht im Verbot des Verkaufes von Rüstungsgütern an diese gelisteten Personen, Gruppen, Unternehmen und Einrichtungen. Die Liste ist über den Link [http://www.un.org/sc/committees/1267/con solist.shtml] abrufbar.

9 Kurz nach den Ereignissen vom 11. September verabschiedete der Weltsicherheitsrat am 28. September 2001 seine Resolution 1373 (2001). Siehe *W. Gehr*, Das Counter-Terrorism Committee und die Sicherheitsratsresolution 1373 (2001), in: *Bundesministerium für Justiz* (Hrsg), Terrorismus und Menschenrechte, Veranstaltung der Landesgruppe Österreich der Internationalen Strafrechtsgesellschaft (AIDP) am 16. April 2004, Wien 2005.

10 Siehe in diesem Zusammenhang *Austrian Federal Ministry for European and International Affairs* (Fn 5), 12 f.

II. Straftatbestände zur Eindämmung der Proliferation von Massenvernichtungswaffen

1. Materielles Recht

a) Allgemeines

Mit Ausnahme der CWC[11] wurden Straftatbestände zur Eindämmung der Proliferation biologischer, chemischer und nuklearer Waffen außerhalb der drei obgenannten grundlegenden Nichtweiterverbreitungsverträge geschaffen.
Dies gilt insbesondere für das

- *Protokoll von 2005 zum Übereinkommen zur Bekämpfung widerrechtlicher Handlungen gegen die Sicherheit der Seeschifffahrt* sowie für das
- *Protokoll von 2005 zur Bekämpfung widerrechtlicher Handlungen gegen die Sicherheit fester Plattformen, die sich auf dem Festlandsockel befinden.*

Diese beiden Instrumente wurde eingedenk der Resolution 1540 (2004), „in der die dringende Notwendigkeit für alle Staaten anerkannt wird, zusätzliche wirksame Maßnahmen zu treffen, um die Verbreitung von Kernwaffen, chemischen oder biologischen Waffen sowie ihren Trägersystemen zu verhindern"[12] geschaffen. Diese beiden Protokolle sind noch nicht in Kraft getreten[13].

Auch die 2005 angenommene *Änderung des Übereinkommens zum Physischen Schutz von Kernmaterial* dient – ebenso wie die oben angeführten Proto-

---

11 Article VII(1)
(a) (Jeder Vertragsstaat) verbietet ... natürlichen und juristischen Personen, an irgendeinem Ort in seinem Hoheitsgebiet oder an einem anderen Ort unter seiner völkerrechtlich anerkannten Hoheitsgewalt Tätigkeiten vorzunehmen, die einem Vertragsstaat auf Grund dieses Übereinkommens verboten sind; hierzu gehört auch die Schaffung von Strafbestimmungen in bezug auf solche Tätigkeiten"
(c) im Einklang mit dem Völkerrecht erstreckt er die unter Buchstabe a geschaffenen Strafbestimmungen auf Tätigkeiten, die einem Vertragsstaat auf Grund dieses Übereinkommens verboten sind und von natürlichen Personen seiner Staatsangehörigkeit an irgendeinem Ort vorgenommen werden.

12 Protokoll von 2005 zum Übereinkommen zur Bekämpfung widerrechtlicher Handlungen gegen die Sicherheit der Seeschifffahrt, Prämbular Paragraph 7 und Protokoll von 2005 zur Bekämpfung widerrechtlicher Handlungen gegen die Sicherheit fester Plattformen, die sich auf dem Festlandsockel befinden, Prämbular Paragraph 2.

13 Per 1. November 2009, zählt das Protokoll von 2005 zum Übereinkommen zur Bekämpfung widerrechtlicher Handlungen gegen die Sicherheit der Seeschifffahrt neun Vertragsstaaten, 12 sind zu dessen Inkrafttreten vonnöten. Das Protokoll von 2005 zur Bekämpfung widerrechtlicher Handlungen gegen die Sicherheit fester Plattformen, die sich auf dem Festlandsockel befinden zählt sieben Vertragsstaaten und kann in Kraft treten, sobald das erstgenannte Protokoll in Kraft tritt.

kolle – ausdrücklich dem Ziel der Non-Proliferation, das im Stammübereinkommen aus 1979[14] noch nicht erwähnt worden war.

Ebenso wenig ist diese Zielsetzung in der Präambel zum *Internationalen Übereinkommen zur Bekämpfung nuklearterroristischer Handlungen*[15] aus 2005 angeführt. Hier stand der Gedanke der Terrorismusbekämpfung im Vordergrund.

Dieser liegt auch dem *Internationalen Übereinkommen zur Bekämpfung terroristischer Bombenanschläge*[16] aus 1997 zugrunde. Schon dieser Vertrag schuf einen Straftatbestand zur Inkriminierung bestimmter rechtswidriger Handlungen, die mit Chemikalien, biologischen Substanzen und Toxinen oder radioaktivem Material ausgeführt werden[17].

Es wäre nicht falsch, das *Internationale Übereinkommen zur Bekämpfung der Finanzierung des Terrorismus* mittelbar zu den Verträgen, die die Eindämmung der Weiterverbreitung von Massenvernichtungswaffen zum Ziele haben, zu zählen: Angesichts der darin enthaltenen, sehr weiten Legaldefinition des Begriffes „finanzielle Mittel"[18]. könnte die Überlassung von nuklearem, radioaktivem, chemischem oder biologischem Material sehr wohl unter dem Straftatbestand der Terrorismusfinanzierung subsumiert werden.

b) Straftatbestände zur Eindämmung der Proliferation von Nuklearwaffen

Die internationalen Straftatbestände zur Eindämmung der Weiterverbreitung von Nuklearwaffen sind in sechs internationalen Verträgen normiert, und zwar

- in dem am 26. Oktober 1979 in Wien beschlossenen *Übereinkommen über den physischen Schutz von Kernmaterial* sowie seiner am 8. Juli 2005 beschlossenen *Änderungen,*
- in dem am 15. Dezember 1997 von der Generalversammlung der Vereinten Nationen beschlossenen *Internationalen Übereinkommen zur Bekämpfung terroristischer Bombenanschläge,*
- in dem am 13. April 2005 von der Generalversammlung der Vereinten Nationen beschlossenen *Internationalen Übereinkommen zur Bekämpfung nuklearterroristischer Handlungen,*
- im *Protokoll von 2005 zum Übereinkommen zur Bekämpfung widerrechtlicher Handlungen gegen die Sicherheit der Seeschifffahrt*
- im *Protokoll von 2005 zur Bekämpfung widerrechtlicher Handlungen gegen die Sicherheit fester Plattformen, die sich auf dem Festlandsockel befinden.*

---

14 Übereinkommens über den physischen Schutz von Kernmaterial, BGBl Nr 53/1989.

15 BGBl III Nr 77/2007.

16 BGBl III Nr 168/2001.

17 Siehe Artikel 1(3)(b) iVm Artikel 2.

18 Artikel 1 Ziffer 1.

Diese sind Teil einer Liste von sechzehn universellen anti-Terror Verträgen[19]. Gleichzeitig sind sie Teil einer Liste von Verträgen, die den rechtlichen Rahmen für das Gebiet der nuklearen Sicherheit[20] bilden, welche den Schutz von Atom-

---

19 Diese umfasst neben den sechs soeben erwähnten, die folgenden Verträge:
1. Abkommen über strafbare und bestimmte andere an Bord von Luftfahrzeugen begangene Handlungen, unterzeichnet in Tokyo am 14. September 1963 (BGBl Nr 247/1974),
2. Übereinkommen zur Bekämpfung der widerrechtlichen Inbesitznahme von Luftfahrzeugen, beschlossen am 16. Dezember 1970 in Den Haag (BGBl 249/1974),
3. Übereinkommen zur Bekämpfung widerrechtlicher Handlungen gegen die Sicherheit der Zivilluftfahrt, beschlossen am 23. September 1971 in Montreal (BGBl Nr 248/1974),
4. Übereinkommen über die Verhütung, Verfolgung und Bestrafung von Straftaten gegen völkerrechtlich geschützte Personen einschließlich Diplomaten, angenommen von der Generalversammlung der Vereinten Nationen am 14. Dezember 1973 (BGBl Nr 488/1977),
5. Internationales Übereinkommen gegen Geiselnahme, angenommen von der Generalversammlung der Vereinten Nationen am 17. Dezember 1979 (BGBl Nr 600/1986),
6. Protokoll zur Bekämpfung widerrechtlicher gewalttätiger Handlungen auf Flughäfen, die der internationalen Zivilluftfahrt dienen, in Ergänzung des Übereinkommens zur Bekämpfung widerrechtlicher Handlungen gegen die Sicherheit der Zivilluftfahrt, beschlossen am 24. Februar 1988 in Montreal (BGBl Nr 63/1990),
7. Übereinkommen zur Bekämpfung widerrechtlicher Handlungen gegen die Sicherheit der Seeschifffahrt, beschlossen am 10. März 1988 in Rom (BGBl Nr 406/1992),
8. Protokoll zur Bekämpfung widerrechtlicher Handlungen gegen die Sicherheit fester Plattformen, die sich auf dem Festlandsockel befinden, beschlossen am 10. März 1988 in Rom (BGBl Nr 406/1992),
9. Übereinkommen über die Markierung von Plastiksprengstoffen zum Zweck des Aufspürens, unterzeichnet in Montreal am 1. März 1991 (BGBl III Nr 135/1999),
10. Übereinkommen zur Bekämpfung der Finanzierung des Terrorismus, angenommen von der Generalversammlung der Vereinten Nationen am 9. Dezember 1999 (BGBl III Nr 102/2002)

20 Eine endgültige offizielle Vertragsliste liegt noch nicht vor, doch dürften dazu, abgesehen von den unter II)1)b) genannten Verträgen, auch die folgenden Übereinkünfte gehören:
- Übereinkommen über die frühzeitige Benachrichtigung bei nuklearen Unfällen (BGBl Nr 186/1988);
- Übereinkommen über Nukleare Sicherheit (BGBl III Nr 39/1998);
- Übereinkommen über Hilfeleistung bei nuklearen Unfällen oder radiologischen Notfällen (BGBl Nr 87/1990) und das
- Gemeinsame Übereinkommen über die Sicherheit der Behandlung abgebrannter Brennelemente und über die Sicherheit der Behandlung radioaktiver Abfälle (BGBl III Nr 169/2001).
Dazu werden noch zwei rechtlich nicht verbindliche IAEO Dokumente genannt, und zwar der *Leitfaden für den Import und Export radioaktiver Strahlenquellen* und der *Verhaltenskodex für die Sicherheit und Sicherung radioaktiver Strahlenquellen*.
Siehe auch *C. Stoiber*, Nuclear Security: An emerging domain of international nuclear law, in: *International Nuclear Law Association* (Hrsg), Nuclear Inter Jura 2007, Proceed-

waffen, Kernmaterial, radioaktivem Material und von Kernanlagen[21] – einschließlich Atomkraftwerken – vor strafrechtlichen und anderen vorsätzlichen und rechtswidrigen Handlungen zum Gegenstand haben[22]. Nukleare Sicherheit[23] im Sinne der *nuclear security*[24] steht hier im Gegensatz zur *nuclear safety,* die

ings. Acts du Congrès, Brüssel 2008, 851; *R. Howsley*, Civil nuclear security – more regulation or better corporate governance?, in: *International Nuclear Law Association* (Hrsg), Nuclear Inter Jura 2007, Proceedings. Acts du Congrès, Brüssel 2008, 965.

21 Eine Legaldefinition des Terminus „Kernanlagen“ enthält Artikel 1 Abs 3 des Internationalen Übereinkommens zur Bekämpfung nuklearterroristischer Handlungen. Sie weicht leicht von jener ab, die sich in Punkt 4 der Änderung des Übereinkommens über den physischen Schutz von Kernmaterial befindet und lautet wie folgt:
„a) ein Kernreaktor, einschließlich der Reaktoren auf Schiffen, Fahrzeugen, Luftfahrzeugen oder Weltraumgegenständen, die als Energiequelle für den Antrieb solcher Schiffe, Fahrzeuge, Luftfahrzeuge oder Weltraumgegenstände oder für jeden anderen Zweck verwendet werden;
b) eine Einrichtung oder ein Beförderungsmittel, die zur Herstellung, Lagerung, Aufarbeitung oder Beförderung von radioaktivem Material eingesetzt werden“.

22 Zum rechtlichen Rahmen betreffend die nukleare Sicherheit werden üblicherweise neben den sechs obgenannten Verträgen sowie den Resolution 1373 und 1540 des Weltsicherheitsrates auch
- Der Vertrag über die Nichtweiterverbreitung von Kernwaffen (BGBl Nr 258/1970),
- Das Übereinkommen über die frühzeitige Benachrichtigung bei nuklearen Unfällen (BGBl Nr 186/1988),
- Das Übereinkommen über Hilfeleistung bei nuklearen Unfällen oder strahlungsbedingten Notfällen (BGBl Nr 87/1990 idF BGBl I Nr 2/2008),
- Das Übereinkommen über nukleare Sicherheit (BGBl III Nr 39/1998) sowie
- Das Gemeinsames Übereinkommen über die Sicherheit der Behandlung abgebrannter Brennelemente und über die Sicherheit der Behandlung radioaktiver Abfälle (BGBl III Nr 169/2001),

Dazu werden manchmal die Verträge, die atomwaffenfreie Zonen etablieren wie zB der am 21. März 2009 in Kraft getretene Vertrag vom Semipalatinsk für Zentralasien sowie die Atomteststoppverträge wie der Vertrag über das Verbot von Kernwaffenversuchen in der Atmosphäre, im Weltraum und unter Wasser (BGBl Nr 199/1964) sowie der noch nicht in Kraft getretene Vertrag über das umfassende Verbot von Nuklearversuchen.

23 Dem Gebiet der nuklearen Sicherheit sind auch bilaterale Verträge zu zählen wie jener zwischen Indien und Pakistan vom 31. Dezember 1988 über das Verbot von Angriffen auf nuklearen Installationen und Kernanlagen [http://www.indianembassy.org/South_Asia/Pakistan/Prohibition_Attack_Nuclear_Dec_31_1988.html]. Der Vertrag ist am 27. Jänner 1991 in Kraft getreten.

24 Zur Frage der terminologischen Unterschiede zwischen „safety“ und „security“, siehe *O. Jankowitsch/C. Drillat*, Glossary of Nuclear Legal Terms, Acronyms and Terminology, 5.Aufl 2009, 63.

konzeptuell mit dem Schutz vor Atomunfällen, die fahrlässig herbeigeführt werden, in Verbindung zu bringen ist.

Diese sechs internationalen strafrechtlichen Verträge gehören auch zu einer Gruppe universeller, regionaler und bilateraler Verträge, deren Ziel es ist, allgemein die Weiterverbreitung von Nuklearwaffen hintanzuhalten. Dazu zählen der Antarktisvertrag[25], welcher als erster Vertrag überhaupt ein Verbot von Atomtests normiert, oder auch der Weltraumvertrag[26], der die Stationierung von Massenvernichtungswaffen im Weltraum untersagt.

Neuerdings wird debattiert, ob das Verbot der Weiterverbreitung von Kernwaffen mittlerweilen zu einer völkergewohnheitsrechtlichen *ius cogens* Norm geworden ist.

c) Straftatbestände zur Eindämmung der Proliferation von chemischen und von biologischen Waffen

Wie bereits oben erwähnt, enthält von den drei Abrüstungs- bzw Rüstungskontrollverträge, die die Nicht- Weiterverbreitung von sogenannten Massenvernichtungswaffen regeln, nur CWC 1993 eine Bestimmung, welche Vertragsparteien verpflichtet, bestimmte legistische Maßnahmen zu Bestrafung bestimmter rechtswidriger Handlungen zu setzen.

Allerdings schuf – wie ebenfalls bereits erwähnt - das *Internationale Übereinkommen zur Bekämpfung terroristischer Bombenanschläge*[27] aus 1997 einen Straftatbestand zur Inkriminierung bestimmter rechtswidriger Handlungen, die mit Chemikalien, biologischen Substanzen und Toxinen oder radioaktivem Material ausgeführt werden.

Weiters werden das

- Protokoll von 2005 zum Übereinkommen zur Bekämpfung widerrechtlicher Handlungen gegen die Sicherheit der Seeschifffahrt und das
- Protokoll von 2005 zur Bekämpfung widerrechtlicher Handlungen gegen die Sicherheit fester Plattformen, die sich auf dem Festlandsockel befinden,

wenn Sie einmal in Kraft getreten sind, die Vertragsparteien verpflichten, darin genau definierte Straftatbestände zu schaffen, um den illegalen Transport chemischen oder biologischen Waffen – sowie von Kernwaffen – bzw deren Verwendung unter Strafe zu stellen.

---

25 BGBl Nr 38/1988.

26 BGBl Nr 103/1968.

27 BGBl III Nr 168/2001.

2. Aspekte des sachlicher Anwendungsbereiches

Eines der Hauptanliegen der Biologie- sowie der Chemiewaffenkonvention (BTWC 1972 bzw CWC 1993) ist es freilich, die Rechtswidrigkeit des staatlichen Einsatzes von biologischen bzw chemischen Waffen klarzustellen. Eine solche Klarstellung fehlt im Rahmen des Nuklearrechtes für Kernwaffen. Auch das obgenannte *Internationale Übereinkommen zur Bekämpfung nuklearterroristischer Handlungen* behandelt die Frage der Rechtmäßigkeit des Einsatzes oder der Androhung des Einsatzes von Kernwaffen durch Staaten nicht[28]. Bekanntlich ist dieser Frage vom Internationalen Gerichtshof in seinem Gutachten vom 8. Juli 1996 behandelt worden[29].

Dieses Übereinkommen sowie andere Übereinkommen, welche Straftatbestände zur Eindämmung der Proliferation von Massenvernichtungswaffen normieren, stellen auch ausdrücklich klar, dass sie geltende Normen des humanitären Völkerrechtes (*ius in bello*) nicht berühren[30].

Wohl in Erinnerung an den am 7. Juni 1981 erfolgen Angriff Israels gegen das irakische Atomkraftwerk *Osiraq* (sog „*Operation Opera*") einigten sich die Verhandler der im Jahr 2005 beschlossenen Änderungen zum *Übereinkommen über den physischen Schutz von Kernmaterial* darauf, einen Passus einzufügen, wonach das Übereinkommen nicht so auszulegen ist, „*als beinhalte es eine rechtmäßige Befugnis zur Anwendung oder Androhung von Gewalt gegen für friedliche Zwecke genutztes Kernmaterial oder für friedliche Zwecke genutzte Kernanlagen*".

3. Zuständigkeit zur Strafverfolgung

All jene Verträge, welche Straftatbestände zur Eindämmung der Proliferation von Massenvernichtungswaffen schaffen, verpflichten die Vertragsparteien ihre Zuständigkeit zur Strafverfolgung an den bloßen Aufenthalt eines Tatverdächti-

---

28 Artikel 4 Abs 4.

29 [http://www.icj-cij.org/docket/index.php?p1=3&p2=4&code=unan&case=95&k=e1].

30 *Internationales Übereinkommen zur Bekämpfung nuklearterroristischer Handlungen*, Artikel 4 Abs 1 und 2;
Übereinkommens über den physischen Schutz von Kernmaterial idF. der 2005 beschlossenen *Änderungen*, Artikel 2 Abs 4 lit a) und b);
Internationales Übereinkommen zur Bekämpfung terroristischer Bombenanschläge, Artikel 19;
Übereinkommen zur Bekämpfung widerrechtlicher Handlungen gegen die Sicherheit der Seeschifffahrt idF. des Protokolls 2005, Artikel 2bis Abs 1 und 2.

gen auf deren jeweiligem Staatsgebiet zu knüpfen (Anknüpfungspunkt des inländischen Betretungsortes – *forum deprehensionis*)[31].

Die Strafverfolgung hat unabhängig vom Tatort und von der Nationalität des Täters bzw des Opfers zu erfolgen. Dadurch folgt die Zuständigkeit zur Strafverfolgung dem Weltrechtsprinzip (*universal jurisdisction*); da aber die Strafverfolgung zumindest die Verletzung inländischer Interessen oder die Anwesenheit des mutmaßlichen Täters im Inland zur Voraussetzung hat, spricht man in diesem Zusammenhang von „quasi universeller Jurisdiktion".

In weiterer Folge normieren diese Verträge das Prinzip „*aut dedere aut iudicare*", also einer stellvertretenden Strafrechtspflege für den Fall, dass der mutmaßliche Täter nicht ausgeliefert wird.

III. Institutionelle Aspekte

Institutionell hat die Schaffung der 2005 geschaffenen neuen Straftatbestände zur Eindämmung der Proliferation von Massenvernichtungswaffen zu einer verstärkten Kooperation des United Nations Office on Drugs and Crime (UNODC) mit der International Maritime Organisation (IMO) und der Organisation for the Prohibition of Chemical Weapons (OPCW), vor allem aber mit der, wie UNODC, in Wien ansässigen IAEO sowie mit der Organisation für Sicherheit und Zusammenarbeit in Europa (OSZE) geführt. UNODC hat sogar gemeinsam mit der IAEO Modellstrafbestimmungen gegen Nuklearterrorismus erarbeitet[32].

IAEO, UNODC, INTERPOL und die EU haben Beobachterstatus in der „*Global Initiative to Combat Nuclear Terrorism*" erlangt. Diese Initiative wurde am 15. Juli 2006 von der Russischen Föderation und den USA angekündigt und zählt 78 Partnerstaaten[33]. Die Russische Föderation und die USA führen den Vorsitz bei dieser Initiative und haben am 13. Oktober 2009 UNODC ersucht, die Federführung bei der Behandlung rechtlicher Fragen im Rahmen dieser Initiative zu übernehmen.

31 Es stellt sich die Frage, ob die Zuständigkeitsbestimmungen des § 64 Abs 1 Z. 9 lit f und Z 10 des österreichischen StGB die oa. internationalen Straftatbestände in vollem Umfang abdeckt.

32 Diese Modellbestimmungen sind – wie übrigens die oa Übereinkommen sowie Strafgesetze von über 100 Staaten – über [www.unodc.org/tldb] abrufbar.

33 Siehe [http://en.wikipedia.org/wiki/Global_Initiative_to_Combat_Nuclear_Terrorism].

Internationaler Strafgerichtshof und *ad hoc*-Straftribunale Überlegungen zur Frage möglicher Jurisdiktionskonflikte

Jelka Mayr-Singer

Einleitung

Kaum eine Materie des Völkerrechts hat sich in den letzten beiden Jahrzehnten derart dynamisch entwickelt wie der Bereich des Völkerstrafrechts. Seit dem Beginn der 1990er Jahre wurden auf internationaler Ebene innerhalb kurzer Zeit eine Reihe von Strafgerichtshöfen zur Ahndung von Verstößen von Individuen gegen das Völkerrecht errichtet. Nach den beiden internationalen Tribunalen zur Verfolgung und Aburteilung der auf dem Gebiet des ehemaligen Jugoslawien und der während des Bürgerkrieges in Ruanda begangenen Verbrechen entstanden mehrere hybride – gemischt international-nationale – Strafgerichte etwa im Kosovo, in Ost-Timor, in Sierra Leone und in Kambodscha. All diese Straftribunale wurden *ad hoc* eingerichtet und mit einer örtlich und zeitlich beschränkten Zuständigkeit ausgestattet. Daneben wurde mit dem Internationalen Strafgerichtshof (IStGH) ein Tribunal geschaffen, dessen Gerichtsbarkeit zwar in zeitlicher Hinsicht grundsätzlich auf Straftaten begrenzt ist, die seit dem Inkrafttreten seines Statuts[1] am 1. Juli 2002 begangen worden sind, das aber nicht bloß zur Aufarbeitung eines konfinierten Konfliktes, sondern als eine ständige Einrichtung internationaler Strafrechtspflege mit einem – bislang allerdings noch nicht vollständig erfüllten[2] – Anspruch auf universelle Anerkennung und Zuständigkeit etabliert wurde. Allen diesen Strafverfolgungsmechanismen ist gemeinsam, dass sie sich im Wesentlichen auf die Verfolgung der völkerrechtlichen Kernverbrechen – Völkermord, Verbrechen gegen die Menschlichkeit und Kriegsverbrechen – konzentrieren, sodass sich zwangsläufig die Frage nach möglichen Jurisdiktionskonflikten zwischen dem auf permanenter Basis eingerichteten IStGH und den anderen internationalen[3] oder

---

1 Römisches Statut des Internationalen Strafgerichtshofs vom 17. Juli 1998, 2187 UNTS 90; deutschsprachige Übersetzung öBGBl III 2002/180. Das Römische Statut wird im Folgenden als IStGH-Statut bezeichnet.

2 Bisher (Stand November 2010) haben 115 Staaten das Römische Statut ratifiziert.

3 Rein internationale Strafgerichtshöfe sind solche, die sowohl hinsichtlich ihres Entstehungsaktes (völkerrechtlicher Vertrag oder Resolution einer internationalen Organisation), ihres Status (sie sind nicht Teil einer nationalen Rechtsordnung), der Ernennung ihres Personals (insbes der Richter und der Ankläger), ebenso wie im Hinblick auf das anwend-

internationalisierten[4], aber nur temporär eingerichteten Strafgerichtshöfen, ergibt.

Während für die beiden *internationalen ad hoc*-Straftribunale für Kollisionsfälle mit nationalen Gerichten der Grundsatz des Vorrangs der internationalen Strafrechtspflege gilt und ihr Verhältnis zum IStGH im Wesentlichen von der Vorrangbestimmung des Art 103 der Satzung der Vereinten Nationen (SVN) geprägt ist, kann für die *hybriden ad hoc*-Strafgerichte ein eindeutiger Befund nicht ohne weiteres erstellt werden. Vielmehr müssen die einzelnen hybriden Gerichtshöfe unter Umständen nach ihrem Internationalisierungsgrad differenziert gesehen und eine allfällige Qualifikation als staatliche Gerichte in Betracht gezogen werden, sodass sich dann die Frage kollidierender Zuständigkeiten wegen des in Art 17 IStGH-Statut verankerten Komplementaritätsprinzips möglicherweise gar nicht stellt.

Im Folgenden soll daher in einem ersten Abschnitt das Verhältnis des IStGH zu den internationalen *ad hoc*-Straftribunalen untersucht werden. Dabei wird vorab festzustellen sein, ob Überschneidungen in deren Jurisdiktionen überhaupt denkbar sind und sich dann der Frage zu widmen sein, wie allfällige Kompetenzkonflikte gelöst werden könnten.

Der zweite Abschnitt wird das Verhältnis des IStGH zu den hybriden *ad hoc*-Strafgerichten beleuchten. Da die bisher geschaffenen Hybridgerichte sehr unterschiedlich ausgestaltet sind, wird zunächst abzuklären sein, ob dieses Verhältnis einer einheitlichen Beurteilung überhaupt zugänglich ist, bevor in einem zweiten Schritt potentiell konfligierende Zuständigkeiten aufgezeigt und Lösungsvarianten für eine Beseitigung von Jurisdiktionskonflikten dargestellt werden können.

---

bare Recht und letztlich auch in Bezug auf die Finanzierung ausschließlich international sind. Diesen Kriterien entsprechen (neben dem IStGH) lediglich die beiden internationalen *ad hoc*-Straftribunale für das ehemalige Jugoslawien und für Ruanda.

4 Internationalisierte Strafgerichtshöfe oder Hybridgerichte sind durch eine Vereinigung von internationalen und nationalen Elementen charakterisiert. Zu dieser Kategorie gehören die sog Dili Panels in Osttimor, die Regulation 64 Panels im Kosovo, die War Crimes Chamber in Bosnien-Herzegowina, der Sondergerichtshof für Sierra Leone und das Khmer Rouge-Tribunal in Kambodscha. Zum Teil werden auch der Oberste Irakische Strafgerichtshof und das Sondertribunal für den Libanon dieser Kategorie zugeordnet.

I. Das Verhältnis des IStGH zu den internationalen *ad hoc*-Straftribunalen

1. Internationale *ad hoc*-Straftribunale – eine aussterbende Spezies?

Zweifelsohne müsste sich eine Untersuchung des Verhältnisses zwischen dem IStGH und *ad hoc*-Strafgerichtshöfen den Vorwurf der Unvollständigkeit gefallen lassen, würde man dabei eine Beurteilung der rein internationalen *ad hoc*-Straftribunale ausblenden. Bekanntlich zählen (neben dem IStGH) bis heute nach wie vor lediglich der Internationale Strafgerichtshof für das ehemalige Jugoslawien (*International Criminal Tribunal for the former Yugoslavia, ICTY*) und der Internationale Strafgerichtshof für Ruanda (*International Criminal Tribunal for Rwanda, ICTR*) zur Kategorie jener Tribunale, die in jeglicher Hinsicht genuin international sind[5]: Sie wurden durch Resolutionen des UN-Sicherheitsrates (SR) gemäß Kap VII SVN ins Leben gerufen[6], haben den Status von Nebenorganen des SR und werden aus dem UN-Budget finanziert. Zudem setzen sie sich aus internationalen Richtern, die von der UN-Generalversammlung (GV) aufgrund einer vom SR vorgelegten Liste gewählt werden, sowie einem unabhängigen, vom SR auf Vorschlag des UN-Generalsekretärs (GS) ernannten Ankläger zusammen. Ihre sachliche Zuständigkeit erstreckt sich ausschließlich auf die völkerrechtlichen Kernverbrechen.

Auf sie hat auch der Internationale Gerichtshof (IGH) im *Arrest Warrant*-Urteil[7] 2002 Bezug genommen, als er hinsichtlich der Immunität von Außenministern zwischen *nationalen* Gerichten anderer Staaten und „certain *international* criminal courts“ unterschieden hat. Er hat dabei die Kriterien, was denn nun ein „internationales“ Strafgericht ausmacht, nicht definiert, hat aber neben dem IStGH auch die beiden *ad hoc*-Tribunale für das ehemalige Jugoslawien und für Ruanda als Beispiele für solche internationale Strafgerichte genannt. In eben diesem Sinne hat auch der GS in seinem Bericht an den SR in Bezug auf die Einrichtung eines Sondertribunals für den Libanon von einem „exclusively

5 *F. Pocar*, The Proliferation of International Criminal Courts and Tribunals. A Necessity in the Current International Community, 2 Journal of International Criminal Justice (2004), 304 (305).

6 Der ICTY wurde durch die SR-Res 827 vom 25.5.1993, S/RES/827 (1993), der ICTR durch die SR-Res 955 vom 8.11. 1994, S/RES/955 (1994) eingerichtet.

7 ICJ, Arrest Warrant of 11 April 2000 (Democratic Republic of the Congo v. Belgium), Judgment, ICJ Reports 2002, 3 (para 61).

international tribunal", also einem ausschließlich internationalen im Gegensatz zu „mixed", also einem gemischten Tribunal gesprochen.[8]

Für die Einrichtung derartiger Straftribunale bedarf es zunächst der Voraussetzungen des Art 39 SVN und einer vetofreien Resolution des SR. Eine wesentliche Rolle spielt darüber hinaus vor allem der Kostenfaktor; diesbezüglich ist nicht zu erwarten, dass vonseiten der Staatengemeinschaft weiterhin die Bereitschaft besteht, das UN-Budget mit den mit der Einrichtung solcher Tribunale verbundenen enormen Kosten zu belasten, insbesondere unter dem Aspekt, dass der SR nun ja von der in Art 13 lit b IStGH-Statut vorgesehenen Möglichkeit der Überweisung einer Situation an den IStGH Gebrauch machen kann. Schließlich fehlt es den weit von den Tatortstaaten im ehemaligen Jugoslawien bzw in Ruanda entfernt in Den Haag bzw Arusha angesiedelten Tribunalen nach wie vor an Akzeptanz in den betroffenen Bevölkerungen. Auch der zusätzlich negative Aspekt der langen Verfahrensdauer legt insgesamt die Beurteilung nahe, dass mit der Einrichtung weiterer internationaler *ad hoc*-Strafgerichtshöfe nach dem Muster des Jugoslawien- und Ruandatribunals wohl nicht zu rechnen sein und sich dementsprechend auch die Frage einer eventuellen Konkurrenz mit dem IStGH in Zukunft kaum stellen wird. Aus diesen Gründen kann eine eingehendere Untersuchung möglicher Jurisdiktionskonflikte zwischen dem IStGH und *internationalen ad hoc*-Strafgerichtshöfen durchaus unterbleiben, zumal diese mit hoher Wahrscheinlichkeit als aussterbende Spezies zu bezeichnen sind.

2. Mögliche Jurisdiktionskonflikte zwischen dem IStGH und den bestehenden internationalen *ad hoc*-Strafgerichtshöfen

Auch wenn dieser Ausprägung der Strafgerichtsbarkeit Zukunftsfähigkeit wohl nicht attestiert werden kann, soll dennoch hinsichtlich der bestehenden beiden internationalen *ad hoc*-Tribunale eine Einschätzung über die Lösung allfällig konfligierender Zuständigkeiten getroffen werden.

2.1. IStGH und ICTR

Was das Ruandatribunal betrifft, kann eine solche Einschätzung problemlos erfolgen: Die zeitliche Zuständigkeit des Ruandatribunals ist nämlich auf Verbrechen beschränkt, die in Ruanda oder von Staatsangehörigen Ruandas in den Nachbarstaaten zwischen dem 1. Januar und dem 31. Dezember 1994 begangen

8 *W.A. Schabas*, The Special Tribunal for Lebanon: Is a „Tribunal of an International Character" Equivalent to an „International Criminal Court"?, 21 Leiden Journal of International Law (2008), 513 (513ff).

wurden[9], während sich die Gerichtsbarkeit des IStGH in zeitlicher Hinsicht[10] nur auf Straftaten erstreckt, die seit dem Inkrafttreten seines Statuts am 1. Juli 2002 begangen worden sind. Kompetenzkonflikte zwischen dem IStGH und dem ICTR können daher *ratione temporis* von vornherein ausgeschlossen werden.

2.2. IStGH und ICTY

Denkbar ist hingegen ein Jurisdiktionskonflikt zwischen dem IStGH und dem Jugoslawientribunal. Da der ICTY auf einer SR-Res nach Kap VII SVN basiert, besteht für die UN-Mitgliedstaaten[11] eine Kooperationspflicht mit dem Tribunal. Seine Zuständigkeit erstreckt sich auf Kernverbrechen, die seit dem 1. Januar 1991 auf dem Hoheitsgebiet des ehemaligen Jugoslawien begangen worden sind – es ist also mit zeitlich in die Zukunft unbegrenzter Jurisdiktion ausgestattet.[12] Im Fall konkurrierender Zuständigkeiten mit nationalen Gerichten gilt der Grundsatz des Vorrangs internationaler Strafrechtspflege, dh dass Kollisionsfälle dahingehend gelöst werden, dass der ICTY in jeder Phase des Verfahrens staatliche Verfahren an sich ziehen kann.[13]

Im Gegensatz dazu ist der IStGH mit permanenter Jurisdiktionskompetenz ausgestattet und zwar für Kernverbrechen, die auf dem Territorium eines Vertragsstaates oder von einem Staatsangehörigen eines Vertragsstaates oder eines Staates, der seine Gerichtsbarkeit akzeptiert hat, begangen worden sind bzw für Situationen, die vom SR auf der Grundlage von Kap VII SVN an den Gerichtshof überwiesen worden sind, womit insbes auch Taten erfasst sind, die auf dem Gebiet von Nicht-Vertragsstaaten begangen worden sind. Er ist also hinsichtlich seiner Zuständigkeit *ratione loci* nicht den Beschränkungen unterworfen, die für den ICTY bestehen, sondern unterliegt vielmehr abhängig von der Anerkennung durch die Vertragsstaaten und vorbehaltlich der SR-Überweisungen flexiblen Grenzen.[14]

Für den Fall, dass sowohl der IStGH als auch ein *nationales* Gericht Verfolgungszuständigkeit beanspruchen, gilt das in Art 17 IStGH-Statut verankerte Komplementaritätsprinzip.[15] Dabei hat grundsätzlich die staatliche Strafverfolgung den Vorrang, es sei denn der Staat ist nicht willens oder in der Lage, die

9 Art 1 und Art 7 ICTR-Statut.

10 Art 11 und Art 24 IStGH-Statut.

11 Da heute beinahe alle Staaten UN-Mitglieder sind, kann die Frage der Verpflichtungen von Nicht-Mitgliedstaaten der UN hier vernachlässigt werden.

12 Art 1 und Art 8 ICTY-Statut.

13 Art 9 ICTY-Statut.

14 Art 12 Abs 2 und 3 IStGH-Statut.

15 Vgl dazu den Beitrag von *Andreas Th. Müller* in diesem Band, 75ff.

Ermittlungen oder die Strafverfolgung ernsthaft durchzuführen. Die komplementäre Zuständigkeit des IStGH wird also nur eröffnet, wenn die Staaten ihrer Pflicht zu Ermittlungen und Anklage nicht nachkommen.

Da die Jurisdiktion der beiden Strafgerichtshöfe sich *ratione materiae* deckt und auch alle ehemaligen jugoslawischen Teilrepubliken[16] das Statut des Internationalen Strafgerichtshofs ratifiziert haben, würde sowohl dem IStGH als auch dem ICTY, solange dieser noch besteht[17], Jurisdiktion über in diesen Gebieten begangene Kernverbrechen zukommen, wenngleich eine Überschneidung der Jurisdiktionskompetenzen – unter dem Aspekt, dass die maßgeblichen Verbrechen in der Jurisdiktion des ICTY wohl vor dem 1. Juli 2002 begangen wurden – unwahrscheinlich ist.[18] Das Römische Statut enthält keine Regelung für einen möglichen Konflikt von Jurisdiktionskompetenzen mit den internationalen *ad hoc*-Tribunalen. Auch das *Relationship Agreement*[19] zwischen dem IStGH und den UN trifft in seinem Art 2 lediglich die Aussage, dass UN und IStGH sich gegenseitig in ihren Aufgaben zu respektieren haben.

Eine Möglichkeit, einen solchen Jurisdiktionskonflikt zu lösen, bestünde etwa darin, dass der SR eine entsprechende Kap VII-Resolution dahingehend fasst, dass er ein Ersuchen gem Art 16 IStGH-Statut an den IStGH richtet, so dass dieser für einen (verlängerbaren) Zeitraum von zwölf Monaten keine Strafverfolgung einleiten oder fortführen darf. Der SR müsste also die Feststellung treffen, dass im Interesse der Wiederherstellung des Weltfriedens der ICTY für

---

16 Mit Ausnahme der ehemaligen serbischen Provinz Kosovo.

17 Vgl die *completion strategy* des SR gem SR-Res 1503 vom 28.8.2003, S/RES/1503 (2003) und SR-Res 1534 vom 26.3.2004, S/RES/1534 (2004). In seinem jüngsten Bericht (S/2010/270 vom 1.6.2010) gab der Präsident des ICTY an, dass alle Hauptverfahren voraussichtlich bis Ende des Jahres 2012 abgeschlossen sein werden. Das Ende der Berufungsverfahren ist für 2014 vorgesehen.

18 *M. Bohlander*, Possible Conflicts of Jurisdiction with the *Ad Hoc* International Tribunals, in: *A. Cassese/P. Gaeta/J. Jones* (Hrsg), The Rome Statute of the International Criminal Court: A Commentary, Oxford/New York 2002, Vol I, 687 (688) sieht in diesem Zusammenhang unter Hinweis auf den Kosovo durchaus die Möglichkeit als gegeben an, dass in den Nachfolgestaaten des ehemaligen Jugoslawien ein dauerhaft friedliches Zusammenleben nicht sichergestellt werden kann und dass weitere Konflikte ausbrechen könnten, in deren Rahmen dann Verbrechen begangen werden könnten, auf die sowohl das ICTY-Statut als auch jenes des IStGH anwendbar wären. In krassem Gegensatz dazu hält *D. Heilmann*, Die Effektivität des Internationalen Strafgerichtshofs. Die Rolle der Vereinten Nationen und des Weltsicherheitsrates, Baden-Baden 2006, 260, eine Überschneidung der Jurisdiktionskompetenzen des IStGH mit denen des ICTY „für weitgehend unmöglich“.

19 Negotiated Relationship Agreement between the International Criminal Court and the United Nations, ICC-ASP/3/Res.1 vom 4.10.2004.

die Verfolgung der Kernverbrechen zuständig ist und dass dementsprechend bereits eingeleitete Ermittlungs- oder Verfolgungsmaßnahmen seitens des IStGH auszusetzen sind.[20] Der IStGH hätte dann eine gegebenenfalls ergehende Entscheidung des ICTY gemäß dem Grundsatz *ne bis in idem* (Art 20 IStGH-Statut) zu berücksichtigen.

Sollte der SR allerdings keine derartige Resolution fassen, dann gehen jedenfalls die mitgliedstaatlichen Kooperationspflichten mit dem auf einer SR-Resolution nach Kap VII SVN beruhenden ICTY gemäß Art 103 SVN den Verpflichtungen aus einem multilateralen völkerrechtlichen Vertrag wie dem Römischen Statut vor, sodass aus der Sicht der Mitgliedstaaten der IStGH hinter dem Jugoslawientribunal zurückstehen muss[21] und zwar auch dann, wenn die Verbrechen nach dem Inkrafttreten des IStGH-Statuts begangen wurden.

Für den IStGH selbst, der ja eine von den Vertragsparteien unabhängige Rechtspersönlichkeit besitzt, ist die Vorrangbestimmung des Art 103 SVN allerdings nicht direkt anwendbar. Insofern stehen die beiden internationalen Strafgerichtshöfe in einem horizontalen Kooperationsverhältnis zueinander. Die Komplementarität des IStGH gegenüber nationaler Strafverfolgung bei gleichzeitigem Vorrang des ICTY vor nationaler Strafverfolgung führt im Ergebnis letztendlich wohl dennoch zur Komplementarität des IStGH auch gegenüber dem Jugoslawientribunal.[22] Das bedeutet allerdings nicht, dass der ICTY – etwa wenn ein jugoslawischer Nachfolgestaat eine Situation (unter Verletzung seiner Kooperationspflicht mit dem Jugoslawientribunal) an den IStGH überweist – direkt deren Überstellung vom Internationalen Strafgerichtshof verlangen könnte, zumal ihm Jurisdiktionsvorrang ja nur gegenüber den Mitgliedstaaten – nicht aber gegenüber dem IStGH – zukommt.[23] Allerdings dürfte umgekehrt der IStGH in Bezug auf

20 *E. de Wet*, The Relationship between the International Criminal Court and *ad hoc* criminal tribunals: competition or symbiosis?, 83 Die Friedens-Warte. Journal of International Peace and Organisation (2008), 33 (44) hält dies für die „most obvious solution".

21 Insoweit besteht in der literarischen Aufarbeitung Einvernehmen, vgl etwa *P. Ambach*, Laufen hybride ad hoc-Gerichte dem Internationalen Strafgerichtshof den Rang ab? Eine Bestandsaufnahme, 18 Humanitäres Völkerrecht (2005), 106 (115); *Bohlander* (Fn 18), 688; *de Wet* (Fn 20), 44; *Heilmann* (Fn 18), 259; *Pocar* (Fn 5), 306. Unterschiedlich werden jedoch die Konsequenzen in Bezug auf die daraus für den IStGH selbst resultierenden Pflichten gesehen.

22 In diesem Sinne auch *Heilmann* (Fn 18), 260.

23 Eine abweichende Ansicht vertritt *Bohlander* (Fn 18), 689f, der meint, dass „the ICTY could demand the ICC or its Prosecutor not to entertain the case any further, and take charge of the case under its own jurisdiction". Eine mögliche Lösung sieht er darin, dass „The law of the ICC could be modified to make provision for the request of deferral from the ICTY". Es bestehe zwar keine strikte Notwendigkeit das IStGH-Statut zu modifizieren, dies sei aber die „safer and more appropriate option". Eine gangbarere Variante sei

die Nachfolgestaaten des ehemaligen Jugoslawien sehr wohl klären müssen, ob vonseiten des ICTY ebenfalls Verfolgungsmaßnahmen intendiert sind.[24] Denn schließlich hat sich der Ankläger gem Art 53 Abs 1 IStGH-Statut vor der Einleitung von Ermittlungen davon zu überzeugen, dass eine hinreichende Basis für die Verfahrenseinleitung existiert. Dabei ist davon auszugehen, dass er auf der Grundlage von Art 53 Abs 1 lit c IStGH-Statut von der konkreten Aufnahme eines Ermittlungsverfahrens absehen würde, da wesentliche Gründe für die Annahme vorliegen, dass die Durchführung von Ermittlungen nicht im „Interesse der Gerechtigkeit"[25] läge.

II. Das Verhältnis des IStGH zu den internationalisierten oder hybriden *ad hoc*-Strafgerichten

1. Zukunftsmodell Hybridtribunal?

Alle anderen *ad hoc*-Straftribunale sind durch eine Kombination aus nationalen und internationalen Elementen charakterisiert, wobei die „Internationalität" regelmäßig auf einer Einbindung der UN dadurch beruht, dass diese an ihrer Errichtung beteiligt sind. Der Grad der Internationalisierung variiert, sodass sowohl Ausmaß als auch Form der Internationalisierung jeweils unterschiedlich ausfallen können. Die Skala reicht von einem nationalen System mit nur einzelnen internationalen Elementen, wie das etwa beim Khmer-Rouge-Tribunal in Kambodscha der Fall ist, bis hin zu einem quasi-internationalen Tribunal mit nur einzelnen nationalen Komponenten, wie das auf den Sondergerichtshof für Sierra Leone zutrifft. Ebenso variiert auch der Bezugspunkt der Internationalisierung, dh das internationale Element kann in der Rechtsgrundlage der Gerichte, der Auswahl der Richter und Ankläger oder dem anwendbaren Recht bestehen; zumeist gilt jedoch, dass sich der hybride Charakter der Gerichte vor allem darin manifestiert, dass zum einen Richterbank und Anklagebehörde gemischt (mit nationalen und internationalen Richtern bzw Anklägern) besetzt sind und dass des weiteren das anwendbare Recht neben den Tatbeständen des Völkerstraf-

---

möglicherweise die Einführung einer neuen Regel in die „Rules of Procedure and Evidence" dahingehend, dass „if the ICTY – or more generally an *Ad Hoc* Tribunal created under Chapter VII – requires deferral of a case, then this request must be respected, regardless of the opinion of the ICC." In diesem Sinne argumentiert auch *Ambach* (Fn 21), 115, dahingehend, dass der ICTY die Einstellung der Ermittlungen fordern und in der Situation im Rahmen der eigenen Gerichtsbarkeit ermitteln könnte.

24 Ebenso *de Wet* (Fn 20), 45.

25 Vgl dazu den Beitrag von *Andreas Th. Müller* in diesem Band, 89 und 108f.

rechts regelmäßig auch Bestimmungen des jeweiligen nationalen Strafrechts enthält. Insgesamt kann aber festgestellt werden, dass alle bisher gegründeten hybriden Strafgerichte ihren jeweiligen Kultur- und Rechtsräumen angepasste Strukturen haben, sodass keines dem anderen gleicht und man dementsprechend nicht von einem einheitlichen Modell des „internationalisierten Straftribunals" sprechen kann.[26]

Gemeinsam ist aber allen Ausprägungen internationalisierter Strafgerichte – darauf soll im Hinblick auf die folgenden Ausführungen besonders hingewiesen werden – ,dass die Verantwortung auf den Tatortstaat verlagert und das Tribunal idR auch im Tatortstaat lokalisiert ist. Die bisherige Erfahrung hat gezeigt, dass bei geringerem finanziellen Aufwand[27] durch die Verbindung von internationaler Expertise mit lokalem Wissen und nationalem Strafrecht die Strafverfahren von der Bevölkerung des Tatortstaates weniger als Einmischung von außen empfunden werden und es zumindest ansatzweise auch gelingt, in den (meist) Postkonfliktstaaten einen Beitrag zum Aufbau eines effektiveren Justizwesens und zur Rechtsstaatlichkeit zu leisten.

Obwohl die Hybridtribunale – nicht zuletzt wegen der Vernachlässigung durch die internationale Gemeinschaft – bisher vielleicht nicht alle in sie gesetzten Erwartungen erfüllen konnten, so ist doch insgesamt festzustellen, dass sie auch nach der Etablierung des IStGH neben diesem zukunftsfähig sind. Beleg dafür ist die seit dem Jahr 2000 wachsende Anzahl solcher Gerichte, wenngleich deren Schaffung in jüngster Zeit stagniert hat. Auch wenn es letztlich doch nicht zur Errichtung eines weiteren hybriden Tribunals gekommen ist, so zeigt doch etwa das Beispiel Kenia[28], dass das Modell internationalisierter Gerichte auch in

---

26 Vgl für viele *D. Cohen*, „Hybrid Justice in East Timor, Sierra Leone, and Cambodia: „Lessons Learned" and Prospects For the Future, 43 Stanford Journal of International Law (2007), 1; *L. Condorelli/T. Boutruche*, Internationalized Criminal Courts and Tribunals: Are They Necessary?, in: *C.P.R. Romano/A. Nollkaemper/J.K. Kleffner* (Hrsg), Internationalized Criminal Courts. Sierra Leone, East Timor, Kosovo, Cambodia, Oxford 2004, 427ff; *J. Mayr-Singer*, Hybridgerichte – Eine neue Generation internationaler Strafgerichte (I). Der Sondergerichtshof für Sierra Leone, 56 Vereinte Nationen (2008), 68 (69); *L. von Braun*, Internationalisierte Strafgerichte. Eine Analyse der Strafverfolgung schwerer Menschenrechtsverletzungen in Osttimor, Sierra Leone und Bosnien-Herzegowina, Berlin 2008, 421f; *G. Werle*, Völkerstrafrecht, 2. Aufl, Tübingen 2007, 31f.

27 Dies ist vor allem auf die geographische Nähe zu den Opfern und den Tätern und die Nutzung lokaler Kapazitäten zurückzuführen.

28 *The Konrad Adenauer Foundation in Kenya* (Hrsg), Kriegler & Waki Reports on 2007 Elections. Summarised Version. Revised Edition, Nairobi 2009. Der von der „Commission of Inquiry into Post-Election Violence" im Oktober 2008 vorgelegte *Waki*-Report, untersuchte die gewalttätigen Auseinandersetzungen nach den Präsidentschaftswahlen in

der Zukunft eine realistische Option sein könnte. Solange der IStGH keine Universalität erreicht hat und ihm eine Reihe von Staaten, so etwa die USA, China und Russland skeptisch gegenüberstehen, ist eine vollständige Abkehr vom Modell hybrider Strafgerichte eher unwahrscheinlich[29]. Auch liegt die Vermutung nahe, dass der IStGH sich langfristig auf die Verfolgung der schwersten Verbrechen und der Hauptverantwortlichen wird beschränken müssen; internationalisierten Gerichten könnte dann durchaus eine Entlastungsfunktion hinsichtlich der Ahndung der „lower-level perpetrators" zukommen.[30]

2. Mögliche Jurisdiktionskonflikte zwischen dem IStGH und den Hybridtribunalen

Gegenwärtig bestehen keine Jurisdiktionskonflikte zwischen dem IStGH und den hybriden Strafgerichten, da alle derzeit aktiven Hybridtribunale mit Verbrechen befasst sind, die vor dem Inkrafttreten des IStGH-Statuts begangen wurden.[31] Dennoch sind in Zukunft konfligierende Zuständigkeiten durchaus vorstellbar, insbesondere dann, wenn sich einerseits die örtliche Zuständigkeit des

---

Kenia im Dezember 2007. Er empfahl zur Verfolgung der Hauptverantwortlichen für die im Nachgang zu den Wahlen im ganzen Land begangenen Verbrechen (gegen die Menschlichkeit) vorrangig die Einrichtung eines hybriden, aus kenianischen und internationalen Richtern zusammengesetzten „Special Tribunal for Kenya" auf kenianischem Territorium. Mittlerweile hat die Mehrheit der Parlamentarier allerdings ein entsprechendes Gesetz zur Schaffung des Sondertribunals abgelehnt und der Ankläger des IStGH hat bestätigt, dass in Bezug auf die Situation in Kenia, das seit 2005 Vertragspartei des Römischen Statuts ist, Ermittlungen eingeleitet wurden.

29 Für *E. Higonnet*, Restructuring Hybrid Courts: Local Empowerment and National Criminal Justice Reform, 23 Arizona Journal of International and Comparative Law (2006), 347 (434) sind Hybridgerichte gar „one of the most promising forms of transitional justice."

30 In diesem Sinne *M. Benzing/M. Bergsmo*, Some Tentative Remarks on the Relationship Between Internationalized Criminal Jurisdictions and the International Criminal Court, in: *C.P.R. Romano/A. Nollkaemper/J.K. Kleffner* (Hrsg), Internationalized Criminal Courts. Sierra Leone, East Timor, Kosovo, Cambodia, Oxford 2004, 407 (415f); ebenso *von Braun* (Fn 26), 447 und *S. Dyrchs*, Das hybride Khmer Rouge-Tribunal. Entstehung, Entwicklung und rechtliche Grundlagen, Frankfurt a. M. 2008, 270; Anders jedoch *Condorelli/Boutruche* (Fn 26), 435, die die Ansicht vertreten, dass aufgrund der Existenz des IStGH zwar eine Internationalisierung nationaler Gerichte denkbar ist, dass aber „from the standpoint of the rationalization of the system, in such cases as Cambodia and Sierra Leone, creating ad hoc tribunals or internationalized courts would be nonsense."

31 Dazu ausführlich *de Wet* (Fn 20), 43ff.

IStGH weiter ausdehnt und andererseits – wie das Beispiel des *Waki*-Berichts[32] zeigt – auch zeitliche Aspekte die Jurisdiktion des IStGH nicht mehr ausschließen. Die Zuständigkeit des von der *Waki*-Kommission vorgeschlagenen Hybridgerichts hätte sich nämlich *ratione materiae* auf die Verfolgung von Verbrechen gegen die Menschlichkeit erstreckt, die im Dezember 2007 (also nach dem Inkrafttreten des IStGH-Statuts) in Kenia begangen wurden, das seit 2005 Vertragspartei des Römischen Statuts ist. Dementsprechend hätten in diesem Fall beide Strafgerichtshöfe auch *ratione loci* und *ratione temporis* Zuständigkeit beanspruchen können. Sollte es daher doch noch zur Einrichtung weiterer Hybridgerichte kommen, so würde dies mit zunehmender Wahrscheinlichkeit konkurrierende Jurisdiktionen zur Folge haben.

2.1. Hybridtribunale und Komplementaritätsprinzip

Der Schlüssel zur Lösung eines derartigen Jurisdiktionskonflikts liegt im Verhältnis der Hybridgerichte zu Art 17 IStGH-Statut. Der dort verankerte Grundsatz der Komplementarität bestätigt die realistische Einschätzung, dass die direkte Durchsetzung des Völkerstrafrechts durch internationale Straftribunale auch nach der Schaffung des IStGH die Ausnahme bleiben wird. Die Präambel seines Statuts bekräftigt, dass bei den „schwersten Verbrechen, welche die internationale Gemeinschaft als Ganzes berühren", die wirksame Verfolgung „durch Maßnahmen auf einzelstaatlicher Ebene und durch verstärkte internationale Zusammenarbeit" gewährleistet werden müsse. Damit trägt das IStGH-Statut auch der Tatsache Rechnung, dass sich ein Strafverfahren vor nationalen, insbesondere Tatortgerichten, meist kostengünstiger und einfacher durchführen lässt als vor einem internationalen Strafgerichtshof. Daher soll die internationale Strafgerichtsbarkeit die Gerichtsbarkeit staatlicher Gerichte auch bei den völkerrechtlichen Kernverbrechen nicht ersetzen, sondern lediglich subsidiär zur Anwendung kommen. Das Komplementaritätsprinzip eröffnet also den Staaten die Möglichkeit, die Ahndung einer Tat selbst in die Hand zu nehmen und damit dem Zugriff des IStGH zu entziehen. Im Idealfall kommen die Staaten ihren Verpflichtungen zur Gänze nach, sodass sich ein Eingreifen des IStGH erübrigt.[33]

---

32 Vgl Fn 28.

33 *Werle* (Fn 26), 226f; zum Komplementaritätsprinzip siehe etwa *J.T. Holmes*, Complementarity: National Courts versus the ICC, in: *A. Cassese/P. Gaeta/J. Jones* (Hrsg), The Rome Statute of the International Criminal Court: A Commentary, Oxford/New York 2002, Vol I, 670ff; *J. Kleffner*, Complementarity in the Rome Statute and National Criminal Jurisdictions, Oxford 2008; vgl dazu den Beitrag von *Andreas Th. Müller* in diesem Band, 75ff.

Im gegenständlichen Zusammenhang stellt sich nun die Frage, ob und in welchem Ausmaß allenfalls auch die Hybridgerichte als staatliche Gerichte qualifiziert werden können, das heißt ob die Gerichtsbarkeit von Hybridgerichten unter Art 17 Abs 1 lit a IStGH-Statut subsumiert werden kann. Bejahendenfalls würde dies bedeuten, dass die Jurisdiktion des IStGH gegenüber einem hybriden Gericht nur dann ausgelöst würde, wenn letzteres nicht willens oder nicht in der Lage wäre, die Strafverfolgung selbst ernsthaft durchzuführen. Sollte hingegen die Strafverfolgung durch ein hybrides Gerichte nicht als „von einem Staat" durchgeführt zu qualifizieren sein, so würde in den Szenarien des Art 17 Abs 1 lit a und lit b IStGH-Statut das Komplementaritätsprinzip nicht zur Anwendung kommen, was gleichzeitig bedeuten würde, dass unmittelbar konkurrierende Zuständigkeiten zwischen beiden Strafgerichten bestünden.

Die Antwort auf diese Frage hängt davon ab, wie Art 17 IStGH-Statut auszulegen ist. Der Wortlaut der Bestimmung bezieht sich eindeutig auf *staatliche* Gerichtsbarkeit. So wird sowohl in Art 17 Abs 1 lit a IStGH-Statut als auch in Art 17 Abs 1 lit b IStGH-Statut von Ermittlungen und Strafverfolgung gesprochen, die „von einem Staat", der Gerichtsbarkeit darüber hat, durchgeführt werden. Auch Art 17 Abs 2 lit a IStGH-Statut nimmt auf die „staatliche" Entscheidung Bezug und Art 17 Abs 3 IStGH-Statut spricht vom „innerstaatlichen" Justizsystem.[34]

Eine enge Auslegung der Begriffe „Staat" und „staatlich" widerspricht also einer Einbeziehung hybrider Gerichte. Obgleich hybride Strafgerichte schon definitionsgemäß auch nationale Elemente aufweisen, kann jedenfalls argumentiert werden, dass das zusätzliche Vorhandensein von internationalen Elementen eine Subsumtion hybrider Gerichte unter Art 17 IStGH-Statut nicht zulässt. Dabei könnte sich die Frage stellen, ob bereits die Einbeziehung eines einzelnen internationalen Bezugspunktes, etwa die Mitfinanzierung eines Gerichts durch die Staatengemeinschaft, die Einordnung als staatliches Gericht verhindern würde.

Auf der anderen Seite schließt die Tatsache, dass die Zulässigkeitskriterien des Art 17 IStGH-Statut sich nicht ausdrücklich auch auf hybride Gerichte beziehen, deren Einbeziehung aber auch nicht unbedingt e contrario aus, zumal Hybridgerichte noch nicht existierten als das Römische Statut angenommen wurde. Man könnte dann in einer extensiven Auslegung die Auffassung vertreten, dass bereits die Existenz vereinzelter nationaler Elemente eine Subsumierung hybrider Gerichte unter Art 17 IStGH-Statut rechtfertigen könnte.[35]

---

34 *Benzing/ Bergsmo* (Fn 30), 411; *de Wet* (Fn 20), 47.

35 *Benzing/ Bergsmo* (Fn 30), 412; *Ambach* (Fn 21), 115 knüpft – in einer wohl zu weitgehenden Interpretation – in diesem Zusammenhang an die „Staatskoppelung" jeden hybriden Gerichtes an und stellt die Überlegung an, ob man nicht aus der Tatsache, dass jedes

Auch eine teleologische Interpretation von Art 17 IStGH-Statut in Übereinstimmung mit Art 31 Abs 1 der Wiener Vertragsrechtskonvention scheint diesen Schluss zunächst nahe zu legen. Denn Ziel und Zweck der Errichtung des IStGH bestehen zweifelsohne darin, „der Straflosigkeit der Täter ein Ende zu setzen und so zur Verhütung solcher Verbrechen beizutragen“[36]. Trotz des im Komplementaritätsprinzip zum Ausdruck kommenden Respekts der Schöpfer des IStGH-Statuts vor staatlicher Souveränität wird die Erreichung dieses Zieles dadurch abgesichert, dass dem IStGH eben die Möglichkeit eingeräumt wird dann einzugreifen, wenn die Staaten selbst dieses Ziel nicht erreichen können oder wollen. Wenn nun ein Staat seiner Verpflichtung, Ermittlungen oder eine Strafverfolgung durchzuführen, nachkommt, sich dabei aber internationaler Unterstützung bedient und zu diesem Zweck in Zusammenarbeit mit der Staatengemeinschaft internationalisierte Strafgerichte etabliert, scheint es legitim[37], diese Gerichte der Kategorie der „nationalen Gerichte“ zuzuordnen.[38] Dies würde aber bedeuten, dass Hybridtribunale generell unter den Begriff „staatlich“ zu subsumieren sind, da sie ja regelmäßig ins Leben gerufen werden, um die nationalen Bemühungen zur Beendigung von Straflosigkeit und die zukünftige Verhütung schwerster Verbrechen zu unterstützen.

Daraus würde sich in weiterer Folge ergeben, dass der IStGH nicht nur hinter die nationalen, sondern auch hinter die internationalisierten Strafverfolgungsmaßnahmen zurücktritt. Ebenso wie im Fall der staatlichen Gerichte stünde ihm aber auch hier das Recht zu zu beurteilen, ob das internationalisierte Verfahren ordnungsgemäß durchgeführt wurde. Wenn das hybride Strafgericht daher nicht fähig oder nicht in der Lage wäre, das Verfahren ernsthaft durchzuführen, etwa um die betreffende Person vor strafrechtlicher Verantwortung zu schützen, dann könnte auch hier der IStGH tätig werden. Dies würde dann be-

---

Hybridgericht „in einer bestimmten Weise an den Staat gekoppelt ist, auf dessen Territorium das Gericht errichtet wurde und die in Frage stehenden Verbrechen begangen worden sind,… dieses als „nationales“ Gericht im Sinne des Art 17 IStGHSt ansehen könnte.“

36 Präambel, Abs 5 IStGH-Statut.

37 Diesbezüglich sehr weitgehend *J. Stigen*, The Relationship between the International Criminal Court and National Jurisdictions. The Principle of Complementarity, Leiden/Boston 2008, 233:„A strict application of the admissibility criteria, however, excluding internationalised proceedings from the complementarity principle would be largely inconsistent with the object and purpose. Internationalised jurisdictions are established for the same object and purpose as the ICC: to remedy inadequate national proceedings.“

38 *Benzing/Bergsmo* (Fn 30), 412, gehen sogar so weit, dass sie diesen Status sogar den internationalisierten Gerichten in Osttimor und im Kosovo, an deren Schaffung die betroffenen Staaten ja gar nicht mitbeteiligt waren, zugestehen wollen. Sie begründen dies damit, dass „the mere involvement of the state in the *operation*, rather than its setting-up, may be sufficient for deeming it a national court for the purpose of article 17.“

deuten, dass sich der IStGH – ebenso wie in Bezug auf die nationale Gerichtsbarkeit – zu einem Überwachungsinstrument auch der Hybridgerichte entwickeln könnte.

Im Schrifttum wird für eine Lösung der Frage, ob mit „Staat“ und „staatlich“ tatsächlich nur „ausschließliche“, also „reine“ Staatlichkeit intendiert ist, vielfach auf den Internationalisierungsgrad des jeweiligen Hybridgerichts zurückgegriffen.[39] Dabei wird üblicherweise zwischen Hybridgerichten, die in ein nationales Gerichtssystem integriert sind, und solchen mit eigener Rechtspersönlichkeit unterschieden.

2.1.1. IStGH und Hybridgerichte, die in ein nationales Gerichtssystem integriert sind

Bei Hybridgerichten, die in nationale Gerichtssysteme eingebunden sind und keine eigenständige völkerrechtliche Rechtspersönlichkeit besitzen, handelt es sich um primär nationale Strafgerichtsmodelle, die lediglich international unterstützt werden. Dazu gehören insbes die „Regulation 64 Panels“ im Kosovo, die ehemaligen „Dili Panels“ in Osttimor, das Khmer Rouge-Tribunal in Kambodscha und die Sonderkammer für Kriegsverbrechen in Bosnien-Herzegowina.[40]

Von einigen Autoren wird die Zugehörigkeit dieser hybriden Gerichte zum Errichtungsstaat klar bejaht[41] und letztlich aus den größeren Einflussmöglichkeiten des Staates auf das jeweilige Gericht eine Anwendbarkeit des Komplementaritätsprinzips abgeleitet. Dabei wird allerdings übersehen, dass etwa die Panels in Osttimor und im Kosovo durch Regulations von UN-Übergangsverwaltungen eingerichtet wurden, die wiederum auf Resolutionen des SR gemäß Kap VII SVN beruhen und auch aus UN-Mitteln finanziert werden. Es ist daher keineswegs eindeutig, dass allein die Tatsache der Einbindung in ein nationales

---

39 Diesbezüglich relevante Faktoren sind nach *Stigen* (Fn 37), 234, unter Berufung auf *Benzing/Bergsmo* (Fn 30), 412f, ob eine nationale oder internationale Richtermehrheit besteht, die Finanzierung vom jeweiligen Staat oder von der Staatengemeinschaft getragen wird, ob die Errichtung zumindestens teilweise auf staatlicher Initiative beruht und ob der Staat in die Tätigkeit („operation“) des Gerichts involviert ist.

40 Zu diesen Hybridtribunalen siehe etwa *Dyrchs* (Fn 30); *J. Mayr-Singer*, Hybridgerichte – Eine neue Generation internationaler Strafgerichte (II). Das Khmer-Rouge-Tribunal, 56 Vereinte Nationen (2008), 258; *C.P.R. Romano/A. Nollkaemper/J.K. Kleffner* (Hrsg), Internationalized Criminal Courts. Sierra Leone, East Timor, Kosovo, Cambodia, Oxford 2004; *von Braun* (Fn 26).

41 Vgl etwa *Ambach* (Fn 21), 116, der meint, dass man „durch den größeren Einfluss des Staates auf das jeweilige hybride Gericht und fehlende völkerrechtliche Rechtspersönlichkeit des Gerichts…eine Zugehörigkeit zum Staat im Sinne des Art 17 IStGHSt durchweg bejahen können“ wird.

Rechtssystem als der entscheidende Faktor für die Einordnung der Gerichte als „staatliche“ Gerichte fungieren sollte, wenn dieses staatliche System effektiv von den UN kontrolliert wurde oder noch wird.

Eher ließen sich die Außerordentlichen Kammern in Kambodscha (*Extraordinary Chambers in the Courts of Cambodia, ECCC*) als „staatlich“ qualifizieren: zum einen ging hier die Initiative zu ihrer Etablierung von der kambodschanischen Regierung aus, die den GS um Unterstützung bei der Verfolgung der von den Roten Khmer während des Pol-Pot-Regimes begangenen Verbrechen ersuchte; darüber hinaus sind die ECCC nicht nur in die nationale Justiz Kambodschas eingegliedert, vielmehr stellen dort auch die nationalen kambodschanischen Richter die Mehrheit und werden die einheimischen Richter von der kambodschanischen Regierung bezahlt. Insofern könnte die Tatsache, dass die Kammern durch ein bilaterales Abkommen zwischen der kambodschanischen Regierung und den UN[42] eingerichtet wurden wohl noch am ehesten vernachlässigt und die ECCC dann unter Umständen als „nationales Gericht“ qualifiziert werden.

In ähnlicher Weise handelt es sich auch bei der Sonderkammer für Kriegsverbrechen (*War Crimes Chamber, WCC*)[43] innerhalb des Staatsgerichtshofs von Bosnien-Herzegowina um eine nationale Institution, die zur Verfolgung schwerer Menschenrechtsverletzungen im Rahmen des Balkankonfliktes und künftiger völkerrechtlicher Kernverbrechen in Bosnien eingerichtet wurde. An sie werden vom ICTY zur Umsetzung seiner *completion strategy* in Anwendung der Regel 11bis seiner Verfahrensordnung Fälle mittlerer und geringerer Schwere übertragen. Im Rahmen des Verfahrens gegen *Radovan Stanković*[44], der als erster Angeklagter des ICTY nach Bosnien überstellt wurde, nahm die *Referral Bench* zum Status des Staatsgerichtshofs, innerhalb dessen die WCC errichtet wurde, Stellung und bezeichnete diesen klar und eindeutig als „nationales Gericht“.[45]

42 Agreement between the United Nations and the Royal Government of Cambodia Concerning the Prosecution under Cambodian Law of Crimes Committed During the Period of Democratic Kampuchea, unterzeichnet am 6.6.2003.

43 Die korrekte Bezeichnung lautet „*Special Panels for War Crimes*“, hier wird jedoch der geläufigere Name WCC verwendet; für Ermittlung und Anklage ist das „*Special Department for War Crimes*“ zuständig.

44 *Prosecutor v Gojko Janković & Radovan Stanković*, „Foča“ (IT-96-23/2). *Stanković* wurde im September 2005 nach Bosnien überstellt und dort rechtskräftig zu 20 Jahren Freiheitsstrafe verurteilt; allerdings gelang ihm nach seiner Verurteilung die Flucht aus dem Gefängnis in Foča.

45 Case No. IT-96-23/2-PT, *Prosecutor v Radovan Stanković, Decision on Referral of Case Under Rule 11bis* vom 17.5.2005, Ziff 26: „The view of the Referral Bench is that in the relevant context, which is Article 9(1) of the Statute of the Tribunal, there is no apparent justification for giving to the phrase „national court“ any meaning other than the normal

Die WCC ist im Übrigen als eine Art Starthilfe für die lokale Justiz insofern gedacht, als mittelfristig die internationalen Komponenten graduell abgebaut und durch lokale Kapazitäten ersetzt werden sollen, sodass spätestens dann mit einiger Berechtigung von einem „staatlichen“ Gericht gesprochen werden kann.

2.1.2. IStGH und Hybridgerichte mit eigener Rechtspersönlichkeit

Am anderen Ende der Skala wird in der Literatur insbesondere das Verhältnis des IStGH zu solchen Strafgerichten als problematisch eingestuft, die eine eigene völkerrechtliche Rechtspersönlichkeit besitzen, wie dies beim Sondergerichtshof für Sierra Leone (*Special Court for Sierra Leone, SCSL*) der Fall ist. Der Sondergerichtshof wurde – ebenfalls auf Initiative der Regierung Sierra Leones – auf der Grundlage eines bilateralen völkerrechtlichen Abkommens zwischen ihr und den UN[46] geschaffen. Dieses Abkommen wurde vom sierraleonischen Parlament durch ein Gesetz in das nationale Recht inkorporiert und enthält in seinem Anhang das Statut des SCSL. Teil der Justiz von Sierra Leone wurde der Gerichtshof dadurch allerdings nicht, denn seine Existenz wurde nicht in die Verfassung aufgenommen; stattdessen verfügt er über eine eigene völkerrechtliche Rechtspersönlichkeit und genießt Vorrang vor den Gerichten Sierra Leones[47]. Sein hybrider Charakter kommt einerseits dadurch zum Ausdruck, dass seine Richterbank in allen Kammern gemischt – also auch mit nationalen Richtern – besetzt ist, wenngleich die internationalen Richter die Mehrheit bilden, und zeigt sich andererseits darin, dass auch an den Spezifika des sierraleonischen Bürgerkriegs orientierte nationale Straftatbestände in sein Statut aufgenommen wurden.[48]

Vielfach wird die Anwendbarkeit von Art 17 IStGH-Statut auf den SCSL mit dem Argument verneint, dass der Sondergerichtshof sich in seiner „*Decision*

---

connotation, which is a court of or pertaining to a nation. The State Court of Bosnia and Herzegovina, of which the War Crimes Chamber is a component, is a court which has been established pursuant to the statutory law of Bosnia and Herzegovina. It is thus a court of Bosnia and Herzegovina, a „national court.“ Bosnia and Herzegovina has chosen to include in the composition of the State Court judges who are not nationals of Bosnia and Herzegovina. That is a matter determined by the legislative authorities of Bosnia and Herzegovina. The inclusion of some non-nationals among the judges of the State Court does that [*sic*] make that court any less a „national court“ of Bosnia and Herzegovina.“

46 Agreement between the United Nations and the Government of Sierra Leone on the Establishment of the Special Court for Sierra Leone, unterzeichnet am 16.1.2002.

47 Art 8 Abs 2 SCSL-Statut.

48 *Mayr-Singer* (Fn 26) 70f; vgl auch den Beitrag von *Renate Winter* in diesem Band, 113ff.

on Immunity from Jurisdiction"[49] im Rahmen der Anklage gegen *Charles Taylor,* der zu diesem Zeitpunkt amtierender Präsident der Republik Liberia war, selbst als *internationales* Gericht qualifiziert hat.[50] Diese Selbsteinschätzung muss allerdings auch vor dem Hintergrund beurteilt werden, dass die Inanspruchnahme der „Internationalität" wohl in erster Linie den Zweck verfolgte, die Argumentation der Verteidigung, die sich auf die vom IGH im *Arrest Warrant*-Urteil bejahte Immunität fremder Staatsoberhäupter vor *nationalen* Gerichten stützte, zu entkräften.[51] Folgt man der Auffassung der Richter des SCSL in der *Taylor*-Entscheidung und ist der SCSL als ein internationales Gericht anzusehen, so findet Art 17 IStGH-Statut *stricto sensu* keine Anwendung.[52] Dies bedeutet in weiterer Folge, dass der IStGH und der SCSL in einem horizontalen Verhältnis zueinander stehen. Da sich die Jurisdiktion der beiden Strafgerichtshöfe *ratione materiae* großteils deckt, sind konfligierende Zuständigkeiten zwischen beiden ab dem 1. Juli 2002 grundsätzlich denkbar, aber als äußerst unwahrscheinlich einzustufen, da die bewaffneten Auseinandersetzungen in Sierra Leone schon im Januar 2002, also vor dem Inkrafttreten des Römischen Statuts für beendet erklärt wurden.

Sollte es jedoch in Zukunft in Vertragsstaaten des IStGH zur Schaffung weiterer hybrider Straftribunale nach dem Muster des SCSL – also mit eigener Rechtssubjektivität – kommen, so könnten sich daraus Jurisdiktionskonflikte mit dem IStGH ergeben, für deren Lösung im Schrifttum zT auf die Rechtsfigur der Spezialität zurückgegriffen wird.

2.2. Hybridtribunale und Spezialitätsgrundsatz

Eine Differenzierung nach dem Internationalisierungsgrad in mehr national-internationalisierte und mehr international-internationalisierte Strafgerichte kann für eine Beurteilung des Verhältnisses zum IStGH nämlich dann unterbleiben, wenn im Zusammenhang mit Jurisdiktionskonflikten der Spezialitätsgrundsatz

49 Case Number SCSL-2003-01-I, *Prosecutor v Charles Ghankay Taylor*, *Decision on Immunity from Jurisdiction* vom 31.5.2004, siehe dort insbes Ziff 40 und (auf der Basis der Vorträge der *Amici Curiae Philippe Sands und Diane Orentlicher*) Ziff 41 und 42.

50 Dazu *Z. Deen-Racsmány*, *Prosecutor v. Taylor*: The Status of the Special Court for Sierra Leone and Its Implications for Immunity, 18 Leiden Journal of International Law (2005), 299 und *S.M.H. Nouwen*, The Special Court for Sierra Leone and the Immunity of Taylor: The *Arrest Warrant* Case Continued, 18 Leiden Journal of International Law (2005), 645.

51 In diesem Sinne auch *Stigen* (Fn 37), 235.

52 *Ambach* (Fn 21), 115.

– *lex specialis derogat legi generali*[53] – zugunsten der hybriden Gerichte angelegt wird. Fraglich ist allerdings, ob dieser zur Behebung von Antinomien entwickelte systematisch-logische Auslegungssatz in diesem Kontext auch tatsächlich angewandt werden kann. Im Schrifttum wird hinsichtlich der vom Grundsatz der Spezialität geforderten Zusatzmerkmale hybrider Gerichte gegenüber dem IStGH auf die räumliche Nähe zum Tatort, zu Zeugen und Beweisen, sowie auf die Expertise des gemischt national-international besetzten Gerichtspersonals verwiesen.[54] Daneben wird aber auch kritisch angemerkt, dass angesichts der sich entwickelnden Praxis des IStGH, Feldbüros in den Tatortstaaten einzurichten, in denen Ermittlungen durchgeführt werden, diese zusätzlichen Merkmale zunehmend an Bedeutung verlieren.[55]

Die Anwendung des *lex-specialis*-Grundsatzes würde allerdings dazu führen, dass alle Hybridtribunale mit eigener völkerrechtlicher Rechtspersönlichkeit jedenfalls spezieller wären als der IStGH, sodass ihnen – aufgrund des oben bereits angesprochenen horizontalen Verhältnisses zum IStGH – automatisch Vorrang vor diesem zukommen würde. Dies würde in letzter Konsequenz auf eine Unterwanderung der Juridiktion des IStGH hinauslaufen, die in dieser Form weder intendiert noch wünschenwert wäre.

III. Schlussbetrachtungen

Die Proliferation von temporär eingerichteten und auf spezifische Regionen bezogenen *ad hoc*-Straftribunalen in den vergangenen Jahren belegt, dass es sich hiebei um eine Ausprägung der Strafgerichtsbarkeit handelt, die nicht bloß als „second best alternative"[56] gegenüber dem permanenten Internationalen Strafgerichtshof einzustufen ist. Vielmehr kommt ihr in mehrfacher Hinsicht eine eigene Wertigkeit zu, die darauf schließen lässt, dass *ad hoc*-Strafgerichte auch in Zukunft in der Liga der internationalen Straftribunale mitspielen werden. Diese Einschätzung trifft nicht so sehr auf die genuin internationalen, sehr wohl aber auf die hybriden *ad hoc*-Strafgerichte zu.

---

53 *F. Bydlinski*, Juristische Methodenlehre und Rechtsbegriff, 2. Aufl, Wien/New York 1991, 465: „Ist eine der einander widersprechenden Rechtsnormen im Verhältnis zur anderen die engere; dh enthält sie dieselben Tatbestandsmerkmale wie die andere und mindestens noch ein weiteres Merkmal, so gilt die speziellere Norm für den engeren von ihr erfassten Bereich von Fällen ausschließlich; dh unter Verdrängung der allgemeineren Vorschrift."

54 *Ambach* (Fn 21), 116.

55 *Von Braun* (Fn 26), 446.

56 *L.A.Dickinson*, The Promise of Hybrid Courts, 97 American Journal of International Law (2003), 295 (308).

Die genuin internationalen *ad hoc*-Strafgerichte werden, insbes aus Kostengründen, aber auch wegen der in Art 13 lit b IStGH-Statut dem SR eröffneten Möglichkeit der Überweisung einer Situation an den IStGH ihren Platz in der internationalen Strafgerichtsbarkeit künftig nicht behaupten können. Für Überlegungen hinsichtlich deren Verhältnis zum IStGH kommt daher lediglich jenes zum bereits bestehenden ICTY in Betracht. Da dieser auf Kap VII SVN beruht, kommt ihm aus der Sicht der UN-Mitgliedstaaten zweifelsohne Jurisdiktionsvorrang gegenüber dem IStGH zu. Auch der IStGH selbst müsste wohl „im Interesse der Gerechtigkeit" von der Durchführung von Ermittlungen absehen und dem ICTY die Durchführung von Verfahren in dessen Jurisdiktionskompetenz überlassen, sodass im Ergebnis festgestellt werden kann, dass im Falle eines Kompetenzkonfliktes jedenfalls der IStGH hinter dem ICTY zurückstehen müsste.

Hinsichtlich der hybriden Straftribunale kann ein so eindeutiger Befund aber nicht erstellt werden. Zunächst polarisiert im Schrifttum bereits die Frage der Zukunftsfähigkeit internationalisierter Strafgerichte[57]. Der Mehrwert hybrider Straftribunale ergibt sich mE gerade daraus, dass sie weder den nationalen noch den internationalen Strafgerichten zugeordnet werden können. Gegenüber der nationalen Strafgerichtsbarkeit punkten sie dann, wenn diese aus eigenem – aus welchen Gründen auch immer – nicht imstande ist, Verfahren ordnungsgemäß durchzuführen. Neben dem Internationalen Strafgerichtshof werden sie solange Bestand haben, als dieser mangels Jurisdiktion selbst nicht zum Zug kommt und darüber hinaus auch dann, wenn er selektiv vorgehen und sich aus Kapazitätsgründen auf die Verfolgung der hochrangigsten Verbrecher wird beschränken müssen. Ein derartiges arbeitsteiliges Kooperationsverhältnis würde zu einer Stärkung der internationalen Strafgerichtsbarkeit, und nicht – wie vielfach befürchtet – zu deren Zersplitterung führen.

Problematisch gestaltet sich das Verhältnis hybrider Straftribunale zum IStGH allerdings dann, wenn eine solche Arbeitsteilung nicht angestrebt wird und konkurrierende Zuständigkeiten zwischen beiden Strafgerichtshöfen entstehen. Jurisdiktionskonflikte wären nur dann nicht zu erwarten, wenn man die Hybridtribunale mit „staatlichen Gerichten" gleichsetzt, sodass das Komplementaritätsprinzip des Art 17 IStGH-Statut auf sie Anwendung finden könnte. Wenngleich im Schrifttum verschiedenste Argumente ins Treffen geführt werden, die eine solche Auslegung zu rechtfertigen suchen, wird hier – im Gegen-

---

57 Vgl hiezu *supra* Fn 29 und Fn 30 und den Beitrag von *Konrad G. Bühler* in diesem Band, 161 (Empfehlung 14).

satz zur mehrheitlichen Ansicht[58] – die Auffassung vertreten, dass die Tatsache, dass hybride Strafgerichte eben *per definitionem* auch internationale Elemente enthalten, ihre Einordnung als staatliche Gerichte nicht zulässt. Art 17 IStGH-Statut ist vielmehr eng auszulegen, sodass auch ein geringer Internationalisierungsgrad ein internationalisiertes Straftribunal nicht in das nationale Eck zu stellen vermag. Ebensowenig genügen einige wenige zusätzliche Charakteristika, um den Hybridtribunalen über den Umweg des Spezialitätsgrundsatzes zu einem Vorrang vor dem IStGH zu verhelfen.

Im Ergebnis bedeutet dies, dass hybride Strafgerichte in einem horizontalen Kooperationsverhältnis zum Internationalen Strafgerichtshof stehen, aus dem sich in der Zukunft durchaus Jurisdiktionskonflikte ergeben könnten. Dies zu vermeiden und der Straflosigkeit mit Hilfe einer lückenlosen Verfolgung schwerster Verbrechen ein Ende zu setzen, wird die Herausforderung sein, der sich die internationale Strafgerichtsbarkeit in Hinkunft wird stellen müssen. Erfolgsaussichten hat dieses Vorhaben aber nur dann, wenn es gelingt, das Verhältnis zwischen dem Internationalen Strafgerichtshof und hybriden *ad hoc*-Strafgerichten nicht in Konkurrenz zueinander sondern zu gegenseitigem Nutzen auszugestalten.

58 Zum Teil wird sogar die Auffassung vertreten, dass „even a minor [national] involvement would arguably suffice“, damit „the admissibility criteria in article 17 (1) a) and (b) apply *mutatis mutandis* to internationalised proceedings...“, *Stigen* (Fn 37), 235.

Das Komplementaritätsprinzip in der frühen Praxis des Internationalen Strafgerichtshofes Self-referrals und Gravitätsanalyse auf dem Prüfstand

Andreas Th. Müller

Einleitung

Die Regelung der Beziehung zwischen dem Internationalen Strafgerichtshof (IStGH) und den nationalen Strafgerichten stellte eine der Hauptherausforderungen für das Römische Statut[1] dar. Die groben Konturen dieses Verhältnisses standen indes schon relativ früh fest.[2] Bereits der Vorschlag der International Law Commission von 1994[3] beruhte auf einem Grundsatz, für den sich generell der Begriff „Komplementaritätsprinzip" (*principle of complementarity*) eingebürgert hat. Er stellt die nationalen Gerichte an die erste Stelle bei Ermittlung und Strafverfolgung von Sachverhalten, die (auch) in die Zuständigkeit des IStGH fallen. Insofern wird dieser nur „ergänzend" zu den innerstaatlichen Strafverfolgungsbehörden tätig, dies in markantem Unterschied zum Grundsatz des Vorranges (*primacy*), wie er für die beiden ad-hoc-Gerichtshöfe für das ehemalige Jugoslawien und Ruanda verankert wurde.[4] Das *Ad Hoc* Committee

---

1 Römisches Statut des Internationalen Strafgerichtshofs vom 17. Juli 1998, 2187 UNTS 90. Artikelangaben ohne weiteren Quellenverweis beziehen sich auf das Römische Statut. Die folgenden Zitate sind der – unter den deutschsprachigen Staaten abgestimmten – Übersetzung des Statuts entnommen, wie sie etwa im Gefolge des englischen Textes im österreichischen BGBl III 2002/180 abgedruckt ist. Dem Art 128 des Römischen Statuts zufolge ist die deutsche Fassung allerdings keine seiner authentischen Fassungen.

2 Für einen kurzen historischen Abriss vgl etwa *J.T. Holmes*, Complementarity: National Courts *versus* the ICC, in: *A. Cassese/P. Gaeta/J. Jones* (Hrsg), The Rome Statute of the International Criminal Court: A Commentary, Oxford/New York 2002, Vol I, 670ff; *S.A. Williams/W.A. Schabas*, in: *O. Triffterer* (Hrsg), Commentary on the Rome Statute of the International Criminal Court. Observers' Notes, Article by Article, 2. Aufl, München 2008, Article 17, Rn 3ff; *J.K. Kleffner*, Complementarity in the Rome Statute and National Criminal Jurisdictions, Oxford/New York 2008, 70-95.

3 Vgl die Präambel („intended to be complementary to national criminal justice systems in cases where such trial procedures may not be available or may be ineffective") sowie Art 35 des Draft Statute der International Law Commission; siehe dazu *Holmes* (Fn 2), 670.

4 Vgl hiezu Art 9 des Statuts des Internationalen Straftribunals für das ehemalige Jugoslawien, angenommen durch Sicherheitsratsresolution 827 vom 25. Mai 1993, sowie Art 8 des Statuts des Internationalen Straftribunals für Ruanda, angenommen durch Sicher-

übernahm diesen Grundsatz 1995, und mit dem Preparatory Committee Report von 1997 wurde ein Kompromiss gefunden, der weitgehend jenes Regime widerspiegelt, das letztlich Eingang ins Römische Statut gefunden hat.[5] Vor diesem Hintergrund wurden Versuche bei der Römer Konferenz 1998, die Diskussionen wiederzueröffnen, zurückgewiesen[6] und so ein wichtiger Stolperstein auf dem Weg zur Annahme des Statuts aus dem Weg geräumt.

Die Bedeutung des Komplementaritätsprinzips im System des Römischen Statuts lässt sich unter anderem daran ablesen, dass es gleich mehrfach darin Niederschlag gefunden hat. So weist der zehnte Erwägungsgrund der Präambel „nachdrücklich" darauf hin, „dass der auf Grund dieses Statuts errichtete Internationale Strafgerichtshof die innerstaatliche Strafgerichtsbarkeit ergänzt", und auch die Charakterisierung von Wesen und Aufgabe des IStGH in Art 1 versäumt nicht, dem Prinzip zu huldigen.[7] Seine genauere Ausgestaltung hat es bekanntermaßen in Art 17 gefunden, der explizit an Präambularparagraph 10 und Art 1 anknüpft. Allerdings weist auch Art 53, der in der Literatur bislang weniger Beachtung gefunden hat, ein besonderes Naheverhältnis zur Komplementaritätsproblematik auf, das genauerer Untersuchung bedarf. Für jetzt sei nur angemerkt, dass, wiewohl sich die beiden Bestimmungen in unterschiedlichen Teilen des Römischen Statuts finden[8], in beiden Fällen Voraussetzungen geregelt werden, unter denen die Organe des IStGH *nicht* strafverfolgend tätig werden dürfen/sollen, und dies ungeachtet dessen, dass die Zuständigkeit des Gerichtshofes grundsätzlich gegeben ist.

Die bei der Römer Konferenz gefundene und in Art 17 gegossene Kompromisslösung ist zur Genüge bekannt und muss hier nur kurz skizziert werden.[9]

---

heitsratsresolution 955 vom 8. November 1994, denen zufolge „the International Tribunal [ICTR: for Rwanda] and national courts shall have concurrent jurisdiction". Gemäß Abs 2 dieser Bestimmungen galt im Falle eines Konfliktes: „The International Tribunal [ICTR: for Rwanda] shall have primacy over national courts [ICTR: over the national courts of all States]. At any stage of the procedure, the International Tribunal [ICTR: for Rwanda] may formally request national courts to defer to the competence of the International Tribunal [ICTR: to its competence] [...]"; vgl den Beitrag von *Jelka Mayr-Singer* in diesem Band, 55ff.

5 Vgl *Williams/Schabas* (Fn 2), Rn 9-15.

6 Vgl *ibid*, Rn 17. Demnach waren vor allem Ägypten, China, Indien, Indonesien, Mexiko und Uruguay – letztlich erfolglos – darum bemüht, noch einmal in Verhandlungen über das Komplementaritätsregime einzutreten.

7 „[Der Internationale Strafgerichtshof] ergänzt die innerstaatliche Strafgerichtsbarkeit."

8 Nämlich in Teil 2 („Gerichtsbarkeit, Zulässigkeit und anwendbares Recht") und in Teil 5 („Ermittlungen und Strafverfolgung").

9 Zur Funktionsweise des Komplementaritätsregimes im Allgemeinen siehe statt aller *Williams/Schabas* (Fn 2), Rn 21ff; *Holmes* (Fn 2), 671ff.

Die Bestimmung hält den Gerichtshof an, einen Fall für „nicht zulässig“ (*inadmissible*) zu erklären, wenn eine der in Abs 1 lit a bis d leg cit genannten Bedingungen erfüllt ist. Diese lassen sich im Wesentlichen in zwei Fallgruppen zusammenfassen, denen zufolge Unzulässigkeit gegeben ist:

1 wenn ein Staat in einer Sache Ermittlungen oder eine Strafverfolgung durchführt (lit a) oder Ermittlungen durchgeführt und sich gegen eine Strafverfolgung entschieden hat (lit b) oder bereits ein Strafverfahren durchgeführt hat (lit c), „es sei denn, der Staat ist nicht willens oder nicht in der Lage, die Ermittlungen oder die Strafverfolgung ernsthaft durchzuführen“[10],

2 wenn „die Sache nicht schwer wiegend genug ist (*not of sufficient gravity*), um weitere Maßnahmen des Gerichtshofs zu rechtfertigen“.

Die schnell anwachsende Literatur im Bereich des Komplementaritätsprinzips hat sich va um die Unwilligkeits- und Unfähigkeitsklausel bemüht. Dies kommt nicht von ungefähr, war doch die Hauptenergie der Verhandler auf die Ausformulierung eben dieser Passagen des Statuts gerichtet. Frucht dieser Bemühungen sind etwa die fein austarierten Legaldefinitionen in Art 17 Abs 2 und 3. Fragen ihrer Auslegung und Handhabung nehmen in der einschlägigen Literatur den größten Platz ein.[11] Dieser Fokus hat dazu geführt, dass manch einem Unwilligkeit und Unfähigkeit überhaupt zum Synonym der Komplementaritätsprüfung geworden sind. Dabei erhellt aus Art 17 selbst, dass Komplementarität iwS nicht lediglich auf die Prüfung der Unwilligkeit und Unfähigkeit der primär zuständigen nationalen Strafverfolgungsbehörden abstellt (Komplementarität ieS), sondern auch darauf, ob die Angelegenheit schwer wiegend genug ist, um die

---

10 Dies ist die von lit a gewählte Formulierung. In lit b taucht sie in nur leicht abgewandelter Form auf: „es sei denn, die Entscheidung war das Ergebnis des mangelnden Willens oder des Unvermögens des Staates, eine Strafverfolgung ernsthaft durchzuführen“. Die Bestimmung der lit c schließlich enthält keinen solchen Zusatz, verweist aber auf Art 20 Abs 3 (*ne bis in idem*), der seinerseits von Fällen spricht, in denen das Verfahren mit dem Ziel geführt wird, eine Person „vor strafrechtlicher Verantwortlichkeit […] zu schützen“, oder „in einer Weise geführt [wurde], die unter den gegebenen Umständen mit der Absicht, die betreffende Person vor Gericht zu stellen, unvereinbar war“. Damit wird der Sache nach einmal mehr ein Nicht-Willens-Erfordernis aufgestellt.

11 Vgl in diesem Zusammenhang etwa nur *Holmes* (Fn 2), 672-678 und *S.A. Williams*, in: *O. Triffterer* (Hrsg), Commentary on the Rome Statute of the International Criminal Court. Observers' Notes, Article by Article, 1. Aufl, München 1999, Article 17, Rn 21ff, die sich gänzlich auf die Kommentierung der Begriffe „unwilling“, „unable“ und „genuinely“ konzentrieren; siehe aber nunmehr die 2. Auflage (*Williams/Schabas*; Fn 2), wo neben diesen (Rn 24 und 25) explizit und in einiger Ausführlichkeit auch das für die *self referrals* relevante Inaktivitäts-Szenario (Rn 23) und der Fall mangelnder Gravität (Rn 28) untersucht werden.

Befassung der universellen Ebene zu rechtfertigen. Im Lichte der Bestimmung der lit d sind nicht schwer wiegende Sachen der alleinigen Strafverfolgung durch die nationalen Gerichte überantwortet.

Vor diesem Hintergrund ergibt sich eine eigentümliche Spannung: Viel von dem, was bei und nach Inkrafttreten des Römischen Statuts an Fragen herausgearbeitet worden ist, hat in der (zugegebenermaßen kurzen) Praxis des IStGH bislang nur wenig Widerhall gefunden. Umgekehrt haben sich in den ersten vom Gerichtshof zu behandelnden Situationen und Fällen Phänomene als bedeutsam erwiesen, denen bei den Verhandlungen wenig oder gar keine Beachtung geschenkt worden ist. Diese unerwarteten Gäste werfen eine Reihe von interessanten Rechtsproblemen auf. Wir wollen uns im Folgenden exemplarisch zwei Fragenkreisen widmen, bei denen dies besonders deutlich zu Tage tritt. Dies betrifft zunächst und insbesondere die so genannten *self-referrals* (I.) sowie des weiteren die Handhabung des Gravitätskriteriums iSd Art 17 Abs 1 lit d (II.), vor allem auch in seiner Beziehung zur „Interesse der Gerechtigkeit" (*interests of justice*)-Formel des Art 53 Abs 1 und 2 lit c des Statuts.

I. Self-referrals als zentrales Phänomen in der frühen Praxis des IStGH

1. Das Phänomen der self-referrals

Vor dem IStGH behängen gegenwärtig fünf Situationen, nämlich jene in Uganda, der Demokratischen Republik Kongo, der Zentralafrikanischen Republik, Darfur in Sudan und zuletzt Kenia.[12] Was die in Art 13 verankerten drei möglichen Auslösermechanismen für ein Verfahren vor dem Gerichtshof betrifft, wurde die Situation in Darfur gemäß Art 13 lit b per Kapitel VII-Resolution an den Ankläger verwiesen.[13] Nachdem es lange Zeit keine Verfahrenseröffnung durch den Ankläger *proprio motu* (dh gemäß Art 13 lit c iVm Art 15) gegeben hatte[14], erfolgte eine solche erst jüngst in Bezug auf die Situation in Kenia.[15] Die

12 Vgl dazu die Webseite des Gerichtshofes: http://www.icc-cpi.int/Menus/ICC/Situations+and+Cases/.

13 Durch Sicherheitsratsresolution 1593 vom 31. März 2005. Der Ankläger eröffnete eine Untersuchung in Bezug auf die Situation in Darfur, Sudan am 6. Juni 2005.

14 Der Ankläger hat schon frühzeitig artikuliert, dass er seine *proprio motu*-Befugnisse vornehmlich subsidiär auszuüben gedachte: „[W]hile *proprio motu* power is a critical aspect of the [Office of the Prosecutor's] independence, the Prosecutor adopted the policy of inviting and welcoming voluntary referrals by territorial states as a first step in triggering the jurisdiction of the Court"; siehe Office of the Prosecutor, Report on the Activities Performed During the First Three Years (June 2003-June 2006), 12 September 2006, 7.

drei anderen Situationen kamen im Wege so genannter *State* oder *self referrals* gemäß Art 13 lit a iVm Art 14 zum IStGH[16], und zwar jeweils durch Verweis jenes Staates, auf dessen Territorium die fraglichen Verbrechen begangen wurden.[17]

Schon 2003 hatte der Ankläger damit begonnen, Staaten „einzuladen", Situationen nach Den Haag zu überweisen; vgl *W.A. Schabas*, Prosecutorial discretion and gravity, in: *C. Stahn/G. Sluiter* (Hrsg), The Emerging Practice of the International Criminal Court, Leiden/Boston 2009, 229 (238). Noch bevor der *self referral* der Demokratischen Republik Kongo am 3. März 2004 erfolgte (vgl unten Fn 17), hatte der Ankläger vor der IStGH-Vertragsstaatenversammlung ausdrücklich erklärt: „I stand ready to seek authorisation from a Pre-Trial Chamber to start an investigation under my *proprio motu* powers. Our role could be facilitated by a referral or active support from the DRC. The Court and the territorial State may agree that a consensual division of labour could be an effective approach" (Report of the Prosecutor of the ICC to the Second Assembly of States Parties, 8 September 2003). Dieser Gedanke wurde in der Folge weitergeführt: „We have proposed a consensual division of labour with the DRC. We would contribute by prosecuting the leaders who bear the greatest responsibility for crimes committed on or after 1 July 2002. National authorities, with the assistance of the international community, could implement appropriate mechanisms to address other responsible individuals." (Statement of the Prosecutor Luis Moreno Ocampo to Diplomatic Corps, 12 February 2004, 4.

15 Am 31. März 2010 erteilte Vorverfahrenskammer II mittels Mehrheitsentscheidung dem Ankläger die Genehmigung für seinen Antrag auf Ermittlungen bezüglich in Kenia mutmaßlich begangener Verbrechen gegen die Menschlichkeit; vgl Decision Pursuant to Article 15 of the Rome Statute on the Authorization of an Investigation into the Situation in the Republic of Kenya (ICC-01/09-19 and Corr), 31 March 2010.

16 Vgl grundlegend *P. Gaeta*, Is the Practice of „Self-Referrals" a Sound Start for the ICC?, 2 Journal of International Criminal Justice (2004), 949 (950); *A. Cassese*, Is the ICC Still Having Teething Problems?, 4 Journal of International Criminal Justice (2006), 434 (436).

17 (A) Am 16. Dezember 2003 verwies der Attorney General der Republik Uganda „the situation concerning the Lord's Resistance Army in northern and western Uganda" an den Ankläger; vgl dazu ICC, Pre-Trial Chamber II, Situation in Uganda, Warrant of Arrest for Joseph Kony, issued on 8 July 2005 as amended on 27 September 2005, ICC-02/04-01/05, para 30. In der Folge informierte die Anklagebehörde die Regierung von Uganda, dass sie „must interpret the scope of the referral consistently with the principles of the Rome Statute, and hence we are analyzing crimes within the situation of northern Uganda by whomever committed"; Letter of Prosecutor to the President of the ICC, 17 June 2004 as annex to the Decision of the Presidency assigning the situation in Uganda to Pre-Trial Chamber II, ICC-02/04-1, 5 July 2004.
(B) Am 3. März 2004 verwies Joseph Kabila, der Präsident der Demokratischen Republik Kongo, „crimes within the jurisdiction of the Court committed within the territory of the DRC since 1 July 2002" an den Ankläger; vgl Letter of Prosecutor to the President of the ICC, 17 June 2004 as annex to the Decision of the Presidency assigning the situation in the Democratic Republic of Congo to Pre-Trial Chamber I, ICC-01/04-01, 5 July 2004. Am 5. Juli 2004 übertrug der Präsident des IStGH die Zuständigkeit für die „situation in the Democratic Republic of Congo" an Vorverfahrenskammer I; vgl ICC, Deci-

Diese Verteilung muss den interessierten Beobachter der Römer Konferenz überraschen. Dies gilt nicht nur für den relativ frühen Fall eines Verweises durch den Sicherheitsrat, was angesichts des massiven Widerstandes gegen das IStGH-Statut von Seiten der USA, aber auch Russlands und Chinas beileibe nicht selbstverständlich ist. Es betrifft auch die späte Ausübung der *proprio motu*-Befugnisse des Anklägers, auf deren Regelung und Begrenzung die Bemühungen in Rom vorzüglich gerichtet waren. *State referrals* wurde demgegenüber bloß nachrangige Bedeutung beigemessen. Einerseits war die Ausstattung von Staaten als völkerrechtlichen Primärsubjekten mit einer Verweisungbefugnis relativ unkontroversiell. Andererseits wurde allgemein erwartet, dass nach dem Vorbild des in internationalen Menschenrechtsverträgen vorgesehenen Instruments der Staatenbeschwerde[18] bloß selten auf den Staatenverweis zurück gegriffen werden würde.[19] Alberico Gentilis Aphorismus *diabolus diabulos non vexat* – der Teufel quält nicht seinesgleichen – wird diesbezüglich gerne ins Treffen geführt.[20] Als Sorge wurde allenfalls artikuliert, dass Drittstaaten dieses Instrument zur mutwilligen Verfolgung anderer Staaten missbrauchen könnten.[21]

---

sion of the Presidency assigning the situation in the Democratic Republic of Congo to Pre-Trial Camber I, ICC-01/04-01, 5 July 2004.

(C) In einem vom 18. Dezember 2004 datierenden Brief eines Vertreters von Präsident François Bozizé ist festgehalten dass mit diesem wo auch immer auf dem Territorium der Zentralafrikanischen Republik nach dem 1. Juli 2002 begangene Verbrechen in der Zuständigkeit des Gerichtshofes an den Ankläger verwiesen werden. Der Präsident des ICC hat in Folge dessen am 19. Januar 2005 „the situation in the Central African Republic" an Vorverfahrenskammer III überwiesen; vgl ICC, Decision assigning the situation in the Central African Republic to Pre-Trial Chamber III, ICC-01/05-1, 19 January 2005.

18 Siehe etwa Art 11 des Internationalen Übereinkommens zur Beseitigung jeder Form von Rassendiskriminierung vom 7. März 1966; Art 41 des Internationalen Pakts über bürgerliche und politische Rechte vom 19. Dezember 1966; Art 21 des Übereinkommens gegen Folter und andere grausame, unmenschliche oder erniedrigende Behandlung oder Strafe vom 10. Dezember 1984; Art 33 der (Europäischen) Konvention zum Schutz der Menschenrechte und Grundfreiheiten vom 4. November 1950.

19 Vgl etwa *C. Kreß*, „Self-Referrals" and „Waivers of Complementarity". Some Considerations in Law and Policy, 4 Journal of International Criminal Justice (2004), 944; *W.A. Schabas*, An Introduction to the International Criminal Court, 3. Aufl, Cambridge 2007, 143; *A. Marchesi*, in: *O. Triffterer* (Hrsg), Commentary on the Rome Statute of the International Criminal Court. Observers' Notes, Article by Article, 2. Aufl, München 2008, Article 4, Rn 6.

20 Vgl va die Bezugnahme in *Cassese* (Fn 16), 435, mit Erläuterungen zum Hintergrund von Gentilis Ausspruch und diesen paraphrasierend: „States are unlikely to accuse officials of other states for the simple reason that they are loath to attack one another except on political or ideological grounds."

21 Dementsprechend wurde im Vorfeld der Römer Konferenz auch erwogen, das Recht des Verweises eher Gruppen von Staaten denn einzelnen Staaten zu übertragen; vgl *Ph.*

Dass ein Staat dem Ankläger seine „eigenen" Fälle überweisen würde, hat in Rom, soweit erkennbar, kaum jemand vor Augen gehabt.[22] Auch die einschlägige Literatur hat sich über diese Frage anfänglich weitgehend ausgeschwiegen[23], von löblichen Ausnahmen abgesehen[24], und erst in jüngerer Zeit den Entwick-

---

Kirsch/D. Robinson, Referral by States Parties, in: *A. Cassese/P. Gaeta/J. Jones* (Hrsg), The Rome Statute of the International Criminal Court: A Commentary, Oxford/New York 2002, Vol I, 622 mwN. Schlussendlich wurde entschieden, diese Fälle dem Ermessen des Anklägers zu überantworten, der auch zu wägen hat, ob die Einleitung eines Verfahrens vor dem IStGH dem „Interesse der Gerechtigkeit" dient (Art 53 Abs 1 lit c und Abs 2 lit c); vgl dazu *infra* I.2 *in fine*.

22 Vgl *M.H. Arsanjani/W.M. Reisman*, Developments at the International Criminal Court: The Law-in-Action of the International Criminal Court, 99 American Journal of International Law (2005), 385 (386f): „There is no indication that the drafters ever contemplated that the Statute would include *voluntary* state referrals to the Court of difficult cases arising in their own territory." (Hervorhebung im Original); vgl in diesem Zusammenhang auch *Kreß* (Fn 17), 944; *Schabas* (Fn 17), 146f; *J. Stigen*, The Relationship between the International Criminal Court and National Jurisdictions, Leiden/Boston 2008, 246. Vgl aber jüngst – diesen historischen Befund scharf kritisierend – *D. Robinson*, The Controversy over Territorial State Referrals and Reflections on ICL Discourse, abrufbar unter http://ssrn.com/abstract=1640263.

23 So gehen *Williams* (Fn 11) und *Kirsch/Robinson* (Fn 19) völlig über das Thema hinweg, und auch *Holmes* (Fn 2) begnügt sich mit einem, was die Systematik des Art 17 anlangt, etwas kryptisch anmutenden Satz: „A State unwilling to investigate and prosecute or unable to do so because of armed conflict or other circumstance will not have taken any steps which would meet the criteria set out in Article 17. Therefore, there would be not basis for the Court to declare a case inadmissible." Vgl dazu schon *supra* Fn 11.

24 Vgl sehr hellsichtig *B. Broomhall*, The International Criminal Court: A Checklist for National Implementation, in: *Association internationale de droit pénal* (Hrsg), ICC Ratification and National Implementing Legislation, 13 quarter Nouvelles Études Pénales 1999, Toulouse 1999, 113 (144), der ausdrücklich auf das „negative phrasing of Art. 17(1)" Bezug nimmt und diesbezüglich ausführt: „This would seem to indicate that cases *not* included under Art. 17(1)(a)-(d) will be admissible. Assuming sufficient gravity, such cases could arise under four circumstances. The first and most obvious is where there is no response and the case is not being and has not been investigated or prosecuted by a State with jurisdiction over it. The second is where the State or States in question voluntarily cede jurisdiction to the ICC. Neither of these appears to present difficulty." (Hervorhebung im Original) Vgl in diesem Zusammenhang auch *J.T. Holmes*, The Principle of Complementarity, in: *R. Lee* (Hrsg), The International Criminal Court: The Making of the Rome Statue. Issues, Negotiations, Results, The Hague 1999, 41 (77): „It is clear that the Statute's provisions on complementarity are intended to refer to criminal investigations. Thus, where no such investigation occurred, the Court would be free to act."

lungen in der Praxis Rechnung getragen.[25] Eine begriffliche Klarstellung ist dabei gleich eingangs angezeigt. Zunächst handelt es sich beim *self-referral* um ein Phänomen auf Ebene der so genannten *trigger mechanisms*, dh der drei in Art 13 („Ausübung der Gerichtsbarkeit") aufgelisteten Auslösermechanismen. Daher rührt auch der Begriff selbst, denn Art 13 lit a spricht davon, dass eine Situation „von einem Vertragsstaat (*State Party*) nach Artikel 14 dem Ankläger unterbreitet wird (*is referred*)".[26] Diese spezielle Form des Staatenverweises wirft jedoch charakteristische „Fragen der Zulässigkeit" (Art 17) auf, die ihn in erster Linie zu einem „Art-17-Problem" machen.[27] Vor diesem Hintergrund ist die gesamte Beschäftigung mit dem Phänomen des *self-referral* vorrangig, ja beinahe ausschließlich auf Ebene der Zulässigkeit (*admissibility*) angesiedelt. Um eben solche Zulässigkeitsprobleme ist es uns im Folgenden zu tun.

25 Zunächst wurde das Phänomen – allerdings erst im Gefolge des Informal Expert Paper und des Policy Papers des Anklägers von 2003 (Fn 40 und 41) sowie der ersten *self referrals* Ugandas und der Demokratischen Republik Kongo im Dezember 2003 bzw im März 2004 (Fn 14) – in einer Reihe von Zeitschriftenbeiträgen untersucht; vgl hiezu etwa *Kreß* (Fn 17), *passim* (va 947: „laudable and perhaps even necessary refinements of the complementarity scheme under the ICC Statute"); *Gaeta* (Fn 16), *passim*; *Arsanjani/Reisman* (Fn 20), 386ff; *Cassese* (Fn 16), 435f; *P. Akhavan*, The *Lord's Resistance Army* Case: Uganda's Submission of the First State Referral to the International Criminal Court, 99 American Journal of International Law (2005), 403 (413f). Mittlerweile liegt auch monographische und Kommentarliteratur zum Thema vor. Vgl *Schabas* (Fn 17), 143ff; *S. Morel*, La mise en œuvre du principe de complémentarité par la Cour pénale internationale. Le cas particulier des amnisties, Lausanne 2005, 137-150; *Stigen* (Fn 22), 199-201 und 246-250; *M.M. El Zeidy*, The Principle of Complementarity in International Criminal Law: Origin, Development and Practice, Leiden/Boston 2008, 159-161, 211-222 und 274-283; *Kleffner* (Fn 2), 103-105 und 213-223 sowie *Williams/Schabas* (Fn 2), Rn 22f. Vgl auch jüngst *J.K. Kleffner*, Auto-referrals and the complementary nature of the ICC, in: *C. Stahn/G. Sluiter* (Hrsg), The Emerging Practice of the International Criminal Court, Leiden/Boston 2009, 41, *passim*; *W. Burke-White/S. Kaplan*, Shaping the contours of domestic justice: The International Criminal Court and an admissibility challenge in the Ugandan situation, *C. Stahn/G. Sluiter*, loc cit, 79, 85f; *I. Stegmiller*, The Pre-Investigation Stage of the ICC. The Criteria for Situation Selection, Berlin 2011.

26 Ähnlich normiert Art 14 („Unterbreitung einer Situation durch einen Vertragsstaat"/ „*Referral of a situation by a State Party*"), dass „[e]in Vertragsstaat (*State Party*) […] eine Situation […] dem Ankläger unterbreiten [kann] (*may refer*)".

27 Vgl in diesem Zusammenhang etwa *El Zeidy* (Fn 23), 212, der terminologisch klar zu unterscheiden sucht: „A self-referral is distinct from a waiver of complementarity. The former goes to the triggering of the jurisdiction of the Court, while the latter is a question of admissibility." Diese Unterscheidung hat sich aber in der Literatur nicht durchgesetzt, nicht zuletzt wegen des problematischen und teils irreführenden Charakters des Begriffs des „waiver of complementarity" (vgl dazu *infra* I.3.b). Die Rede von *self-referrals* schließt also hier wie in vielen anderen Zusammenhängen Zulässigkeitsgesichtspunkte mit ein.

2. Vereinbarkeit von self-referrals mit dem Komplementaritätsregime des Römischen Statuts

Ein Teil der Literatur hat dem *in statu nascendi* befindlichen Instrument des *self-referral* entgegen gehalten, dass es eine unzulässige Umgehung der in Art 17 verankerten Unwilligkeits- und Unfähigkeitsprüfung darstelle.[28] Demnach sei es tragender Wille bei den Verhandlungen gewesen, ein objektives, von subjektiven Überlegungen befreites, Komplementaritätsregime zu schaffen.[29] Damit sei ein System unvereinbar, in dem ein Staat nach Belieben schwierige oder anderweitig unliebsame Fälle an die universale Ebene abtreten könne.[30] So werde dem Missbrauch Tür und Tor geöffnet, wofür es auch schon Anschauungsmaterial gebe. Und in der Tat hat in allen bislang beim IStGH per *self-referral* anhängig gemachten Situationen die jeweilige Regierung versucht, vorrangig oder ausschließlich[31] Verbrechen von Rebellen oder der anderen Bürgerkriegspartei zur Verfolgung zu bringen.[32] Solche Fälle eines *selektiven* oder *asymmetrischen* Verweises[33] sind Wasser auf die Mühlen der Kritiker des *self-referral*-Instruments.

Diese Auffassung ist aber vereinzelt geblieben. Argumentiert wird von den Befürwortern von *self-referrals* vor allem mit Wortlaut und Struktur von Art 17 Abs 1. Hier wird nämlich als Grundsatz stipuliert, dass der Gerichtshof „ent-

---

28 Vgl dazu vor allem *Arsanjani/Reisman* (Fn 20), 388 und 391, denen zufolge „the drafters were evidently not prepared to allow for the creation of ICC jurisdiction pro *hac vice* by voluntary relinquishment on the part of the state that had jurisdiction“ (Hervorhebung im Original) und „the Statute exclude[s] voluntary referrals as a basis for admissibility of a case“. Siehe auch *Williams/Schabas* (Fn 2), Rn 23.

29 Siehe *Arsanjani/Reisman* (Fn 20), 387f und 390: „[T]he drafters directed that only *objective* conditions are to be considered. […] As is customary for a criminal code, the drafters of the Statute attempted to use objective criteria as often as possible […] [T]he preference of the drafters for objective standards is itself an indicator of their intention.“ (Hervorhebung im Original). Mit dieser Absicht halten die Autoren für unvereinbar, dass „*voluntary* referral will henceforth trump what had heretofore been deemed to be inherent requirements for ICC admissibility“ (*ibid*, 387).

30 *Ibid*, 390: „Thus, a system of voluntary referral could open the way to using the Court as a backup to national judicial systems that are otherwise competent and to the selective externalization of difficult cases, relieving governments of the pressure to develop and expand their national judicial systems to process the cases enumerated in the Statute. And precisely such national developments were a primary objective of the ICC enterprise.“

31 Siehe dazu etwa den ursprünglichen Versuch der Regierung von Uganda, lediglich die Verbrechen der LRA an den IStGH zu überweisen (vgl *supra* Fn 14).

32 Vgl *Cassese* (Fn 16), 436; *Arsanjani/Reisman* (Fn 20), 391ff; *El Zeidy* (Fn 23), 235.

33 Zu Begriff und Problematik siehe etwa *Kreß* (Fn 17), 946f; *Arsanjani/Reisman* (Fn 20), 390 und 392; *Kleffner* (Fn 23), 47.

scheidet […], dass eine Sache *nicht* zulässig ist, wenn" eine der im Folgenden genannten Bedingungen erfüllt ist. Vor diesem Hintergrund ergibt sich folgende logische Struktur der Bestimmung:

1. Art 17 Abs 1 geht generell von der *Zulässigkeit* einer Sache aus. Ankläger und Vorverfahrenskammer dürfen dementsprechend auf Nicht-Zulässigkeit einer Angelegenheit nur schließen, wenn einer der in lit a bis d – abschließend[34] – aufgeführten Ausnahmefälle verwirklicht ist.
2. Dies ist – abgesehen von lit d, dem Gravitätskriterium[35] – aber lediglich der Fall, wenn in einer Sache gegenwärtig (oder früher) auf nationaler Ebene Ermittlungen oder eine Strafverfolgung durchgeführt werden (wurden).
3. Sogar wenn einer der in lit a bis c vorgesehenen Fälle verwirklicht und damit grundsätzlich Unzulässigkeit gegeben ist, haben Ankläger und Vorverfahrenskammer dennoch von der Zulässigkeit der Sache auszugehen, wenn der betreffende Staat nicht willens oder nicht in der Lage ist (war), die Ermittlungen oder die Strafverfolgung ernsthaft durchzuführen.[36] Sofern keine der Konstellationen der lit a bis c gegeben ist, ist der „Nicht willens oder nicht in der Lage"-Test überhaupt nicht durchzuführen.

Diese Lesart hat unmittelbare Implikationen für die Frage der Berechtigung von *self-referrals*. Art 17 Abs 1 begründet ein Regel-Ausnahme-Verhältnis, das eine Vermutung der Zulässigkeit generiert.[37] Ein Staat kann in Folge dessen durch

---

34 Vgl *M. Benzing*, The Complementarity Regime of the International Criminal Court: International Criminal Justice Between State Sovereignty and the Fight Against Impunity, 7 Max Planck Yearbook of United Nations Law (2003), 591 (601) sowie *Kleffner* (Fn 23), 104 mwN; aM (bzgl der spezifischen Frage der Unwilligkeitskriterien des Art 17 Abs 2) *F. Razesberger*, The International Criminal Court. The Principle of Complementarity, Frankfurt am Main 2006, 42f.

35 Vgl dazu *infra* II.

36 Vgl *supra* Fn 10 und den diese begleitenden Text.

37 Siehe dazu *Kleffner* (Fn 2), 104f mwN; *El Zeidy* (Fn 23), 159f. Dafür spricht auch, dass Art 19 Abs 1 von einer generellen Pflicht des Gerichtshofes spricht, sich „in jeder bei ihm anhängig gemachten Sache" seiner *Gerichtsbarkeit* zu versichern. Bezüglich der *Zulässigkeit* ist aber nur davon die Rede, dass er sich derselben versichern „kann". („The Court shall satisfy itself that it has jurisdiction in any case brought before it. The Court may, on its own motion, determine the admissibility of a case in accordance with article 17.") Damit liegt eine Privilegierung der Prüfung der Zulässigkeit im Vergleich zur Gerichtsbarkeit vor. Vgl ähnlich *Benzing* (Fn 32), 600f: „Interestingly, [Article 17] is not formulated in a positive manner ('a case is *in*admissble'). This, however, does not *per se* create a presumption, in the technical sense of the word, in favour of inadmissibility. A case is thus inadmissible where one of the four factors enumerated in the first paragraph of article 17 is given […] were non [sic] of these exists, the case is admissible."

bloße *Untätigkeit* erreichen, dass (zumindest was ihn selbst anlangt[38]) keiner der Fälle der lit a bis c verwirklicht wird, die ja allesamt auf staatliche Strafverfolgungs*aktivität* abstellen. Die Fragen der Untätigkeit und Unwilligkeit (lit a und b) sowie des Doppelbestrafungsverbotes (lit c) kommen, da sie als Gegenausnahmen funktionieren, diesfalls gar nicht zum Tragen. Mit dieser Auffassung ist nicht unverträglich, dass in der Praxis des Gerichtshofes sowohl Ankläger[39] als auch Vorverfahrenskammer[40] die Zulässigkeit – analog zur Gerichtsbarkeit – als positiv festzustellende Prozessvoraussetzung ansehen.

Mittlerweile werden *self-referrals* von der ganz überwiegenden Meinung anerkannt. Der strukturellen Lesart wurde, soweit erkennbar, erstmals prominent im Bericht einer vom IStGH eingesetzten Expertengruppe[41] das Wort geredet.[42]

---

38 Vgl dazu noch *infra* I.3.a.

39 *Holmes* (Fn 2), 683 hält fest, dass der Ankläger „*must always be satisfied* that there is a reasonable basis to proceed in accordance with the factors set out in Article 53 (a crime within the jurisdiction of the Court appears to have been committed, *the case is admissible in accordance with Article 17*, and the investigation would serve the interests of justice).“ (Hervorhebung vom Verfasser) Dies scheint zu suggerieren, dass eine positive Pflicht des Anklägers besteht, eine Zulässigkeitsprüfung vorzunehmen, bevor das Verfahren eingeleitet wird. Die Vermutung wird also nicht so verstanden, dass sie die Zulässigkeitsprüfung bis zum Auftauchen von Gegenindizien überflüssig machte.

40 Vgl ICC, Pre-Trial Chamber I, Situation in the Democratic Republic of Congo, *Prosecutor v. Thomas Lubanga Dyilo*, Decision on the Prosecutor's application for warrant of arrest, Article 58, 10 February 2006, ICC-01/04-02/06-20-Anx2, incorporated in the record of the case of the *Prosecutor v. Bosco Ntaganda* pursuant to decision ICC-01/04-520, 21 July 2008, para 18: „The Chamber recalls the practice of Pre-Trial Chamber II in its decisions on the Prosecution's requests for warrants of arrest for Joseph Kony, Vincent Otti, Raksa Lukwiya, Okot Odhiambo and Dominic Ongwen, *which grants the Prosecution's request only after finding that the cases* fall within the jurisdiction of the Court and *appear admissible*. In this regard, it is the Chamber's view that an initial determination on whether the case against Mr Thomas Lubanga Dyilo falls within the jurisdiction of the Court and is admissible is a prerequisite to the issuance of a warrant of arrest against him.“ (Hervorhebung vom Verfasser).

41 Diese wurde im April 2003 vom Director of Common Services des IStGH einberufen, noch bevor Luis Moreno Ocampo sein Amt als Ankläger angetreten hatte; vgl dazu etwa *Williams/Schabas* (Fn 2), Rn 22.

42 ICC, Office of the Prosecutor, Informal Expert Paper: The Principle of Complementarity in Practice, 2003, 7, nr 17f: „Although it is common to emphasize the 'unwilling or unable' test in Article 17, the Article in fact deals with three logically distinct circumstances. First, the most straightforward scenario is where no State has initiated any investigation (the inaction scenario). In such a scenario, none of the alternatives of Arts. 17(1)(a)-(c) are satisfied and there is no impediment to admissibility. Thus, there is no need to examine the factors of unwillingness or inability; the case is simply admissible under the clear terms of Article 17.“

Diese Auffassung wurde vom Ankläger selbst übernommen[43] und hat – nach anfänglich nur impliziter Anerkennung[44] – in den *Lubanga and Ntaganda Arrest Warrant*[45], *Kony Admissibility*[46] und *Al Bashir Arrest Warrant*[47] Entscheidungen mittlerweile ausdrücklich Bestätigung durch die Vorverfahrenskammern gefun-

43 ICC, Office of the Prosecutor, Paper on Some Policy Issues Before the Office of the Prosecutor, September 2003, Kap II.1.1, 5: „There is no impediment to the admissibility of a case before the Court where no State has initiated any investigation. […] In such cases there will be no question of 'unwillingness' or 'inability' under article 17."

44 Anlässlich der Entscheidung über die Haftbefehle gegen Joseph Kony und andere LRA-Führer hat die Vorverfahrenskammer II lediglich von des Anklägers „determination that the requirements of article 53, paragraph 1, of the Statute were satisfied" Kenntnis genommen (zu diesen zählt gemäß Art 53 Abs 1 lit b auch die Zulässigkeit) und ihrer Überzeugung Ausdruck verliehen „that, on the basis of the application, the evidence and other information submitted by the Prosecutor, and without prejudice to subsequent determination, the case against Joseph Kony […] appears to be admissible." Vgl dazu die *Kony Arrest Warrant*-Entscheidung (Fn 14), paras 35 und 38.

45 In der *Lubanga and Ntaganda Arrest Warrant*-Entscheidung (Fn 38) hat Vorverfahrenskammer I explizit eine zweiteilige Zulässigkeitsprüfung anerkannt: „The Chamber considers that the admissibility test of a case arising from the investigation of a situation has two parts. The first part of the test relates to national investigations, prosecutions and trials concerning the case at hand insofar as such case would be admissible only if those States with jurisdiction over it *have remained inactive* in relation to that case *or* are unwilling or unable […] The second part of the test refers to the gravity threshold which any case must meet to be admissible before the Court." (para 29; Hervorhebung vom Verfasser). Die alternative Formulierung im ersten Testteil (arg „or") garantiert Zulässigkeit bei bloßer Inaktivität, ohne das diesfalls weiters Unwilligkeit oder Unfähigkeit geprüft werden müssten. Diese Erkenntnis gewinnt die Kammer aus einer „[i]nterpretation *a contrario* of article 17, paras. 1 (a) to (c) of the Statute" (vgl *ibid*, para 29, Fn 19; Hervorhebung im Original) und wendet sie auf den vorliegenden Fall auch ausdrücklich an: „[N]o State with jurisdiction over the case against Mr Thomas Lubanga Dyilo is acting, or has acted, in relation to such a case. Accordingly, in the absence of any acting State, the Chamber need not make any analysis of unwillingness or inability" (para 41).

46 ICC, Pre-Trial Chamber II, *Prosecutor v. Joseph Kony et al.*, Decision on the admissibility of the case under article 19(1) of the Statute, 10 March 2009, ICC-02/04-01/05, para 52: „Pending the adoption of all relevant legal texts and the implementation of all practical steps, the scenario against which the admissibility of the Case has to be determined remains therefore the same as at the time of the issuance of the Warrants, that is one of *total inaction on the part of the relevant national authorities*; accordingly, there is no reason for the Chamber to review the positive determination of the admissibility of the Case made at that stage." (Hervorhebung vom Verfasser).

47 ICC, Pre-Trial Chamber I, *Prosecutor v. Omar Hassan Ahmad Al Bashir*, Decision on the Prosecution's Application for a Warrant of Arrest against Omar Hassan Al Bashir, 4 March 2009, ICC-02/05-01/09, para 48.

den. In der Entscheidung zu *Katanga and Chui* hat schließlich auch die Berufungskammer das „Inaktivitätsszenario“ ausdrücklich anerkannt.[48]

In der *Lubanga and Ntaganda Arrest Warrant*-Entscheidung haben sich die Richter im Übrigen erstmals ausdrücklich – und zustimmend – des Begriffs „self-referral“ bedient.[49] In der Literatur ist daneben in weitgehend austauschbarer Weise auch von *auto-referrals*[50] und *voluntary referrals*[51] die Rede. Die Begriffe sind weitgehend gleichwertig: Der erstere ist lediglich die gräzisierte und insofern vielleicht elegantere Form der Bezugnahme auf das Phänomen, während der letztere besonderes Augenmerk auf den freiwilligen Character dieser Verweise legt.[52] Angesichts seiner Adoptierung durch die Rechtsprechung wollen wir hier jedoch dem Terminus *self referral* den Vorzug geben.[53]

Das Inaktivitätsargument verdeutlicht den von den Schöpfern des Römischen Statuts wohl so nicht antizipierten, aber hoch relevanten Doppelcharakter

48 ICC, Appeals Chamber, *Prosecutor v. Germain Katanga and Mathieu Ngudjolo Chui*, Judgment on the appeal of Mr. Germain Katanga against the oral decision of Trial Chamber II of 12 June 2009 on the admissibility of the case, 25 September 2009, ICC-01/04-01/07OA8, paras 1f und 75ff: „Under article 17(1)(a) and (b) of the Statute, the question of unwillingness or inability has to be considered only (1) when there are, at the time of the proceedings in respect of an admissibility challenge, domestic investigations or prosecutions that could render the case inadmissible before the Court, or (2) when there have been such investigations and the State having jurisdiction has decided not to prosecute the person concerned. Inaction on the part of a State having jurisdiction (that is, the fact that a State is not investigating or prosecuting, or has not done so) renders a case admissible before the Court, subject to article 17(1)(d) of the Statute.“ (paras 1f).

49 Vgl *Lubanga and Ntaganda Arrest Warrant*-Entscheidung (Fn 38), para 36.

50 Vgl *Kleffner* (Fn 2), 213; *Kleffner* (Fn 23), *passim*.

51 Vgl etwa Office of the Prosecutor, Three Years Report (Fn 15), 7; *Arsanjani/Reisman* (Fn 20), 387ff; *Akhavan* (Fn 23), 413f.

52 Der Aspekt der Freiwilligkeit ist durch die anderen Ausdrücke nicht miterfasst. Vor diesem Hintergrund könnte man sich fragen, wie mit „unfreiwilligen“ *self-referrals* zu verfahren wäre. In diesen Zusammenhang werden einem die „Einladungen“ des Anklägers zur Vorlage der Situationen in Uganda und der Demokratischen Republik Kongo in den Sinn kommen (vgl *supra* Fn 15), die mit der Ankündigung (und Androhung) verbunden waren, notfalls auch *proprio motu* vorzugehen. Vom Standpunkt des Völkerrechts ist bloßer politischen Druck indes unbeachtlich. Von „unfreiwilligem“ *self-referral* könnte man hier höchstens in einem metaphorischen oder politischen, jedenfalls aber nicht in einem rechtlichen Sinn sprechen. Letzteres ist erst mit der Ausübung von Zwang iSd Art 51 und 52 der Wiener Vertragsrechtskonvention erreicht; vgl dazu etwa *M.E. Villiger*, Commentary on the 1969 Vienna Convention on the Law of Treaties, Leiden/Boston 2009, 629ff.

53 Dies scheint nunmehr auch der generelle Trend in der rezenteren Literatur zu sein; vgl statt aller *Stigen* (Fn 22), 246; *El Zeidy* (Fn 23), 211ff; *Schabas* (Fn 19), 143ff.

des Komplementaritätsprinzips als Konfliktregelungsmechanismus. Einmal kommt es (und dies ist sein genuiner Platz) auf Grundlage der geschriebenen Komplementaritätskriterien der lit a bis c bei *positiven* Kompetenzkonflikten zwischen universaler und nationaler Ebene zur Anwendung.[54] Im Umkehrschluss dient es gleichzeitig aber auch der Vermeidung von *negativen* Kompetenzkonflikten, indem es bei Realisierung des (ungeschriebenen) Kriteriums der Untätigkeit der nationalen Gerichte Verfahren vor dem IStGH generell für zulässig erklärt. Dies ist unmittelbarer Ausdruck des grundlegenden Zieles, wie es in der Präambel heißt, „der Straflosigkeit (*impunity*) der Täter ein Ende zu setzen und so zur Verhütung solcher Verbrechen beizutragen".[55] Die Vermeidung von impunity ist recht eigentlich die *ratio essendi* des Gerichtshofes.

Allerdings darf dabei nicht übersehen werden, dass das Komplementaritätsprinzip zugleich den Primat innerstaatlicher Strafverfolgung und den subsidiären Charakter des IStGH betont. Insofern beschwört die Präambel die „Pflicht eines jeden Staates [...], seine Strafgerichtsbarkeit über die für internationale Verbrechen Verantwortlichen auszuüben".[56] Dies verträgt sich zugegebenermaßen schlecht mit einer allzu liberalen Abtretungspolitik von Fällen an den IStGH, die an sich auf nationaler Ebene verfolgbar wären. Eine exzessive *self referral*-Praxis könnte daher, und dieses Bedenken ist ernst zu nehmen, langfristig die Ziele der *positiven* Komplementarität unterminieren, die nicht nur auf Achtung, sondern auf Förderung der nationalen Strafverfolgungsmechanismen abstellt.[57] Dies vermag jedoch nicht das Instrument des *self-referral* als solches zu disqualifizieren, zumal die „Ausübung" der Strafgerichtsbarkeit für internationale Verbrechen nicht zwingend in selbstständiger Strafverfolgung bestehen muss[58], sondern nach

54 Vgl *Kleffner* (Fn 23), 41f.

55 Präambel, Abs 5.

56 Präambel, Abs 6. Vgl auch Office of the Prosecutor, Policy Paper (Fn 41), Kap II.1.1, 5: „It should however be recalled that the system of complementarity is principally based on the recognition that the exercise of national criminal jurisdiction is not only a right but also a duty of States. Indeed, the principle underlying the concept of complementarity is that States remain responsible and accountable for investigating and prosecuting crimes committed under their jurisdiction and that national systems are expected to maintain and enforce adherence to international standards."

57 Vgl hiezu auch die im Rahmen der Review Conference in Kampala von den Vertragsstaaten angenommene *Resolution on Complementarity*, RC/Res.1, adopted at the 9th plenary meeting, on 8 June 2010, by consensus.

58 Dies scheint aber *Kleffner* (Fn 23), 45-47 mit seinen ansonsten beachtenswerten Argumenten suggerieren zu wollen. *Kreß* (Fn 17), 945, Fn 12 will sich hiefür nicht auf die – seiner Auffassung zufolge nicht rechtsverbindliche – Präambel oder auf den Gesamtzusammenhang des Römischen Statuts, sondern auf Gewohnheitsrecht stützen. Ob sich gewohnheitsrechtlich eine unbedingte Verfolgungspflicht (also ohne den *aut dedere aut*

dem alten Grundsatz des *aut dedere aut iudicare* auch zur Auslieferung an andere verfolgungswillige Staaten bzw hier zur Überstellung an den IStGH (Art 89) führen kann.[59] Die mit *self-referrals* einhergehenden Probleme gemahnen aber zur Vorsicht bei der Handhabung solcher Alternativmittel.

Gerade diesbezüglich empfiehlt es sich, Art 17 nicht eine allzu schwere Last aufzubürden. Was die Missbrauchsgefahr oder eine gewisse Laschheit in der als vorrangig verankerten nationalen Strafverfolgung anlangt, ist namentlich auf Art 53 zu verweisen. Demzufolge kann der Ankläger die Einleitung von Ermittlungen unterlassen, wenn er „feststellt [...] dass die Durchführung von Ermittlungen nicht im Interesse der Gerechtigkeit (*interests of justice*)“[60] liegt. Die deutsche Übersetzung fördert die in den authentischen Fassungen klarer greifbare Unterscheidung zwischen *Rechtspflicht* zur Anerkennung der Zulässigkeit nach Art 17 (arg „shall determine that a case is inadmissible“) und anklägerischem *Ermessen* nach Art 53 (arg „unless he or she determines that there is no reasonable basis to proceed“) nur unzureichend zu Tage.[61] Dafür spricht auch, dass das Statut in Art 53 strikt zwischen der Zulässigkeitsprüfung nach Art 17 (lit b)[62] und den genuinen Voraussetzungen des „Interesses der Gerechtigkeit“ (lit c)[63] unterscheidet. Es handelt sich sohin um zwei unabhängige Prüfschritte, die selbstständige Analyse und Entscheidung erheischen. Die Feinsteuerung des *self-referral*-Instruments sollte vor diesem Hintergrund mE stärker dem Ermessen des Anklägers im Rahmen von Art 53 – unter nachprüfender (und verstärkter[64]) Kontrolle der Vorverfahrenskammer – und damit der Komplementarität iwS überlassen werden.

---

iudicare-Vorbehalt) absichern lässt, ist indes zweifelhaft. Vgl in diesem Zusammenhang auch *Morel* (Fn 23), 141; *El Zeidy* (Fn 23), 220f und 298ff sowie *Stigen* (Fn 22), 247.

59 Vgl dazu auch Office of the Prosecutor, Informal Expert Paper (Fn 40), 19, nr 61, Fn 24.

60 Abs 1 lit c; ganz ähnlich die Formulierung in Abs 2 lit c.

61 Vgl – auf das Gravitätserfordernis abstellend, aber im Ergebnis vergleichbar – *Lubanga and Ntaganda Arrest Warrant*-Entscheidung (Fn 38), para 44: „[T]he use of the term ‘shall’ in the *chapeau* of article 17 (1) of the Statute leaves the Chamber no discretion as to the declaration of inadmissibility of a case once it is satisfied that the case ‘is not of sufficient gravity to justify further action by the Court’.“ Vgl hiezu auch *I. Stegmiller*, The Gravity Threshold under the ICC Statute: Gravity Back and Forth in *Lubanga* and *Ntaganda*, 9 International Criminal Law Review (2009), 547 (550).

62 Art 53 Abs 1 lit b und Abs 2 lit b.

63 Art 53 Abs 1 lit c und Abs 2 lit c.

64 Gemäß Art 53 Abs 3 lit a kann die Vorverfahrenskammer bei negativen Zulässigkeitsentscheidungen des Anklägers lediglich eine gegenteilige, für den Ankläger nicht verbindliche Empfehlung aussprechen. Im Falle einer (ausschließlichen) Ermessensentscheidung des Anklägers bedarf es lit b zufolge der Zustimmung der Vorverfahrenskammer; vgl dazu näher *infra* II.3.

3. Konzeptueller Klärungsbedarf

Mit der mittlerweile vollzogenen breiten Anerkennung von *self-referrals* sind die Probleme allerdings nicht vom Tisch. Vielmehr haben sich durch die stärkere Auseinandersetzung mit diesem Phänomen erhebliche konzeptuelle Unschärfen ergeben, die Klärungsbedarf schaffen. Das betrifft einmal seine schon angesprochene Janusköpfigkeit, insofern *self-referrals* sowohl auf Ebene der Ausübung der Gerichtsbarkeit (Art 13) als auch insbesondere auf der späteren Prüfstufe der Zulässigkeit (Art 17) eine Rolle spielen.[65] Darüber hinaus wirft (a) der Begriff der „*self*-referrals" selbst charakteristische Probleme auf. Daneben wollen wir uns (b) auch kurz verwandten Konzepten, namentlich „waiver of complementarity" und „withdrawal of referral" zuwenden, insoweit sie zu unserem Thema Bezug haben. Für die Behandlung all dieser Fragen sind die Bestimmungen des Statuts sowie die *travaux préparatoires* nur beschränkt hilfreich, da, wie erwähnt, die künftige Bedeutung von *self-referrals* bei der Römer Konferenz nicht antizipiert wurde.

(a) Self-referrals

Die Rede von *self-referrals* ist durch eine Reihe von unhinterfragten Voraussetzungen und in Hinblick darauf durch implizite begriffliche Verengungen gekennzeichnet.[66] Diese gilt es im Folgenden heraus zu stellen, und zwar vor allem in dreierlei Hinsicht.

i) Zum einen ist der Frage, was die „eigenen" Fälle eines Staates sind, die er an den Ankläger verweisen kann, wenig Aufmerksamkeit gewidmet worden. In der Regel wird selbstverständlich angenommen, dass dies der Staat ist, auf dessen Territorium die mutmaßlichen Verbrechen begangen worden sind.[67] Insofern ist

65 Vgl *supra* I.1. *in fine*.

66 Vgl hiezu ausführlich *A.Th. Müller/I. Stegmiller*, Self-Referrals on Trial. From Panacea to Patient, 8 Journal of International Criminal Justice (2010), 1267 (1272ff).

67 Dies lässt sich leicht an den Formulierungen der *self-referrals* ablesen, die allesamt auf das Territorium des jeweiligen Staates abstellen (vgl *supra* Fn 15). Es könnte indes eingewendet werden, dass es sich beim Verweisenden um den Staat sowohl des *locus delicti* als auch den Heimatstaat der jeweiligen Täter handelt. Die vorrangig territoriale Ausrichtung wird jedoch nicht zuletzt dadurch deutlich, dass etwa im Fall der Zentralafrikanischen Republik nicht nur der ehemalige Präsident Ange-Félix Patassé, sondern auch der damalige Vizepräsident der Demokratischen Republik Kongo, Jean-Pierre Bemba, zur Schar der von der zentralafrikanischen Regierung für die Verfolgung ins Auge gefassten Personen zählt. Gegen eben diesen ist mittlerweile im Rahmen der „Situation in der Zentralafrikanischen Republik" ein Verfahren wegen für in der Zentralafrikanischen Republik mutmaßlich begangene Verbrechen gegen die Menschlichkeit und Kriegsverbrechen er-

die ganze Diskussion durch eine implizite Fixierung auf territoriale *self-referrals* gekennzeichnet. Nun ist das Territorialitätsprinzip zwar wohl die am breitesten anerkannte Grundlage für nationale Strafhoheit, aber beileibe nicht die einzige.[68] Auf dieser Grundlage können Staaten auch „nicht-territoriale *self-referrals*" vornehmen, indem sie Situationen, in denen ihre Staatsbürger als Täter (aktives Personalitätsprinzip), gegegebenfalls auch als Opfer (passives Personalitätsprinzip) beteiligt sind, als „eigene" nach Den Haag verweisen.[69] Dies zeigt die Problematik eines jeden Ansatzes, der strikt zwischen Eigen- und Fremdverweis unterscheiden wollte.

Berücksichtigt man darüber hinaus noch, dass behauptetermaßen die gemäß Art 5 in die Zuständigkeit des IStGH fallenden Verbrechen zum guten Teil dem so genannten Universalitäts- oder Weltrechtsprinzip unterworfen sind[70] und damit in die Strafhoheit jedes Staates fallen, dann kann in gewissem Sinne jeder Verweis zu einem „*self*-referral" werden. Das Weltrechtsprinzip macht die begangenen Verbrechen zur *eigenen* Angelegenheit eines jeden Staates, der bereit ist, das Delikt aufzugreifen. In ähnlicher Weise spricht das Römische Statut

---

öffnet worden; vgl zuletzt ICC, Pre-Trial Chamber II, *Prosecutor v. Jean-Pierre Bemba Gombo*, Decision Pursuant to Article 61(7)(a) and (b) of the Rome Statute on the Charges of the Prosecutor Against Jean-Pierre Bemba Gombo, 15 June 2009, ICC-01/05-01/08. Das Hauptverfahren hat am 22. November 2010 begonnen.

68 Vgl StIGH, *S.S. Lotus, Judgment No. 9, 1927, P.C.I.J., Series A, No. 10*, 1, 20: „Though it is true that in all systems of law the principle of the territorial character of criminal law is fundamental, it is equally true that all or nearly all these systems of law extend their action to offences committed outside the territory of the State which adopts them, and they do so in ways which vary from State to State. The territoriality of criminal law, therefore, is not an absolute principle of international law."

69 Dementsprechend kann man sich eine Situation vorstellen, in der auf dem Territorium des Staates A Staatsangehörige des Staates B systematisch in die Zuständigkeit des IStGH fallende Verbrechen verüben. Der klassische Fall des *self-referral* wäre der Verweis nach Den Haag durch Staat A (territorialer *self-referral*). Aber auch der Verweis der Situation durch Staat B auf Basis des aktiven Personalitätsprinzips, obschon unwahrscheinlich, wäre als – nicht territorialer – *self-referral* zu qualifizieren. Zum selben Ergebnis müsste man kommen, wenn im obigen Fall Staatsangehörige von B systematisch zu Verbrechensopfern würden (etwa auf Grund eines Bürgerkriegs von B nach A Geflohene, die sich dort in Flüchtlingslagern aufhalten und Staatsangehörigen von A oder von Drittstaaten zum Opfer fallen). Unterbreitet Staat B dem Ankläger dann diese Situation, so tut er dies, sofern man bereit ist, die Anwendbarkeit des passiven Personalitätsprinzips zuzugestehen, ebenso als seine „eigene".

70 Vgl dazu etwa IGH, *Arrest Warrant of 11 April 2000 (Democratic Republic of the Congo* v. *Belgium)*, Judgment, I.C.J. Reports 2002, 3, Joint Separate Opinion of Judges Higgins, Kooijmans and Buergenthal, para 46; Dissenting Opinion of Judge Van den Wyngaert, para 59.

mehrfach von Verbrechen, „welche die internationale Gemeinschaft als Ganzes berühren“.[71]

Einen Staat, der sich auf das Universalitätsprinzip beruft, als *self referral*-Staat zuzulassen würde die Unterscheidung zwischen Eigen- und Fremdverweis zum Kollaps bringen. Dies ist in Hinblick darauf, dass Art 13 lit a und Art 14 dieselben Rechtsfolgen für Eigen- und Fremdverweise vorsehen, letztlich unproblematisch. Eine genauere Grenzziehung zwischen Eigen- und Fremdhandeln ist dem Statut bewusst nicht aufgebürdet worden.[72] Die aufgezeigten Abgrenzungsprobleme sollten aber all jenen als Warnung dienen, die besondere Rechtswirkungen an *self-referrals* zu knüpfen gedenken.[73]

ii) Zum anderen ist darauf hinzuweisen, dass die Rede von *self-referrals* nicht impliziert, dass das verweisende Subjekt zwingend ein Vertragsstaat zu sein hat. Mit dem Konzept des *self-referral* wird aber in der Regel ganz selbstverständlich an Art 13 lit a iVm Art 14 angeknüpft, der in der Tat eine Beschränkung der Unterbreitungsbefugnis auf Vertragsstaaten vorsieht. Die Frage scheint indes berechtigt, ob nicht Art 12 Abs 3[74] eine funktionelles Äquivalent zum *self-referral* für Nicht-Vertragsstaaten schafft. Dieser Bestimmung zufolge können solche „durch Hinterlegung einer Erklärung beim Kanzler die Ausübung der Gerichtsbarkeit in Bezug auf das fragliche Verbrechen anerkennen“.[75] Da es sich

---

71 Präambel, Abs 4 und Art 5; vgl auch Art 1.

72 Vorschläge, das Recht, dem Ankläger eine Situation zu unterbreiten, auf jene Staaten zu beschränken, die ein „Interesse“ (*interest*) in der Angelegenheit haben, wurden eben in Hinblick darauf zurück gewiesen, dass die in die Zuständigkeit des Gerichtshofes fallenden Delikte Angelegenheit aller Staaten sind; vgl *Kirsch/Robinson* (Fn 19), 622f mwN; vgl *S.A. Williams/W.A. Schabas*, in: *O. Triffterer* (Hrsg), Commentary on the Rome Statute of the International Criminal Court. Observers' Notes, Article by Article, 2. Aufl, München 2008, Article 13, Rn 6 and 10; *Marchesi* (Fn 17), Rn 8.

73 Vgl etwa *Kleffner* (Fn 2), 191-194 und insb 222: „An express regulation of auto-referrals and their relation to complementarity therefore appears desirable.“ Vgl dazu auch *Kleffner* (Fn 25), 53 sowie *infra* Fn 108.

74 Vgl hiezu im Allgemeinen *H.-P. Kaul*, Preconditions to the Exercise of Jurisdiction, in: *A. Cassese/P. Gaeta/J. Jones* (Hrsg), The Rome Statute of the International Criminal Court: A Commentary, Oxford/New York 2002, Vol I, 583 (610f); *S.A. Williams*, in: *O. Triffterer* (Hrsg), Commentary on the Rome Statute of the International Criminal Court. Observers' Notes, Article by Article, 2. Aufl, München 2008, Article 12, Rn 17; *C. Stahn/M.M. El Zeidy/H. Olásolo*, The International Criminal Court's Ad Hoc Jurisdiction Revisited, 99 American Journal of International Law (2005), 421.

75 Im Februar 2005 hat die Elfenbeinküste eine Erklärung nach Art 12 Abs 3 bezüglich Verbrechen, die in deren Territorium seit den Ereignissen des 19. September 2002 begangen wurden, abgegeben; vgl ICC, Registrar confirms that the Republic of Côte d'Ivoire has accepted the jurisdiction of the Court, Press Release, 15 February 2005,

diesfalls in Hinblick auf Art 12 Abs 2 entweder um den Staat handeln muss, auf dessen Territorium die fraglichen Verbrechen begangen wurden, oder um jenen, dessen Staatsangehörigkeit der Täter besitzt, ähnelt die Situation dem *self-referral* auf Basis des Territorialitäts- und aktiven Personalitätsprinzips. Die Analogie ist indes eine beschränkte: Einmal verwendet Art 12 im Gegensatz zu Art 13f den Begriff „unterbreiten" (*refer*) nicht. Darin manifestiert sich, dass die Art 12 Abs 3-Erklärung auf einer anderen Ebene operiert. Sie schafft zwar die „Voraussetzungen für die Ausübung der Gerichtsbarkeit" (Art 12), stellt aber für sich keinen *trigger mechanism* iSd Art 13 dar.[76] Um ein Verfahren tatsächlich in Gang zu bringen, bedarf es nichtsdestotrotz der Verwirklichung eines der Fälle des Art 13.[77] Regelmäßig wird der Ankläger *proprio motu* tätig werden müssen. Darüber hinaus spricht Art 12 Abs 2 von „Verbrechen" (*crime*) und nicht von „Situation (*situation*), in der es den Anschein hat, dass eines oder mehrere der Gerichtsbarkeit des Gerichtshofs unterliegende Verbrechen begangen wurden" (Art 14 Abs 1).[78] Vor dem Hintergrund dieser Unterschiede ist der Begriff der *self-referrals* mE mit guten Gründen nicht auf die Art 12 Abs 3-Erklärung auszudehen, wiewohl auch hier der betreffende Staat die Verfolgung seiner „eigenen" Verbrechen durch den IStGH ermöglicht.

ICC-CPI-20050215-91. Darüber hinaus hat im Januar 2009 die „Regierung von Palästina" (*Government of Palestine*) im Wege der Palestinian (National) Authority eine Erklärung nach Art 12 Abs 3 „for the purpose of identifying, prosecuting and judging the authors and accomplices of acts committed on the territory of Palestine since 1 July 2002" abgegeben; vgl hiezu ICC, Office of the Prosecutor, Visit of Minister of Justice of the Palestinian National Authority, Mr Ali Khashan, to the ICC (22 January 2009). Ein Faksimile der Erklärung ist auf der Webseite des Gerichtshofes under http://www.icc-cpi.int/NR/rdonlyres/7CFB4B01-0B7E-4590-A8A8-7863E516F0A3/279777/20090122 PalestinianDeclaration7.pdf abrufbar. Weder Ankläger noch andere Organe des IStGH haben bislang zur Frage, ob Palästina ein „Staat [...], der nicht Vertragspartei" des Römischen Statuts iSd Art 12 Abs 3 ist oder sein kann, Stellung genommen. Vgl aber den vom 3. Mai 2010 datierenden Bericht ICC, Office of the Prosecutor, Situation in Palestine, Summary of submissions on whether the declaration lodged by the Palestinian National Authority meets statutory requirements, abrufbar unter http://www.icc-cpi.int/NR/rdonlyres/D3C77FA6-9DEE-45B1-ACC0-B41706BB41E5/282529/PALESTINEFINAL 201010112.pdf.

76 Vgl etwa *Stahn/El Zeidy/Olásolo* (Fn 68), 423f; *Williams* (Fn 68), Rn 17.

77 *Stahn/El Zeidy/Olásolo* (Fn 68), 423ff; *Williams* (Fn 68), Rn 17.

78 Vgl *Stahn/El Zeidy/Olásolo* (Fn 68), 427ff; *Williams* (Fn 68), Rn 17; vgl insb auch *Kaul* (Fn 68), der sich namentlich mit dem Problem sog „asymmetric liability" beschäftigt, wenn ein Staat sich entschließt, die Zuständigkeit des Gerichtshofes nur bezüglich bestimmter Verbrechen, nämlich bloß bezüglich jener einer der Konfliktparteien, anzuerkennen.

iii) Ähnlich ist hinsichtlich der Frage zu verfahren, ob ein *self-referral* durch den UN-Sicherheitsrat in Frage kommt. Dafür spricht, dass Art 13 lit b analog zu lit a ausgestaltet ist. Der Sicherheitsrat hat gemäß Art 24 Abs 1 der Satzung der Vereinten Nationen „die Hauptverantwortung für die Wahrung des Völkerfriedens und der internationalen Sicherheit". Insofern er eine Situation auf seine Tagesordnung setzt und diesbezüglich auf Grundlage von Art 39 leg cit, der Eröffnungsvorschrift von Kapitel VII der Satzung, „das Bestehen einer Friedensbedrohung, eines Friedensbruches oder einer Angriffshandlung fest[stellt]", kann dies durchaus so verstanden werden, dass er sich eben diese Situation *zu Eigen macht*. Allerdings würde dies zur völligen Aufhebung der Unterscheidung führen, da ja jeder *referral* durch den Sicherheitsrat mit Kapitel-VII-Resolution erfolgen muss und dementsprechend als *self-referral* zu behandeln wäre. Darüber hinaus besteht in Bezug auf den Sicherheitsrat weder (1) die typische Gemengelage des verweisenden (Art 14) und gleichzeitig seine Strafhoheit nicht ausübenden Staates (Art 17), da der Sicherheitsrat nicht über eigene Strafhoheit verfügt, noch sind (2) die Risiken bezüglich asymmetrischen und sonst missbräuchlichen Verweisen, obschon nicht ganz von der Hand zu weisen, vergleichbar groß wie im Staatenkontext. Dies alles spricht dagegen, das Konzept des *self-referral* auf den UN-Sicherheitsrat auszuweiten.

Im Ergebnis lässt sich das Verständnis von *self-referrals* dahingehend schärfen, dass es einerseits insoweit auszudehnen ist, dass nicht nur der Territorialstaat einen Eigenverweis vornehmen kann, sondern jeder Staat, der sich auf einen anerkannten Grund für seine Strafhoheit stützt (aktives, evtl auch passives Personalitätsprinzip; ggf Universalitätsprinzip). Gleichzeitig ist eine Erweiterung des *self-referral*-Konzepts auf Staaten, die eine Erklärung nach Art 12 Abs 3 abgeben sowie auf den Verweis durch den UN-Sicherheitsrat abzulehnen. Dies würde, wie gezeigt worden ist, mehr Probleme schaffen denn Lösungen bringen.

(b) Waiver of complementarity, withdrawal of complementarity und verwandte Konzepte

Relevanter sind Fragen, die sich an die Verwendung von Begriffen wie „inactivity"[79] oder „inaction"[80], „non-action scenario"[81], „uncontested admissibility"[82], „de facto-admissibility"[83], „waiver of complementarity"[84] oder „withdrawal of

79 Vgl etwa *Williams/Schabas* (Fn 2), Rn 23.

80 Vgl Office of the Prosecutor, Policy Paper (Fn 41), Kap II.1.1, 5; *Stigen* (Fn 22), 199; *Kleffner* (Fn 2), 103 and 105.

81 Office of the Prosecutor, Informal Expert Paper (Fn 40), 7, nr 18.

82 *Ibid*, 18, nr 59.

83 El Zeidy (Fn 23), 159.

referral"[85] knüpfen. Sie haben gemeinsam, dass sie sich mit der Relevanz von schlichter oder qualifizierter Inaktivität eines Staates bei Überweisung einer Situation an den IStGH für die Handhabung des Komplementaritätsprinzips beschäftigen.[86] Zu beachten ist, dass die in diesem Zusammenhang von verschiedenen Autoren angestellten Überlegungen nicht zwingend kongruent sind, sondern an verschiedenen Punkten ansetzen und dementsprechend unterschiedliche Rechtsfolgen zeitigen können. Es ist nämlich beispielsweise eine Sache, das Nichthandeln eines Staates, wie oben dargestellt, als Nicht-Verwirklichung der Ausnahmen des Art 17 anzusehen und sohin auf die Zulässigkeit des Falles zu schließen.[87] Ein anderer, viel weiter gehender Anspruch ist es, aus solcher Inaktivität abzuleiten, dass ein Staat dadurch seinen Vorrang in der Strafverfolgung zu Gunsten des ICC aufgegeben hat.[88]

Dies hat insbesondere Implikationen für die hier leider nur unzureichend beleuchtbaren, aber bedeutsamen Bestimmungen der Art 18 und 19, in denen die prozessuale Seite der Zulässigkeitsprüfung geregelt ist. Gemäß Art 19 Abs 2 lit b hat ein Staat, der in einer Sache Ermittlungen oder eine Strafverfolgung durchführt, das Recht, die Zulässigkeit (auch nachträglich) anzufechten. Dieses Recht besteht jedoch nicht zeitlich unbegrenzt, sondern ist „vor oder bei Eröffnung des Hauptverfahrens" auszuüben.[89] Demgegenüber neigen Vertreter einer

---

84 Vgl *Kreß* (Fn 17), *passim*; El Zeidy (Fn 23), 211ff und 280ff (für das verwandte Konzept des „conditional waiver"); *Stigen* (Fn 22), 249 („implicit waiver", aber nicht „automatic" waiver); siehe auch *M.M. El Zeidy*, The Ugandan Government Triggers the First Test of the Complementarity Principle: An Assessment of the First State's Referral to the ICC, 5 International Criminal Law Review (2005), 83 (100ff).

85 Vgl *A. Maged*, Withdrawals of Referrals – A Serious Challenge to the Function of the ICC, 6 International Criminal Law Review (2006), 419, *passim*; *M.M. El Zeidy*, The legitimacy of withdrawing State Party referrals and *ad hoc* declarations under the Statute of the International Criminal Court, in: *C. Stahn/G. Sluiter* (Hrsg), The Emerging Practice of the International Criminal Court, Leiden/Boston 2009, 55, *passim*.

86 Vgl hiezu etwa *Müller/Stegmiller* (Fn 66), 1286ff.

87 In diesem Sinne etwa das oberwähnte Informal Expert Paper: „[I]t may be appropriate for the State concerned to simplify the admissibility proceedings by expressly acknowledging that it is not investigating or prosecuting particular cases, in favour of ICC jurisdiction." (Office of the Prosecutor, Informal Expert Paper (Fn 40), 20, nr 62). In dieselbe Kerbe schlagend, Office of the Prosecutor, Policy Paper (Fn 41), Kap II.1.1, 4f.

88 Dies scheint etwa *Kreß* (Fn 17), 946, Fn 14 zu suggerieren. Vgl mit ähnlicher Tendenz, aber differenzierend *El Zeidy* (Fn 23), 279ff.

89 Art 19 Abs 4. Dieser Bestimmung zufolge kann die Zulässigkeit einer Sache (ebenso wie die Gerichtsbarkeit des IStGH) darüber hinaus von einem Staat oder einer Person nur einmal angefochten werden. Allerdings kann der Gerichtshof unter außergewöhnlichen Umständen gestatten, eine Anfechtung mehr als einmal oder erst nach Eröffnung des Hauptverfahrens vorzubringen. Zu beachten ist dabei jedoch, dass Anfechtungen der Zu-

„waiver of complementarity"-Doktrin dazu, dem betreffenden Staat das Anfechtungsrecht von vornherein abzusprechen.[90] Ob man dies nun rechtstechnisch als Verwirkung, Verstoß gegen das *good faith*-Prinzip, *estoppel* oder als verbotenes Handeln *contra factum proprium* konstruieren mag[91], dem *self-referral* wird hier eine Bedeutung über die bloße Initiation eines IStGH-Verfahrens hinaus gegeben und kann die eigene Strafverfolgungsbefugnis des betreffenden Staates dauerhaft lähmen oder überhaupt beseitigen. Allerdings hat der IStGH etwa in der *Lubanga and Ntaganda Arrest Warrant*-Entscheidung die prinzipielle Möglichkeit der Rückkehr der vorrangigen Zuständigkeit an den betroffenen Staat ohne weiteres anerkannt.[92]

Theoretisch ist die Rechtsfigur eines *waiver of complementarity* sehr wohl denkbar. Es handelte sich hierbei um einen dem Völkerrecht wohl vertrauten einseitigen Rechtsakt. Eine Erklärung seitens eines Staates „by way of unilateral acts, concerning legal or factual situations, may have the effect of creating legal obligations".[93] Allerdings läuft die Vermutung einer zu weitgehenden Selbstver-

---

lässigkeit, die bei oder (sofern vom Gerichtshof ausnahmsweise zugelassen) nach Eröffnung des Hauptverfahrens vorgebracht werden, lediglich auf Art 17 Abs 1 lit c (also die *ne bis in idem*-Bestimmung; vgl *supra* Fn 10) gestützt werden können. Damit sind diese für unsere Belange nicht relevant.

90 Ein Ansatzpunkt dafür ist im Römischen Statut selbst zu finden: „Ein [anfechtungsberechtigter] Staat bringt eine Anfechtung bei frühestmöglicher Gelegenheit vor." (Art 19 Abs 5).

91 Vgl hiezu etwa *W.W. Burke-White/S. Kaplan*, Shaping the Contours of Domestic Justice. The International Criminal Court and an Admissibility Challenge in the Uganda Situation, 7 Journal of International Criminal Justice (2009), 257 (262).

92 Vgl *Lubanga and Ntaganda Arrest Warrant*-Entscheidung (Fn 38), wo die Vorverfahrenskammer Veränderungen im kongolesischen Justizsystem feststellt und daraus schließt: „[T]he Prosecution's general statement that the DRC national judicial system continues to be unable in the sense of article 18 (1) (a) to (c) and 3, of the Statute does not wholly correspond to the reality any longer." (para 37) Allerdings hält sie gleichzeitig fest, dass „for a case arising from the investigation of a situation to be inadmissible, national proceedings must encompass *both the person and the conduct* which is the subject of the case before the Court" (para 38). Da dies *in casu* nicht der Fall war (paras 39f), ist Zulässigkeit dennoch gegeben (para 41).

93 Vgl IGH, *Nuclear Tests (Australia* v. *France)*, Judgment, I.C.J. Reports 1974, 253, para 43; vgl in diesem Sinne auch *Nuclear Tests (New Zealand* v. *France)*, Judgment, I.C.J. Reports 1974, 457, para 46; *Frontier Dispute (Burkina Faso/Mali)*, Judgment, ICJ Reports 1986, 554, para 39; *Armed Activities on the Territory of the Congo (New Application: 2002) (Democratic Republic of the Congo* v. *Rwanda)*, Jurisdiction and Admissibility, Judgment, I.C.J. Reports 2006, 6, paras 46-50; siehe auch StIGH, *Phosphates in Morocco, Judgment, 1938, P.C.I.J., Series A/B, No. 74*, 10, 23f, wonach ein derartiger Akt „confers on the declaration the character of a legal undertaking". Vgl in diesem Zusam-

pflichtung entgegen, namentlich wenn es um die Preisgabe eines Rechts geht.[94] Insbesondere ist zu prüfen, ob und inwieweit sich aus Wortlaut und Umständen der konkreten Erklärung ein klarer Bindungswille ableiten lässt.[95] Des weiteren kommt hier über das allgemeine Völkerrecht hinaus der Komplementaritätsgrundsatz zum Tragen. Die Bestimmungen des Römischen Statuts sind im Lichte dieses Strukturprinzips auszulegen und sollen nicht komplementaritätsvergessen interpretiert werden. Das bedeutet einmal mehr, dass im Zweifel eher der nationalen Strafverfolgung der Vorzug zu geben ist und Beschränkungen derselben nicht zu vermuten sind.

Art 14 Abs 1 zufolge besteht der Akt der Unterbreitung (*referral*) einmal aus einem *normativen* Teil in Form einer Willenserklärung, worin ein Staat eine Situation dem Ankläger unterbreitet und ihn ersucht, die Situation zu untersuchen, und so die Rechtsfolgen des Art 13 auslöst. Zugleich soll er nach Möglichkeit einen *deskriptiven* oder *informativen* Teil beinhalten. Namentlich sind „die

---

menhang auch die obgleich nicht bindenden, so doch autoritativen Guiding Principles der International Law Commission zu einseitigen Erklärungen: „Declarations publicly made and manifesting the will to be bound may have the effect of creating legal obligations." Vgl Guiding Principles applicable to unilateral declarations of States capable of creating legal obligations, Report of the International Law Commission, Fifty-eighth session, A/61/10, 1 May-9 June and 3 July-11 August 2006, Supplement No. 10, nr 1.

94 Vgl IGH, *Certain Phosphate Lands in Nauru (Nauru* v. *Australia),* Preliminary Objections, Judgment, I.C.J. Reports 1992, 240, para 13: „It will suffice to note that in fact those authorities did not at any time effect a clear and unequivocal waiver of their claims."; *Armed Activities on the Territory of the Congo (Democratic Republic of the Congo* v. *Uganda),* Judgment of 19 December 2005, para 293; *Maritime Delimitation and Territorial Questions between Qatar and Bahrain (Qatar* v. *Bahrein)*, Merits, Judgment, I.C.J. Reports 2001, 40, Joint Dissenting Opinion of Judges Bedjaoui, Ranjeva and Koroma, para 38. Vgl in diesem Zusammenhang auch den Kommentar der International Law Commission zu Art 45 der Draft Articles on Responsibility of States for internationally wrongful acts, in: *J. Crawford,* The International Law Commission's Articles on State Responsibility. Introduction, Text and Commentaries (2002), 267, Art 45, para 5; nr 7 der Guiding Principles on Unilateral Declarations (Fn 93): „In the case of doubt as to the scope of the obligations resulting from such a declaration, such obligations must be interpreted in a restrictive manner."

95 Vgl IGH, *Temple of Preah Vihear (Cambodia* v. *Thailand),* Preliminary Objections, Judgment, I.C.J. Reports 1961, 17, 32: „the sole relevant question is whether the language employed in any given declaration does reveal a clear intention". Vgl hiezu auch nr 7 der Guiding Principles on Unilateral Declarations (Fn 93): „A unilateral declaration entails obligations to the formulating State only if it is stated in clear and specific terms [...] In interpreting the content of such obligations, weight shall be given first and foremost to the text of the declaration, together with the context and the circumstances in which it was formulated."

maßgeblichen Umstände anzugeben und diejenigen Unterlagen zur Begründung beizufügen, über die der unterbreitende Staat verfügt" (Art 14 Abs 2). Demgegenüber handelt die Literatur den einseitgen Rechtakt des *self-referral* durchwegs abstrakt ab und stellt lediglich darauf ab, *ob* ein solcher erfolgt ist, ohne jedoch die *konkrete* Erklärung in ihren Wissens- und Willenserklärungsaspekten einer genaueren Untersuchung zu unterziehen. Nur so kann aber eine fundierte Aussage über ihre Bindungswirkung getroffen werden. Führt man sich vor diesem Hintergrund die bisher erfolgten *referrals* Ugandas[96], der Demokratischen Republik Kongo[97] und der Zentralafrikanischen Republik[98] vor Augen, weisen

96 Vgl den vom 28. Mai 2004 datierenden „Letter on Jurisdiction" des Solicitor General von Uganda an den Ankläger, worin er unter anderem ausführt: „[T]he Government of Uganda has been unable to arrest [...] persons who may bear the greatest responsibility [for the crimes within the referred situation] [...] the ICC is the most appropriate and effective forum for the investigation and prosecution of those bearing the greatest responsibility [for those crimes] [...] [and the Government of Uganda] has not conducted and does not intend to conduct national proceedings in relation to the persons most responsible." Siehe dazu die *Kony Arrest Warrant*-Entscheidung (Fn 14), para 37.

97 In seinem „Letter of Referral" hat der kongolesische Präsident Joseph Kabila festgehalten: „En raison de la situation particulière que connaît mon pays, les autorités compétentes ne sont malheureusement pas en mesure de mener des enquêtes sur les crimes mentionnées ci-dessus ni d'engager des poursuites nécessaires sans la participation de la Cour Pénale Internationale." Vgl hiezu die *Lubanga and Ntaganda Arrest Warrant*-Entscheidung (Fn 38), para 35; siehe schon *supra* Fn 14 (B).

98 In einer Entscheidung von 16. Dezember 2004 hatte die Strafkammer der *Cour d'appel* von Bangui ausgesprochen, dass allein der IStGH fähig wäre, die von Ange-Félix Patassé (dem früheren Präsidenten der Zentralafrikanischen Republik), Jean-Pierre Bemba (dem Vize-Präsidenten der Demokratischen Republik Kongo) und drei anderen Individuen begangenen Verbrechen zu verfolgen. Vor diesem Hintergrund empfahl der Gerichtshof die Verweisung an den IStGH, ein Rat, dem die zentralafrikanische Regierung lediglich zwei Tage später folgte (vgl *supra* Fn 14 (C)). Am 13. April 2006 verwarf die *Cour de cassation*, die höchste strafgerichtliche Instanz der Zentralafrikanischen Republik, (teilweise) die Berufung gegen die obgenannte Entscheidung und hielt in diesem Zusammenhang fest: „The incapacity of the justice system of the CAR to carry out effective investigations and prosecutions is clear. The fact that people who are all outside national territory have nevertheless been referred to the criminal courts of the CAR is an illustration of this weakness and established their impunity [...] Recourse to international cooperation is the only means to prevent impunity in this case [...] The International Criminal Court offers the possibility to find and punish the perpetrators of most serious crimes which affect the entire international community, in the place of states which are incapable of carrying out effective investigations and prosecutions." Vgl hiezu Presseaussendung der International Federation of Human Rights vom 13. April 2006; verfügbar unter http://www.fidh.org/spip.php?article3260. Indes ist hier zu beachten, dass es sich – obschon ein Ausspruch

diese eine durchwegs vorsichtige Wortwahl auf, die sich gegen die vorschnelle Annahme eines Verzichtswillens sträubt und durchwegs mehr den Charakter einer Wissens- als einer Willenserklärung aufweist. Insgesamt gibt es zum gegenwärtigen Zeitpunkt für einen regelrechten „*waiver* of complementarity" als eigenständige Rechtsfigur bei genauerer Analyse der vorliegenden *self-referral*-Erklärungen weder eine empirische Grundlage noch ist ein unmittelbarer Bedarf dafür erkennbar.

In diesem Zusammenhang sei angemerkt, dass es mE dem Diskurs zum Thema sehr zuträglich wäre, wenn der IStGH den genauen Wortlaut der bisherigen und allfälliger künftiger *self-referrals* besser zugänglich machte und namentlich auf seiner Webseite veröffentlichte. Dies würde die Chance einer Auseinandersetzung mit dem konkreten Überweisungstext erhöhen und so dazu beitragen, dass die Konturen der Selbstverpflichtung des betroffenen Staates im jeweiligen Fall klarer hervortreten würden.

In ähnlicher Weise ist Vorsicht bezüglich einer anderen in der Literatur diskutierten Rechtsfigur geboten, dem so genannten *withdrawal of referral*.[99] Damit ist die Frage gemeint, ob ein Staat nach Unterbreitung einer Situation an den Ankläger dies durch eine Erklärung gewissermaßen im Sinne eines *contrarius actus* wieder rückgängig machen kann. Für dieses Problem hat vor allem die Situation in Uganda Pate gestanden.[100] Präsident Museveni hat bald nach der Überweisung der Situation nach Den Haag verlauten lassen, dass er bei Abschluss eines Friedensabkommens mit der Lord's Resistance Army bereit wäre, an Stelle der internationalen Strafjustiz innerstaatliche Verfahren, namentlich unter Einschluss traditioneller Konfliktregelungsmechanismen, zum Zug kommen zu lassen. Der Ankläger reagierte klar ablehnend auf diesen Vorstoß.[101]

---

eines Höchstgerichts – nicht ohne weiteres um eine Stellungnahme handelt, die das Völkerrechtssubjekt Zentralafrikanische Republik international binden würde.

99 Vgl weiterführend *Maged* (Fn 79), 422ff; *El Zeidy* (Fn 79), 64ff.

100 Vgl hiezu und zum Folgenden *El Zeidy* (Fn 79), 55f; *Morel* (Fn 23), 147f; *Burke-White/Kaplan* (Fn 84), 258 sowie insb *W.W. Burke-White/S. Kaplan*, Shaping the Contours of Domestic Justice: The International Criminal Court and an Admissibility Challenge in the Uganda Situation, in: *C. Stahn/G. Sluiter* (Hrsg), The Emerging Practice of the International Criminal Court, Leiden/Boston 2009, 79 (80ff und 101ff).

101 Siehe dazu etwa die Grußadresse von Luis Moreno Ocampo an die Konferenz „Building a Future on Peace and Justice", Nürnberg, 25. Juni 2007: „[F]or each situation in which the ICC is exercising jurisdiction, we can hear voices challenging judicial decisions, their timing, their timeliness, asking the Prosecution to use its discretionary powers to adjust to the situations on the ground [...] These proposals are not consistent with the Rome Statute. They undermine the law the states committed to." (zitiert nach *Burke-White/Kaplan* (Fn 93), 82f).

Ohne näher in dieses Thema eintreten zu wollen, scheint im gegebenen Zusammenhang vor allem eine Unterscheidung wichtig, die jedoch gerne übersehen wird. Sie knüpft an die eingangs erwähnte Doppelnatur der *self referrals* an, die diese einerseits in Artikel 13 und andererseits in Artikel 17 verankert.[102] (i) Auf der Ebene des Auslösermechanismus kann nach meinem Dafürhalten kein Zweifel bestehen, dass die von einem Vertragsstaat einmal durchgeführte Überweisung einer Situation an den Ankläger den Gerichtshof zur „Ausübung der Gerichtsbarkeit" (Art 13) ermächtigt. Daran kann eine spätere, wie auch immer gestaltete, Erklärung des Vertragsstaats nichts mehr ändern.[103] Insoweit tritt also gewissermaßen *perpetuatio fori* ein. Ganz abgesehen davon wäre es für den Ankläger ein Leichtes, sich selbst gemäß Art 13 iVm Art 15 als Auslösermechanismus zu substituieren, und die Vorverfahrenskammer würde in einer solchen Konstellation wohl kaum mit ihrer bei *proprio motu*-Handeln des Anklägers nach Art 15 Abs 4 notwendigen Genehmigung zur Durchführung der Ermittlungen zurückstehen. (ii) Davon ist die Frage der Zulässigkeit der Verfahrensführung nach Art 17 zu unterscheiden. Hier ist bedeutsam, dass die Vorverfahrenskammer im *Kony*-Fall festgestellt hat, dass die Zulässigkeitsprüfung eine kontinuierliche ist.[104] Leitet ein Staat eine strafgerichtliche Untersuchung ein

102 Vgl *supra* I.1 *in fine*.

103 Siehe dazu den analogen, da ebenfalls die Gerichtsbarkeit betreffenden Fall von Unterwerfungserklärungen unter die Zuständigkeit des Internationalen Gerichtshofes. Seit der *Nottebohm*-Entscheidung von 1953 judiziert der Gerichtshof in stRsp, dass seine Zuständigkeit, wenn einmal in einem Fall gültig begründet wurde, auch durch Auslaufen oder Zurückziehung der Unterwerfungserklärung nicht beeinträchtigt wird; vgl IGH, *Nottebohm (Liechtenstein* v. *Guatemala),* Preliminary Objection, Judgment, I.C.J. Reports 1953, 111, 121ff; *Right of Passage over Indian Territory (Portugal* v. *India),* Preliminary Objections, Judgment, I.C.J. Reports 1957, 125, 142; *Military and Paramilitary Activities in and against Nicaragua (Nicaragua* v. *United States of America),* Jurisdiction and Admissibility, Judgment, I.C.J. Reports 1984, 392, 416, para 54; *Military and Paramilitary Activities in and against Nicaragua (Nicaragua* v. *United States of America),* Merits, Judgment, I.C.J. Reports 1986, 14, 28, para 36. Siehe ganz ähnlich auch der Inter-Amerikanische Gerichtshof für Menschenrechte, etwa in *Ivcher Bronstein Case*, Competence, Judgment of 24 September 1999, Inter-Am Ct HR Series C, No 54 (1999), para 24; *Constitutional Court Case*, Competence, Judgment of 24 September 1999, Inter-Am Ct HR Series C, No 55 (1999), para 24. Vgl zu alledem insb *El Zeidy* (Fn 79), 75ff.

104 Vgl dazu namentlich die *Kony Admissibility*-Entscheidung (Fn 44), para 28 (Hervorhebung vom Verfasser): „Considered as a whole, the corpus of these provisions delineates a system whereby the determination of admissibility is meant to be an *ongoing process* throughout the pre-trial phase, the outcome of which is subject to review depending on the evolution of the relevant factual scenario. Otherwise stated, the Statute as a whole enshrines the idea that a change in circumstances allows (or even, in some scenarios, compels) the Court *to determine admissibility anew*."

oder setzt er anderweitig (glaubwürdige) Verfahrenshandlungen auf nationaler Ebene, beendet er also seine bisherige Untätigkeit, und betreffen diese Akte der Strafverfolgung dieselbe Person und dasselbe strafwürdige Verhalten[105], dann wird eine neue Komplementaritätsprüfung erforderlich. Zum einen geht es hier aber nicht um irgendwelche Erklärungen von Seiten des betreffenden Vertragsstaates, sondern um sein tatsächliches Handeln.[106] Zum anderen besteht diese Möglichkeit nicht zeitlich unbeschränkt, sondern hat sich in den durch Art 19 gesetzten Schranken zu bewegen.[107] Danach verfestigt sich auch die Zulässigkeit der Angelegenheit endgültig. Darüber hinaus noch eine Rückforderung „seiner" Sache durch einen Vertragsstaat zuzulassen, bedeutete eine Überspannung des Komplementaritätsgrundsatzes.

Sowohl das Beispiel des „waiver of complementarity" als auch des „withdrawal of referral" sollten gezeigt haben, dass man hier mit den Mitteln, die uns das Römische Statut sowie das allgemeine Völkerrecht an die Hand geben, recht weit kommen kann. Insofern ist Stimmen, die Änderungen des Statuts fordern, um den mit *self-referrals* einhergehenden Herausforderungen gerecht zu werden[108], mE mit Zurückhaltung zu begegnen. Flexibilität und Anpassungsfähigkeit des bei der Römer Konferenz gefundenen Kompromisses sollten nicht unterschätzt werden. Dieser scheint eine geeignete Basis für die Ausformung der weiteren Praxis in diesem Bereich zu bieten. Komplementarität als eines der Basisprinzipien des Statuts wird in Zukunft noch in vielerlei Bereichen schlagend werden, die jetzt nicht oder kaum absehbar sind. Überzogener Regelungseifer würde hier mehr schaden denn nützen.

II. Wachsende Bedeutung des Gravitätskriteriums

Ähnlich wie bei den *self-referrals* stand das letzte der Art 17-Kriterien, die Gravität, zunächst im Schatten der überragenden Debatte über die Unwilligkeits- und Unfähigkeitskriterien.[109] Schon mit ihrer Aufnahme ins Statut hat es eine eigentümliche Bewandtnis. Sie fand Eingang in den Draft der International Law Commission zu einem Zeitpunkt, in dem noch nicht klar war, welche Delikte in

105 Vgl *Lubanga and Ntaganda Arrest Warrant*-Entscheidung (Fn 38), para 38; vgl dazu bereits *supra* Fn 85.

106 Siehe dazu etwa *Burke-White/Kaplan* (Fn 84), 276f.

107 Vgl *supra* Fn 82.

108 Vgl die Hinweise *supra* Fn 73 sowie *Maged* (Fn 79), 443ff: „[T]here is a need for the incorporation of relevant provisions into the ICC legal regime to cover this point [sc the lack of rules on withdrawal of referral]."

109 Vgl auch *Williams/Schabas* (Fn 2), Rn 21.

die Kompetenz *ratione materiae* des Gerichtshofes fallen würden. Insbesondere in Hinblick auf so genannte *treaty crimes* sollte mit dem Schwerestandard ein gewisser Selektionsmechanismus geschaffen werden.[110] Die spätere Einschränkung der sachlichen Zuständigkeit auf *core crimes* hat diesen Zweck weitgehend überflüssig gemacht. Dies hat einzelne Delegationen dazu angehalten, mit dem Argument, dass *core crimes* ihrer Natur nach ausreichend schwerwiegend für das Aktivwerden des Gerichtshofes sind, letztlich erfolglos die Abschaffung des Gravitätserfordernisses zu verlangen.[111] Im Übrigen wurde die Gravität in den Verhandlungen mit wenig Aufmerksamkeit bedacht und in der Folge sowohl in der Praxis der Anklagebehörde[112] als auch in der einschlägigen Literatur[113] eher stiefmütterlich behandelt.

Nichtsdestotrotz ist sie ausdrücklicher Bestandteil der in Art 17 genannten Zulässigkeitsvoraussetzungen und von der Rsp *expressis verbis* als zweiter Zweig der auf dieser Grundlage anzustellenden Zulässigkeitsprüfung anerkannt worden.[114] Mit dem Uganda-Fall begann die Gravität langsam ins Rampenlicht zu rücken.[115] In der Folge hat die Anklagebehörde das Gravitätskriterium sogar

---

110 Vgl *ibid*, Rn 28.

111 Vgl dazu und zur Geschichte der Verhandlungen im Allgemeinen *McAuliffe deGuzman*, Gravity and Legitimacy of the International Criminal Court, Yale Law School Student Scholarship Series, Paper 69, 2008, 16; *Stigen* (Fn 22), 186.

112 Nach einer Analyse der entsprechenden *policy papers* der Anklagebehörde kommt *Schabas* (Fn 15), 230f zum Schluss: „Taken together, these documents issued by the Office of the Prosecutor in the first year of its activity indicate that gravity was not viewed as an issue of significance in the selection of cases and an assessment of their admissibility.“; siehe hiezu auch *Stegmiller* (Fn 57), 558.

113 Vgl dazu – mit harscher Kritik, vor allem an der Kommentarliteratur – *Schabas* (Fn 15), 231.

114 Die *Lubanga and Ntaganda Arrest Warrant*-Entscheidung (Fn 38), para 29 hat klar fest gehalten: „The second part of the test refers to the gravity threshold which any case must meet to be admissible before the Court.“

115 Die erste praktische Verwendung des Gravitätskriteriums durch die Anklagebehörde erfolgte in Zusammenhang mit der Situation in Norduganda, und zwar um die Verbrechen der Lord's Resistance Army, in Bezug auf die es in der Folge zur Ausstellung von Haftbefehlen gegen Joseph Koney und andere LRA-Führer kam, von jenen der Regierungstruppen (UPDF) abzuheben: „In Uganda, the criterion for selection of the first case was gravity. We analysed the gravity of all crimes in Northern Uganda committed by all groups – the Lord's Resistance Army, the UPDF and other forces. Our investigations indicated that the crimes committed by the Lord's Resistance Army were of dramatically higher gravity. We therefore started with an investigation of the Lord's Resistance Army.“ Vgl Statement by Luis Moreno Ocampo, Prosecutor of the International Criminal Court, Informal meeting of Legal Advisors of Ministries of Foreign Affairs, 24 October 2005, 7.

vorrangig geprüft[116] und hat, sofern dieser Test negativ ausfiel (wie etwa in der Prüfung bezüglich Irak), von einer darüber hinaus gehenden Untersuchung Abstand genommen und unmittelbar die Unzulässigkeit des Verfahrens anerkannt.[117] Insofern ist die Gravität aus dem Schatten ihrer großer Schwester Komplementarität ieS getreten und ist mittlerweile ob ihrer leichteren Anwendbarkeit, sprich: Operationalisierbarkeit und Quantifizierbarkeit, in gewissem Sinne sogar zum Liebkind der Anklagebehörde avanciert: „The gravity of the crimes is central to the process of case selection. The Office looks at factors such as the scale and nature of the crimes (in particular, high number of killings), the systematic character and impact of the crimes, as well as other aggravating factors.“[118]

1. Elemente der Gravitätsprüfung

Allerdings definiert Art 17 Abs 1 lit d nicht, was inhaltlich unter dem Schwerekriterium zu verstehen ist. Die Praxis hat erste Konturen herauszuarbeiten versucht. Die einschlägigen Bemühungen haben indes bislang zu keiner klaren Linie geführt. Auf die Position des Anklägers, der diesbezüglich auf Umfang, Natur, systematischen Charakter und Wirkung der Verbrechen abstellen will, wurde gerade eben hingewiesen.[119] Aus Anlass der Frage, ob der Fall gegen *Thomas Lubanga Dyilo* und *Bosco Ntaganda* die Zulässigkeitsvoraussetzungen des Römischen Statuts erfüllt, hat sich Vorverfahrenskammer I als erste judizielle Instanz mit dem Gravitätskriterium ausführlicher auseinander gesetzt.[120] Unter Anwendung des Interpretationsregimes von Art 31 der Wiener Vertragsrechts-

---

116 Vgl *Williams/Schabas* (Fn 2), Rn 21; *Stegmiller* (Fn 57), 548.

117 Vgl Letter of the Prosecutor dated 9 February 2006 (Iraq), 8f; zitiert nach *Williams/Schabas* (Fn 2), Rn 28.

118 Statement of the Prosecutor of the International Criminal Court, Mr. Luis Moreno Ocampo to the UN Security Council pursuant to UNSCR 1593 (2005), 14. Juni 2006, 2; vgl dazu auch *War Criminals Research Office*, The Gravity Threshold of the International Criminal Court, International Criminal Court Legal Analysis and Education Project (USA, American University Washington College of Law), March 2008, 19.

119 Vgl Fn 111; siehe in diesem Zusammenhang auch The Office of the Prosecutor, Report on Prosecutorial Strategy, 14 September 2006, 5: „Although any crime falling within the jurisdiction of the Court is a serious matter, the Statute clearly foresees and requires an additional consideration of 'gravity' whereby the Office must determine that a case is of sufficient gravity to justify further action by the Court. In the view of the Office, factors relevant in assessing gravity include: the scale of the crimes; the nature of the crimes; the manner of commission of the crimes; and the impact of the crime“ sowie ganz ähnlich The Office of the Prosecutor, Policy Paper on Interests of Justice, September 2007, 5.

120 Vgl *Lubanga and Ntaganda Arrest Warrant*-Entscheidung (Fn 38), paras 42ff.

konvention anerkannte die Kammer einen Fall als schwerwiegend, wenn folgende Bedingungen kumulativ erfüllt sind:

1. The conduct must be either *systematic* (patterns of incidents) or *large scale*.[121]
2. Due consideration must be given to the social alarm such conduct may have caused in the international community.[122]
3. Eine teleologische Auslegung des Statuts ergibt, dass „only [...] the most senior leaders suspected of being the most responsible for the crimes within the jurisdiction of the Court“[123] vor dem IStGH verfolgt werden sollen. Dieses Kriterium besteht nach Auffassung der Vorverfahrenskammer aus drei Unterelementen, nämlich:
   i. The position of the person („most senior leaders“);
   ii. The roles such persons play, through acts or omissions, when the State entities, organisations or armed groups to which they belong commit systematic or large-scale crimes within the jurisdiction of the Court („being the most responsible for the crimes“, *institutional* aspect); and
   iii. The role played by such State entities, organisations or armed groups in the overall commission of crimes within the jurisdiction of the Court in the relevant situation („being the most responsible for the crimes“, *personal* aspect).[124]

Damit, vor allem mit der Einschränkung auf „the most serious leaders suspected of being the most responsible for the crimes“, wurde eine sehr hohe Latte für die Gravitätsprüfung gelegt. Dies rief massive Kritik an der Entscheidung hervor[125] und führte insbesondere deren Bekämpfung durch den Ankläger im Rechtsmittelweg herbei. Die Vorverfahrenskammer hatte nämlich das Verfahren gegen *Ntaganda* für unzulässig erklärt, da er nicht zu den „most senior leaders“ der DRC gehörte, sondern in seiner eigenen Miliz, dem *UPC/FPLC Movement*, nur

121 Vgl *ibid*, para 46.

122 Vgl *ibid*, para 46.

123 *Ibid*, para 51.

124 Vgl *ibid*, paras 52ff und 64.

125 Exemplarisch *Schabas* (Fn 15), 241, der sich namentlich an der Einführung und Handhabung des „social alarm“-Kriteriums stößt: „[Pre-Trial Chamber I] said the ‚social alarm' component of the gravity test was particularly relevant, ‘due to the social alarm in the international community caused by the extent of the practice of enlisting into armed groups [...] children under the age of fifteen’ [*Lubanga and Ntaganda Arrest Warrant*-Entscheidung (Fn 38), paras 66f] [...] The Pre-Trial Chamber did not examine the ‘social alarm’ in the international community created by the invasion of Iraq [...] In reality, the Pre-Trial Chamber assessed gravity in a vacuum. Unlike the Prosecutor, it wasn't even comparing apples and oranges. It was comparing apples with nothing.“

auf der dritten Kommandoebene rangierte.[126] Weitgehend den Ausführungen des Anklägers folgend, hob die Berufungskammer die erstinstanzliche Entscheidung auf und erklärte das Verfahren gegen *Ntaganda* für zulässig.[127] In der Begründung der Entscheidung werden alle drei von der Vorverfahrenskammer aufgestellten Bedingungen als nicht mit den Bestimmungen des Römischen Statuts vereinbar verworfen, namentlich das letztere.[128] Aber davon gleich mehr.

Bedauerlicherweise setzte die Berufungskammer keine eigene Lösung an die Stelle jener der Vorverfahrenskammer. Lediglich Richter *Pikis* unternahm in seinem Sondervotum zumindest den Versuch, den Begriff der Gravität etwas mehr einzugrenzen. Demnach müsse es um Fälle gehen, die der Behandlung durch den Gerichtshof „unworthy" seien.[129] Das gelte insbesondere für „cases insignificant in themselves; where the criminality on the part of the culprit is wholly marginal; borderline cases" und dann wenn „the acts constituting the crime are wholly peripheral to the objects of the law in criminalising the conduct".[130]

Damit bleibt bezüglich der Frage der Elemente der Gravitätsprüfung vieles im Unklaren. Die 2009 publizierten *OTP Regulations* führen in ihrer Regulation 29(2) „various factors including their scale, nature, manner of commission, and impact"[131] als relevant für die Gravitätsprüfung auf. Damit scheinen sich die Auffassungsunterschiede zwischen den Richtern nur unwesentlich auf den Ankläger ausgewirkt zu haben, denn seine Position ist die selbe wie schon vor Jahren.[132] Mit der ausdrücklichen Aufnahme von „impact" in den Katalog bezieht sich der Ankläger just auf ein Kriterium, das – zumindest in seiner „social alarm"-Form – von der Berufungskammer verworfen wurde. Allerdings spezifizieren die Regulations nicht, ob und inwieweit die angeführten Kriterien schon auf Ebene der Gravitätsprüfung nach Art 17 Abs 1 lit d schlagend werden oder

126 *Lubanga and Ntaganda Arrest Warrant*-Entscheidung (Fn 38), paras 85ff.

127 ICC, Situation in the Democratic Republic of Congo, Judgment on the Prosecutor's appeal against the decision of Pre-Trial Chamber I entitled 'Decision on the Prosecutor's application for warrants of Arrest, Article 58', 13 July 2006, ICC-01/04, reclassified as public on 23 September 2008 pursuant to Decision on the unsealing of judgment of the Appeals Chamber issued on 13 July 2006, 22 September 2008, ICC-01/04-538-PUB-Exp. Hieraus erhellt, dass die Berufungsentscheidung mehr als zwei Jahre unter Verschluss gehalten wurde, damit der Haftbefehl gegen Ntaganda geheim gehalten werden konnte.

128 *Lubanga and Ntaganda Appeals Judgment* (Fn 120), paras 69-72.

129 *Lubanga and Ntaganda Appeals Judgment* (Fn 120), Separate and partly dissenting opinion of Judge Georghios M. Pikis, para 39.

130 *Ibid*, para 40.

131 Regulations of the Office of the Prosecutor, ICC-BD/05-01-09, 23 April 2009.

132 Vgl *supra* Fn 111 und 112.

ob darin auch Aspekte der „interests of justice“-Prüfung des Art 53 enthalten sind.[133]

Klar scheint zum gegenwärtigen Zeitpunkt bloß, dass die Gravitätsprüfung sowohl bei der Schwere des Verbrechens selbst als auch bei individuellen Befindlichkeiten des Täters ansetzt. Zugleich mehren sich die Stimmen, dass hierbei nicht nur *quantitative*, sondern auch *qualitative* Maßstäbe zur Anwendung kommen müssen.[134] Solange die Umrisse der Gravitätsprüfung durch die Rechtsprechung nicht deutlicher gezogen sind, hat die Wertung in einer Gesamtbetrachtung aller Faktoren zu erfolgen, ohne sich vorschnell auf irgendwelche Formeln oder fixe Sets von Kriterien festzulegen.

2. Fokus auf hauptverantwortliche Täter

Unter den diskutierten Elementen hat, wie erwähnt, eines die Wogen besonders hochgehen lassen. Wiewohl das Römische Statut nicht wie seine Nürnberger und Tokioter Ahnherren[135], das Statut des Sierra Leone-Tribunals[136], die Grundlagentexte der Extraordinary Chambers in Kambodscha[137] und (zumindest indirekt) der ad-hoc-Tribunale[138] eine jurisdiktionelle Beschränkung auf „most

133 Vgl hiezu näher *infra* II.3.

134 Vgl *Schabas* (Fn 15), 245f; *Schabas* (Fn 17), 190: „That a purely quantitative test should be used to assess 'gravity' for the purpose of determining prosecutorial priorities seems questionable. Many other factors other than the sheer number of victims should be relevant in the assessment.“

135 Vgl Art 1 der IMT Charter („trial and punishment of the major war criminals of the European Axis“) und der IMTFE Charter („trial and punishment of the major war criminals in the Far East“).

136 Vgl Art 1 des Statute of the Special Court for Sierra Leone of 16 January 2002: „The Special Court shall […] have the power to prosecute persons who bear the greatest responsibility for serious violations of international humanitarian law and Sierra Leoneon law […].“

137 Vgl Art 1 des Agreement between the United Nations and the Royal Government of Cambodia of 6 June 2003, wonach Gegenstand des Abkommens die Zusammenarbeit der beiden Seiten „in bringing to trial senior leaders of Democratic Kampuchea and those who were most responsible for the crimes and serious violations of Cambodian penal law, international humanitarian law and custom, and international conventions recognized by Cambodia“ ist.

138 Vgl Sicherheitsratsresolution 1534 vom 26. März 2004, die die so genannte „Completion strategy“ beinhaltet. Demnach werden die beiden ad hoc-Tribunale ausdrücklich aufgerufen „in reviewing and confirming any new indictments, to ensure that any such indictment concentrate on the most senior leaders suspected of being most responsible“ (nr 5). In Umsetzung dessen wurde Rule 28(A) der ICTY Rules of Procedure and Evidence geschaffen, wonach „the Bureau […] shall determine whether the indictment, prima

senior leaders" enthält, ist immer wieder die Forderung laut geworden, die beschränkten dem IStGH zur Verfügung stehenden Ressourcen vorrangig zur Durchführung examplarischer Verfahren gegen sorgfältig ausgewählte führende Persönlichkeiten mit besonderer Verantwortlichkeit für die begangenen Verbrechen zu nützen.[139]

Den Versuch von Vorverfahrenskammer I, dies als Zulässigkeitsvoraussetzung gleichsam durch die Hintertür ins Römische Statut einzuführen[140], hat die Berufungskammer jedoch, wie wir gesehen haben, ausdrücklich unterbunden.[141] Die erstinstanzliche Entscheidung hatte sich vor allem darauf gestützt, dass die Konzentration auf „the most senior leaders suspected of being the most responsible" zu einer Maximierung des Abschreckungseffekts des IStGH führen würde.[142] Der Ankläger hatte dagegen gehalten, dass dies den genau gegenteiligen Effekt herbeiführen könnte, da die meisten Täter dann nämlich gar nichts mehr vom IStGH zu befürchten hätten.[143] Die Berufungskammer ist diesem letzteren Argument beigetreten. Entgegen der Auffassung der Vorverfahrenskammer erscheine es logischer anzunehmen, dass der Abschreckungeffekt am größten sei, wenn keine Verbrechergruppe von vornherein vom Zugriff des Gerichtshofes ausgeschlossen werde.[144] Die kategorische Beschränkung auf die jeweiligen Verantwortungsspitzen sei von daher eine zu enge, sodass die Entscheidung der Vorfahrenskammer zu korrigieren war.

Dem steht jedoch nicht entgegen, dass solche Überlegungen im Rahmen des anklägerischen Ermessens zum Tragen kommen und der IStGH sich im Sinne einer Aufgabenverteilung zwischen universaler und nationaler Ebene vorrangig herausgehobener Angeklagtenpersönlichkeiten annimmt. Und in der Tat verfolgt der Ankläger eine Politik, vorrangig „leaders who bear most responsibility for

---

facie, concentrates on one or more of the most senior leaders suspected of being most responsible for crimes within the jurisdiction of the Tribunal".

139 Zur allfälligen Arbeitsteilung zwischen IStGH und Spezialgerichten in Bezug auf den Grad der Verantwortlichkeit der Täter vgl den Beitrag von *Jelka Mayr-Singer* in diesem Band, 64.

140 *Lubanga and Ntaganda Arrest Warrant*-Entscheidung (Fn 38), para 51: „the most senior leaders suspected of being the most responsible for the crimes within the jurisdiction of the Court"; vgl *supra* Fn 116 mit dem sie begleitenden Text.

141 *Lubanga and Ntaganda Appeals Judgment* (Fn 120), paras 73-82.

142 *Lubanga and Ntaganda Arrest Warrant*-Entscheidung (Fn 38), paras 49, 54f und 61.

143 *Lubanga and Ntaganda Appeals Judgment* (Fn 120), para 66.

144 *Ibid*, para 73: „It seems more logical to assume that the deterrent effect of the Court is highest if no category of perpetrators is *per se* excluded from potentially being brought before the Court." (Hervorhebung im Original); zur Fülle weiterer Argumente vgl *ibid*, paras 74ff.

the crimes"[145] ins Visier zu nehmen. Dies ist Ausdruck einer erstrebten Arbeitsteilung, die die Führungspersönlichkeiten der Aburteilung durch den IStGH vorbehält, während die niedereren Chargen national abgeurteilt werden.[146] „[T]he ICC and a territorial State incapacitated by mass crimes may agree that a consensual division of labour is the most logical and effective approach. Alternatively, groups bitterly divided by conflict may oppose prosecutions at each other's hands (fearing biased proceedings) and yet agree to leadership prosecution by a Court seen as neutral and impartial."[147] Dies hat den durchaus berechtigten Kommentar provoziert: „[L]eaders would be the focus of prosecutorial attention not because of some heightened level of gravity associated with their role, but rather because it would be politically expedient."[148]

3 Gravität als Zulässigkeitsvoraussetzung und als Kriterium der Ermessensausübung

Gerade das „most senior leaders"-Kriterium und seine Handhabung durch die verschiedenen Akteure lehrt uns, dass es zwischen Gravität als Zulässigkeitsvoraussetzung und als Kriterium der Ermessensausübung zu unterscheiden gilt.[149] „Gravity" kommt im Römischen Statut nämlich nicht nur in Art 17 Abs 1 lit d und, damit in unmittelbarem Zusammenhang, in Art 53 Abs 1 lit b und 2 lit b zum Tragen, sondern findet neben anderen Faktoren[150] auch ausdrücklich in Art 53 Abs 1 lit c und 2 lit c im Rahmen der „Interesse der Gerechtigkeit" (*interests of justice*)-Prüfung Erwähnung.[151] Die Zweckmäßigkeit dieser Wiederho-

---

145 Vgl Office of the Prosecutor, Policy Paper (Fn 41), Kap I, 3. Vgl auch Prosecutorial Strategy Report (Fn 112), 5.

146 Vgl *ibid*, Kap I, 3: „The Office will function with a two-tiered approach to combat impunity. On the one hand it will initiate prosecutions of the leaders who bear most responsibility for the crimes. On the other hand it will encourage national prosecutions, where possible, for the lower-ranking perpetrators, or work with the international community to ensure that the offenders are brought to justice by some other means."

147 Office of the Prosecutor, Informal Expert Paper (Fn 40), 19, nr 61.

148 *Schabas* (Fn 15), 243.

149 Vgl *McAuliffe deGuzman* (Fn 104), 36f; *War Criminals Research Office* (Fn 111), 44f; *Stegmiller* (Fn 57), 552 und 556.

150 Art 53 Abs 1 lit c nennt lediglich die „Schwere des Verbrechens" und die „Interessen der Opfer". Art 53 Abs 2 lit c dagegen fordert die „Berücksichtigung aller Umstände, einschließlich der Schwere des Verbrechens, der Interessen der Opfer, des Alters oder der Gebrechlichkeit des angeblichen Täters sowie seiner Rolle bei dem angeblichen Verbrechen".

151 Beides Mal ist von der „Schwere des Verbrechens" (*gravity of the crime*) die Rede. Ohne hier näher auf die Unterscheidungen eingehen zu wollen, die allenfalls in Hinblick auf

lung ist angezweifelt worden.[152] Es empfiehlt sich allerdings, dies angesichts des klaren systematischen Aufbaus der Bestimmung nicht leichtfertig als Redundanz oder gar als Redaktionsversehen abzutun, sondern auf dieser Grundlage zwischen einer an Rechtsprinzipien ausgerichteten Gravitätsprüfung als Zulässigkeitsvoraussetzung und einer flexibleren, der Übung anklägerischen Ermessens offen stehenden Gravitätsprüfung zu differenzieren.[153] Diesbezüglich wird auch von *legal* im Gegensatz zu *relative* oder *discretionary gravity* gesprochen.[154]

Diese Unterscheidung ergibt sich im Übrigen nicht nur aus der Abhebung der Voraussetzungen der lit b und c, sondern insbesondere auch dadurch, dass Art 53 Abs 3 für die beiden Prüfebenen unterschiedliche Kontrollmechanismen kreiert. Gemäß lit a kann die Entscheidung des Anklägers, mit einer Untersuchung nicht fortzufahren, auf Antrag des verweisenden Staates (im Fall von Art 14) oder des Sicherheitsrates (im Fall von Art 13 lit b) – also nicht bei *proprio motu*-Vorgehen des Anklägers – von der Vorverfahrenskammer lediglich nachgeprüft und mit dem Ersuchen an den Ankläger verbunden werden, diese Entscheidung zu überprüfen. Beruht die Entscheidung des Anklägers hingegen lediglich auf Erwägungen der lit c, also Ermessensüberlegungen, kann die Vorverfahrenskammer gemäß Abs 3 lit b die Nachprüfung auch aus eigener Initiative durchführen. Darüber hinaus wird die Entscheidung des Anklägers diesfalls nur wirksam, wenn sie von der Vorverfahrenskammer bestätigt wird. Es wird nicht überraschen, dass dieses System es dem Ankläger im Sinne der Aufrechterhaltung eines möglichst großen Entscheidungsspielraumes zu einem Anliegen werden lässt, möglichst viel in der Gravitätsprüfung nach lit b unterzubringen und Entscheidungen nur wenn unvermeidlich als Ermessensentscheidungen nach lit c zu deklarieren.[155] Die mangelnde Unterscheidung zwischen Entschei-

---

die von Art 17 kontemplierte Schwere der „Sache" (*gravity of the case*) angemessen sind, geht Art 53 offensichtlich von verschiedenen Prüfebenen aus, auf denen relativ unabhängig voneinander Gravitätsüberlegungen relevant sind; vgl in diesem Zusammenhang auch *Stegmiller* (Fn 57), 563.

152 Vgl etwa *Razesberger* (Fn 32), 39; *G. Turone*, Powers and Duties of the Prosecutor, in: *A. Cassese/P. Gaeta/J. Jones* (Hrsg), The Rome Statute of the International Criminal Court: A Commentary, Oxford/New York 2002, Vol II, 1153f; *M. Bergsmo/P. Kruger*, in: *O. Triffterer* (Hrsg), Commentary on the Rome Statute of the International Criminal Court. Observers' Notes, Article by Article, 2. Aufl, München 2008, Art 53, Rn 19.

153 Vgl dazu *Stegmiller* (Fn 57), 562; vgl in der Sache ähnlich, allerdings nicht ausdrücklich auf Art 53 Bezug nehmend *McAuliffe deGuzman* (Fn 104), 6.

154 Vgl *Stegmiller* (Fn 57), 562.

155 Das Policy Paper on the Interests of Justice des Anklägers (Fn 109), 3 und 5 spricht ausdrücklich von der „exceptionality" der Anwendung der fraglichen Bestimmungen des Statuts. Im Lichte einer positiven Zulässigkeitsentscheidung hinsichtlich der Gravitätsschwelle bestehe eine „strong presumption in favour of initiating an investigation".

dungen aufgrund verbindlicher Zulässigkeitskriterien und Ermessensentscheidungen in der Praxis der Anklagebehörde ist von mehrerlei Seite kritisiert worden.[156] Zu Recht ist hier ein Mangel an Transparenz diagnostiziert worden.[157]

Bei rechter Betrachtung muss die Gravitätsprüfung nach lit b als sehr grober Filter verstanden werden, insofern er – dann nämlich zwangsweise – gewisse offensichtlich nicht ausreichend schwerwiegende Delikte von einer Behandlung durch den IStGH ausschließt. Da der Gerichtshof nur für *core crimes* zuständig ist und *alle* in seine Kompetenz fallenden Delikte gemäß Art 1 „schwerste Verbrechen von internationalem Belang" sind, ist bei Handhabung des Gravitätskriteriums als Unzulässigkeitsgrund Zurückhaltung geboten. Allerdings kann in Hinblick auf isolierte Kriegsverbrechen mit beschränkter Reichweite, in außerordentlichen Konstellationen allenfalls auch für Verbrechen gegen die Menschlichkeit eine solche Filterfunktion angezeigt sein. Die Gravitätsprüfung nach lit c kann demgegenüber viel flexibler gestaltet sein, um dem Ankläger zu ermöglichen, die vom Gerichtshof zu behandelnden Situationen und Fälle den Kapazitäten, Bedürfnissen und Strategien des Gerichtshofes anzupassen. Gute Gründe sprechen dafür, Kriterien wie „social alarm" oder allgemeiner „impact of crimes" auf dieser zweiteren Ebene anzusiedeln.[158]

Schlussfolgerungen

Der Internationale Strafgerichtshof hat nunmehr die erste Dekade seiner Existenz zurückgelegt. Die gegenwärtige doppelte Zäsur – die Review Conference des Jahres 2010 in Kampala sowie die für das Folgejahr anstehende Wahl eines neuen Anklägers – gibt Anlass zum Rück- und Ausblick.

Wiewohl das Komplementaritäts- oder Zulässigkeitsregime als solches nicht auf der Tagesordnung der Revisionskonferenz stand, hat das so genannte *stocktaking* auch beinhaltet, wie sich der für das Römische Statut so grundlegende Komplementaritätsgrundsatz in der Praxis ausgewirkt hat. Darüber hinaus haben sich die Vertreter der Vertragsstaaten auf eine gemeinsame Erklärung zum Komplementaritätsprinzip geeinigt.[159] Diese ist hauptsächlich auf die Stärkung der Kapazität und Bereitschaft zur Strafverfolgung auf nationaler Ebene und damit der *positiven* Komplementarität ausgerichtet.[160] Dies würde der Praxis der

156 Vgl War Criminals Research Office (Fn 111), 7 und 52; McAuliffe deGuzman (Fn 104), 30.
157 *Stegmiller* (Fn 57), 559.
158 Vgl dazu *ibid*, 560.
159 Resolution on Complementarity, RC/Res.1, adopted at the 9th plenary meeting, on 8 June 2010, by consensus.
160 Vgl hiezu bereits Text zu *supra* Fn 57.

self-referrals tendenziell entgegenlaufen; soweit ersichtlich, war diese aber als solche nicht Thema der Review Conference.

Es besteht weitgehend Einigkeit, dass *self-referrals* für die Legitimität des Gerichtshofes in seinen Anfangsjahren eine beachtliche Rolle gespielt haben, zumal es in den Verhandlungen, die zum Römischen Statut geführt haben, von Seiten verschiedener Staaten immer wieder Vorbehalte bezüglich zu großer Unabhängigkeit des Gerichtshofes gab. Die Förderung des „souveränitätsfreundlichsten“ Auslösermechanismus, nämlich des *State referral*, hat geholfen Vertrauen aufzubauen. Insofern kommt es gewiss nicht von ungefähr, dass der seiner *proprio motu*-Befugnisse wohl bewusste Ankläger diese vorrangig eingesetzt hat, um *self-referrals* herbeizuführen, und nicht so sehr um selbst ein Verfahren einzuleiten.

Nichtsdestotrotz erscheint die Dominanz der *self-referrals* als Auslösermechanismus als Anomalie. Sie eine Kinderkrankheit des IStGH zu nennen ginge wohl zu weit. Es ist indes zu erwarten – und zu erhoffen –, dass dem Gerichtshof in seiner zweiten Dekade eine ausgeglichenere Diät an *trigger mechanisms* zuteil wird. Ansonsten drohen nämlich in Hinblick auf asymmetrische und anderweitig missbräuchliche *self-referrals* ernste Probleme für die Glaubwürdigkeit und Ausgewogenheit des IStGH.

In Hinblick auf den zu erwartenden Bedeutungsrückgang von *self-referrals* ist mE auch allen Anstrengungen, diese oder verwandte Konzepte wie *waivers of complementarity* oder *withdrawals of referral* ausdrücklich regeln zu wollen oder doktrinell zu verselbstständigen, mit Zurückhaltung zu begegnen. Diese sind, für die Schöpfer des Römischen Statuts weitgehend unerwartet, aus den Umständen und Bedürfnissen der Praxis heraus entstanden. Man sollte nicht überrascht sein, wenn uns die nächste Entwicklungsphase des Gerichtshofes mit neuen, wiederum unerwarteten Phänomenen konfrontiert. Übertriebenem Regelungseifer droht das Schicksal, Normen von lediglich ephemerer Bedeutung zu produzieren.

In der angemessenen Reaktion auf solche Dynamiken kommt, neben den Richtern selbst, namentlich dem Ankläger eine beachtliche Aufgabe zu. Es ist mehrfach betont worden, dass das Römische Statut dem Ankläger über das Komplementaritätsregime hinaus in Art 53 ein umfassendes und flexibles *Ermessens*regime – unter nachfolgender richterlicher Kontrolle – an die Hand gibt. Dies ermöglicht, auf der Ebene der Einschätzung von Staatenverweisen ebenso wie bei Fragen der Gravität eine angemessene und einzelfallsensitive Evaluierung, ob in Hinblick auf beschränkte Ressourcen und vielgestaltige Erwartungshaltungen an diese so bemerkenswerte Institution die Abführung eines Verfahrens „im Interesse der Gerechtigkeit“ liegt.

The Special Court for Sierra Leone (SCSL) and the work of the judges

Renate Winter

I. Challenges and Achievements of the SCSL

Introduction

The Contribution of the Court

The Special Court for Sierra Leone was established on 16 January 2002, and in the course of 2002, the Prosecutor, Registrar and the first eight Judges were appointed. A second trial chamber was added in 2005. Indictments against thirteen accused were issued by the Prosecutor in 2003. After the deaths of three accused, ten indictments remain active and all but one accused have been apprehended. The indictments were combined into four principal cases. Three of the four have been finally adjudicated in 2009; while the final case of *Charles Taylor* is projected to be completed in 2011.

In the course of setting up the Special Court, managing its day-to-day operations in an immediately post-conflict setting, and adjudicating its complex cases, the Court has implemented many first-of-a-kind practices that will inform future international justice mechanisms. This paper surveys some of the important institutional arrangements that shape the Court's operations.

Background

In the course of a decade-long conflict that consumed the entire territory of Sierra Leone, three fractions subjected the people of Sierra Leone to some of the most brutal crimes known to humankind. Civilians in Sierra Leone were the primary victims of the atrocities committed. Villages and towns of no military or strategic importance were indiscriminately attacked, looted and burned down; unarmed civilians, especially women and children, were brutally murdered, maimed or otherwise subjected to violent crimes. Defenceless women and girls were specifically targeted; many were abducted from their families and subjected to rape, sexual slavery and other forms of sexual violence. Very often women and girls were compelled to become 'wives' to their captors. Civilians throughout Sierra Leone were subjected to various forms of mutilation including cutting off arms, ears, lips, and gouging of the eyes; private and public property was pillaged, or wantonly destroyed without military necessity or justification; and the recruitment and use of child soldiers became normal war-time practice. As a result of the war, at least 50,000 people were killed, while hundreds of thousands of others were internally displaced from their communities and livelihoods.

In view of the unprecedented gravity of the crimes, both the Government of Sierra Leone and the international community determined that those primarily responsible for these atrocities should be held accountable.

In resolution 1315 of 2000, the Security Council reiterated that the situation in Sierra Leone continued to constitute a threat to international peace and security and recognized that a credible system of justice and accountability for the serious crimes committed in Sierra Leone would end impunity and contribute to the process of national reconciliation and the restoration and maintenance of peace.

On 16 January 2002, the UN concluded an agreement with the government of Sierra Leone establishing the Special Court for Sierra Leone (SCSL). The Agreement provided that the Special Court shall have its seat in Freetown, a significant departure from the post-Nuremberg international criminal tribunals established for Rwanda and the former Yugoslavia, both of which were located away from the countries in which the crimes took place. The Agreement conferred the Special Court with the mandate to prosecute 'persons bearing the greatest responsibility'. The Special Court is unlike any other post-war international tribunal. The Special Court has both international law and domestic law competence; its staff (both national and international) are selected through a domestic and international consultative process; and unlike the ICTY and ICTR, it was created through a bilateral treaty between the UN and the Government of Sierra Leone, rather than under Chapter VII of the UN Charter.

Partly as a consequence of the Special Court's origins from a bilateral agreement between the UN and the Government of Sierra Leone, the Security Council initially proposed in resolution 1315 that the Court would be financed through voluntary contributions from States and organizations. The funding of the Special Court has been a problematic and controversial matter ever since.

The survival of the Court has depended upon funds from a small group of key donor States. To secure these funds, key staff — principally the Registrar, Prosecutor and President — must expend substantial time, travel and energy, thus diverting valuable resources from the Court's core judicial mandate.

A Streamlined Court for 'Persons Who Bear the Greatest Responsibility'

The Special Court is the first court at the international level in which the Statute limits prosecutions to 'persons who bear the greatest responsibility for serious violations of international humanitarian law and Sierra Leonean law.'

One of the convicted persons filed a ground of appeal arguing that the Trial Chamber erred in finding that the words 'the Special Court ... shall ... have the power to prosecute persons who bear the greatest responsibility' in Article 1(1) of the Statute is guide to prosecutorial discretion rather than a jurisdictional requirement.[1]

In deciding the issue, the Appeals Chamber reasoned that the Prosecutor has the responsibility and competence to determine who will be prosecuted as a result of investigations undertaken by the Prosecutor, while competence to try such persons lies with the Chambers. The Appeals Chamber therefore held that Article 1 (1) is a guide to the Prosecutor in the exercise of his prosecutorial discretion. That discretion must be exercised by the Prosecution in good faith and based on sound professional judgment. The Appeals Chamber opined furthermore that it would also be unreasonable and unworkable to suggest that the determination of 'greatest responsibility' is one that would be done at the end of a trial instead at the indictment phase.

Legality and Constitutionality of the Special Court

Several defendants before the Court submitted motions challenging the constitutionality and lack of jurisdiction of the Special Court. The defendants argued that the Court was unconstitutional under the Sierra Leonean Constitution, the government of Sierra Leone acted unconstitutionally in establishing it and, accordingly, the Court was an *ultra vires* institution. One defendant also argued that the Security Council acted *ultra vires* when it delegated its powers to the Secretary-General to conclude the Special Court Agreement and that the Secretary-General did not have the power to conclude such an agreement.[2]

The Appeals Chamber held that it was competent to decide whether or not the Special Court had jurisdiction to determine the legality and validity of its establishment.[3] As the Statute of the Special Court refers to the Rules of proce-

1 See SCSL, Judgment, *AFRC*, Trial Chamber, 20 June 2007, paras 640-659.

2 SCSL, Decision on Preliminary Motion on Lack of Jurisdiction Materiae: Illegal Delegation of Powers by the United Nations, *Prosecutor v. Moinina Fofana*, Appeals Chamber, 25 May 2004.

3 Constitutionality and Jurisdiction Decision, para 34.

dure and evidence and the Rules determine that the Appeals Chamber prior to the prosecutors opening statement has the competence to rule on any serious issue relating to jurisdiction.

In exercising that competence, ie, in considering whether the Special Court had jurisdiction to decide on the lawfulness and validity of its creation, the Appeals Chamber considered the *Tadić* Decision of the Appeals Chamber of the International Criminal Tribunal for the former Yugoslavia (ICTY), which found that it had jurisdiction to determine the legality of its own creation.[4] Further, drawing on the Special Court Agreement as well as its Statute, the Appeals Chamber of the Special Court held that it had jurisdiction to determine the constitutionality of its establishment.[5]

Constitutionality of the Special Court

In addressing the defendants' arguments relating to the unconstitutionality of the Special Court, the Appeals Chamber undertook a detailed review of the process by which the Court was established.

The Appeals Chamber also looked to general international law, drawing on the Vienna Convention on the Law of Treaties between States and International Organizations, before reaching the conclusion that the Special Court was a treaty-based and *sui generis* court.[6] The Appeals Chamber then turned to the issue of the incorporation of the Special Court Agreement into the national law of Sierra Leone. An accused had argued that the incorporation in effect constituted an amendment of the Constitution of Sierra Leone, for which a referendum should have been held. He referred to section 120(2) of the Constitution, which states, in part, that '[t]he judicial power shall be vested in the Judiciary'.[7]

The Appeals Chamber noted that the Special Court is not part of the Judiciary of Sierra Leone; indeed, it is established outside the national court system. The Special Court also has the power to conclude treaties, thus distinguishing it from domestic courts. The Chamber noted further that the Special Court is not anchored in any existing system, in particular that of Sierra Leone. For these reasons, the Chamber held that the establishment of the Court under Article 1 of the Special Court Agreement met the relevant constitutional requirements and that the appropriate procedures had been followed.

---

4 ICTY, Decision on the Defence Motion for Interlocutory Appeal on Jurisdiction, *Prosecutor v. Dusko Tadić*, Appeals Chamber, 2 October 1995.

5 Constitutionality and Jurisdiction Decision, para 37.

6 See Constitutionality and Jurisdiction Decision, paras 42-43.

7 Constitutionality and Jurisdiction Decision, para 47.

Amnesty Agreement

The Special Court is the first international court to hold that a national amnesty does not apply to international prosecutions. It has clarified that, where crimes are subject to universal jurisdiction, a State cannot deprive other States or the international community from prosecuting such crimes by granting amnesty. The international crimes under the Statute of the Special Court are subject to universal jurisdiction.

Status of the Lomé Agreement

The defendants argued that the Lomé Agreement is an international agreement in the nature of a treaty.[8] The Appeals Chamber rejected this position on three grounds. First, it found that the parties to the Lomé Agreement were the government of Sierra Leone and the RUF. The non-contracting signatories of the Lomé Agreement, including the UN, were mere 'moral guarantors' of its implementation in good faith. As such, they assumed no legal obligation.[9] Second, the Appeals Chamber held that an international agreement in the nature of a treaty must create rights and obligations regulated by international law; the Lomé Agreement did not do so.[10] Third, the Appeals Chamber held that an insurgent group, such as the RUF, does not have treaty-making capacity. It does not follow, the Chamber reasoned, from the mere fact that insurgents are bound under customary international law by Common Article 3 to the Geneva Conventions that they are vested with personality in international law.[11] Also, although the government of Sierra Leone regarded the RUF as an entity with which it could enter into an agreement, no other State had granted the RUF such recognition.[12]

As the Lomé Agreement is not a treaty, the Appeals Chamber held, it does not create obligations in international law.[13] As a result, whether or not it is binding on the government of Sierra Leone does not affect the prosecution of an

8 Lomé Decision, para 36.

9 Lomé Decision, para 41.

10 Lomé Decision, para 42.

11 Lomé Decision, paras 45-47.

12 Lomé Decision, para 47.

13 Lomé Decision, para 49. The Appeals Chamber noted that the Lomé Agreement need not be a treaty for it to create binding obligations in municipal law. Lomé Decision at para 50. However, since the validity of Article IX of the Lomé Agreement had not been challenged based on municipal law, the Appeals Chamber did not find it of prime importance to consider its validity in the municipal law of Sierra Leone.

accused in an international tribunal for international crimes.[14] The Appeals Chamber opined that the grant of amnesty is an exercise of sovereign power closely linked to the criminal jurisdiction of the State granting the amnesty. Where jurisdiction is universal, such a State cannot deprive another State of its jurisdiction to prosecute the offender by granting amnesty. In the words of the Appeals Chamber, 'A State cannot bring into oblivion and forgetfulness a crime, such as a crime against international law, which other States are entitled to keep alive and remember.'[15]

Head of State Immunity

An indictment and warrant of arrest were issued for *Charles Taylor* on 7 March 2003, when *Taylor* was still Liberia's Head of State. *Taylor* sought to quash the indictment and to set aside the warrant for his arrest on the basis that he enjoyed immunity from arrest and prosecution as Head of State. *Taylor* argued that he was immune from any exercise of jurisdiction on the part of the Special Court.[16] *Taylor* also claimed entitlement to the benefit of any immunity asserted by Liberia against the exercise of the Special Court's jurisdiction.

The Appeals Chamber held that the principle of State immunity derives from the sovereign equality of States. Therefore, it has no relevance to international criminal tribunals which are not organs of a State but derive their mandate from the international community. As such, State immunity does not prevent a Head of State from being prosecuted before an international criminal court or tribunal.[17]

Witness Protection

Witnesses appearing in international tribunals present special needs involving their support during testimony and protection from interference. This is even more the case at the Special Court, where large numbers of witnesses are often asked to testify to extremely traumatic sexual violence and/or violence they may

14 Lomé Decision, para 86. As to the international character of the Special Court, *See also* Special Court for Sierra Leone Decision on Constitutionality and Lack of Jurisdiction, *Prosecutor v Morris Kallon, Sam Hinga Norman and Brima Bazzy Kamara*, Appeals Chamber, 13 March 2004, paras 49-53.

15 Lomé Decision, para 67.

16 SCSL, *Prosecutor v. Charles Ghankay Taylor*, Decision on Immunity From Jurisdiction, 31 May 2004, paras 6-8, 11, 15. (Immunity Decision).

17 Immunity Decision, paras 50-52.

have experienced as children. In addition, the circumstances of the conflict in Sierra Leone put witnesses in greater danger than those appearing before other courts because victims and perpetrators frequently, if not invariably, continue to live in the same villages.

The Witness and Victim Section (WVS) set up by the Court is responsible for developing long- and short-term plans for witness protection and support, and is the first international tribunal to recognize in its constitutive documents the special needs of witnesses to gender-based violence crimes and crimes against children.

Legacy

As the first international court situated where the crimes took place, the Court has, since its inception, understood the creation of a durable legacy as a significant component of its mandate. In 2004, the Court established a Legacy Working Group to coordinate the work of each of the Court's sections to engage local counterparts to leave a lasting legacy for the people and institutions in Sierra Leone.

Completion Strategy

A Special Court Completion Strategy was submitted to the General Assembly in May 2005.[18] Two phases arc cnvisioned in the completion of the Court's mandate. Phase One involves the Court winding-down its core activities by issuing final judgements against all accused in custody and transferring convicted persons to appropriate prisons in or outside Sierra Leone. This phase coincides with the downsizing of staff as well as the transfer and liquidation of buildings and equipment. Phase Two is referred to as the post-completion phase during which time the Special Court will continue so-called 'residual activities'.

Residual Mechanism

The Court has identified ten legal and practical obligations that continue beyond the completion of all trials and appeals proceedings, and which must be pro-

18 Special Court Completion Strategy, UN Doc. A/59/816 – S/2005/350, May 2005. Completion Strategy Updates were submitted to the Management Committee on 12 October 2005, 19 July 2006, 14 December 2006, July 2007, January 2008, July 2008 and December 2008.

vided for in order to complete the Court's mandate in accordance with international standards of justice. These ten obligations have been described by the Court as its 'residual functions'.

1. Maintenance, Preservation and Management of the Archive
2. Trial of the fugitive *Jonny Paul Koroma*
3. Review of Convictions and Acquittals
4. Contempt of Court Proceedings
5. Witness Protection and Support
6. Defence Counsel and Legal Aid Issues
7. Assistance to National Prosecution Authorities
8. Prevention of Double Jeopardy
9. Supervision of Prison Sentences, Early Release, Pardon and Commutation
10. Compensation to Victims

II. The Special Court's Jurisprudence Concerning Gender-Based Violence Offences and Crimes Against Children

Introduction

The armed conflict in Sierra Leone involved astonishingly brutal and large-scale crimes against civilians. Women and girls were targeted specifically on the basis of their gender. Thousands of women and girls all over the country were victims of rape, sexual violence, sexual slavery and 'forced marriage.' Women and girls of all ages were abused, as known victims range from four to sixty years old; 50% of the rape victims were eighteen years old or younger and 25% of them under the age of thirteen.[19] Many were forced to "marry" their abusers.

Children formed another prominent civilian group subject to violence. They were frequently targeted for 'amputation, mutilation, displacement and torture'[20] and frequently abducted from their homes, villages or places of hiding and forced to kill or mutilate their kin and recruited into the armed forces or groups of one of the parties to the conflict. There are no accurate figures on how many children were conscripted, enlisted or used by the warring factions. However,

19 TRC Report on Women and the Armed Conflict at para283.

20 'Children and the Armed Conflict in Sierra Leone', Vol 3 (b), *Final Report of the Truth & Reconciliation Commission of Sierra Leone*, Chapter 4, para 7 ('TRC Report on Children and the Armed Conflict').

various submissions to the Truth and Reconciliation Commission put the figure at somewhere between 5,000 and 10,000 children.[21] These children were effectively both victims and perpetrators of crime, and in Court these children also become witnesses. The Special Court has been faced with the significant task of striking a balance between ensuring justice for victims and their families on the one hand and holding perpetrators accountable on the other.

Gender-based Violence

Provisions of the Statute and Rules that Address Gender-Based Violence

The Statute of the Special Court, drawing upon the Rome Statute, presents several innovations relative to the statutes of the ICTY and ICTR and, specifically, takes into account gender-based violence by providing for its broad criminalization. For example, whereas the statutes of the ICTY and ICTR only expressly provide jurisdiction over one gender-based violence crime (rape), the SCSL Statute enumerates rape, sexual slavery, enforced prostitution, forced pregnancy and any other form of sexual violence as crimes against humanity in Article 2.[22] The Statute also grants the Court power to prosecute the war crimes of 'outrages upon personal dignity, in particular humiliating and degrading treatment, rape, enforced prostitution and any form of indecent assault.'

Additional statutory provisions that do not exclusively pertain to sexual violence have been used to try persons for gender-based violence. Most significantly, the Prosecution charged acts of 'forced marriage' as 'other inhumane acts' a crime against humanity listed in Article 2(i) of the Statute. These are the first such prosecutions in international criminal law. Sexual violence has also been accepted as part of the crime base establishing the crimes of 'outrages upon personal dignity,' the first such treatment by an international criminal court.

Gender-based violence in the cases of the Special Court

In three of the four principal cases before the Special Court, the accused were charged with gender-based violence crimes. The judgments in these cases elabo-

---

21 TRC Report on Children and the Armed Conflict at para 9.

22 This article is taken from the corresponding provision in the Statute of the International Criminal Court, Article 7 (1)(g). In contrast, the statutes of the UN ad hoc tribunals for the former Yugoslavia and Rwanda, include only rape as the sole act of a gender-based nature that expressly qualifies as a crime against humanity. Article 5 (g) ICTYSt.; Article 3 (g) ICTRSt.

rate and develop the legal protections available for women and girls under international criminal law and will hopefully significantly contribute to ending impunity for violence against them.

1. 'Sexual slavery and any form of sexual violence' and 'outrages upon personal dignity'

The Trial Chamber set out the following elements of sexual slavery:

> (1) The perpetrator exercised a power attaching to the right of ownership over a person; (2) he or she caused the person to engage in one or more acts of a sexual nature; and (3) he or she intended to engage in the act of sexual slavery or in the reasonable knowledge that it was likely to occur.

Based on these elements, the Trial Chamber found that sexual slavery was an act of humiliation and degradation so serious as to be generally considered an outrage upon personal dignity.[23] The Trial Chamber entered a conviction against the three accused finding the accused guilty of outrages upon personal dignity as a war crime, based on the same underlying acts for sexual slavery.

2. 'Forced Marriage'

Provisions in the Statute give jurisdiction over multiple gender-based violence crimes. Two examples are Article 2 (g) which gives the Court power to prosecute 'rape, sexual slavery, enforced prostitution, forced pregnancy and any other form of sexual violence' and Article 2 (i), which gives the Court power to prosecute 'other inhumane acts'. In *Brima et al.*, the Prosecution charged the accused with 'other inhumane acts' as a crime against humanity under Article 2 (i) of the Statute for the act of 'forced marriage'. The allegation presented several novel legal questions. First, is 'forced marriage' an 'other form of sexual violence' chargeable under Article 2 (g)? Second, is 'forced marriage' distinct from sexual slavery? If it is, then convictions could be entered for both crimes, even for the same underlying acts.

The Appeals Chamber observed that:

> While 'forced marriage' shares certain elements with sexual slavery such as non-consensual sex and deprivation of liberty, there are also distinguishing factors. First, 'forced marriage' involves a perpetrator compelling a person by force or threat of force, through the words or conduct of the perpetrator or those associated with him, into a forced conjugal association with a another person resulting in great suffering, or serious physical or mental injury on the part of the victim. Second, unlike sexual slavery, 'forced marriage' implies a relationship of exclusivity between the 'husband' and 'wife,' which could lead to disciplinary consequences for breach of this

23 *AFRC* Trial Judgment at para 719.

> exclusive arrangement. These distinctions imply that 'forced marriage' is not predominantly a sexual crime.[24]

The Appeals Chamber ultimately considered that the conduct of 'forced marriage' amounted to an 'other inhumane act,' a crime against humanity. It reasoned that acts of 'forced marriage' were of similar gravity to other underlying acts of crimes against humanity that are enumerated in the Statute, such as enslavement, imprisonment, torture, sexual slavery and sexual violence. To clarify the distinctions between 'forced marriage' and sexual slavery, the Appeals Chamber found that in the context of the Sierra Leone conflict,

> 'forced marriage' describes a situation in which the perpetrator through his words or conduct, or those of someone for whose actions he is responsible, compels a person by force, threat of force, or coercion to serve as a conjugal partner resulting in severe suffering, or physical, mental or psychological injury to the victim.[25]

In so ruling, the Special Court is the first tribunal to recognize that acts of 'forced marriage' committed as part as a widespread or systematic attack against a civilian population may constitute a crime against humanity. The Appeals Chamber's finding that *'forced marriage' can constitute 'other inhumane acts' as a crime against humanity* is a significant pronouncement for the victims of these crimes, and more generally for the development of international criminal law.

Offences Involving Children

1. *Provisions of the Statute and Rules Regarding Juvenile Justice and Child Soldiers*

Child Victims and Witnesses

Rule 90 of the Rules provides that:

> A child shall be permitted to testify if the Chamber is of the opinion that he is sufficiently mature to be able to report the facts of which he had knowledge, that he understands the duty to tell the truth, and is not subject to undue influence. However, he shall not be compelled to testify by solemn declaration.

Protective measures such as using pseudonyms, facial and voice distortion are also available to these victims when they testify, as long as the measures are consistent with the rights of the accused.[26] In practice, the trial chambers have

---

24 *AFRC* Appeals Judgment at para 195.

25 *AFRC* Appeals Judgment at para 196.

26 Rule 75 SCSL RPE

also ordered that child witnesses be allowed to testify with the aid of closed-circuit television, which may be observed by the Defence, the defendant, the Prosecution and the Trial Chamber, but not the public.[27]

ii. Case Law on Child Soldiers

All of the accused persons at the Special Court have been charged with the crime of conscripting or enlisting children under the age of 15 or using them to participate actively in hostilities. The Court's jurisprudence has elaborated legal protections available for children under international humanitarian law and will hopefully contribute to mechanisms that reduce or eliminate violence committed against them during armed conflict.

1 The Norman Child Recruitment Decision

The issue of 'child soldiers' was addressed by the Special Court for the first time on 31 May 2004, in the case of *Prosecutor v. Samuel Hinga Norman*. The accused was charged with others with *inter alia* child enlistment and the use of child soldiers under Article 4 (c) of the Statute. Norman challenged the jurisdiction of the Special Court to prosecute him for this crime, arguing that Article 4 (c) violated the principle of *nullum crimen sine lege* because child recruitment was not a crime under customary international law at the time alleged in the indictment, that is, from 30 November 1996.[28] As a preliminary motion regarding jurisdiction, the matter was referred to the Appeals Chamber for determination.

The Appeals Chamber needed to satisfy itself that the crime as set out in Article 4 (c) of the Statute was recognized as a crime entailing individual criminal responsibility under customary international law at the relevant time. The Appeals Chamber undertook a thorough review of relevant treaties, including the 1949 Geneva Conventions, the 1977 Protocols Additional thereto, and the Convention on the Rights of the Child, before concluding that treaty law prohibited child recruitment.[29] The Appeals Chamber similarly found that child recruitment

27 See, *e.g.*, Special Court for Sierra Leone, *Prosecutor v. Issa Sesay, Morris Kallon, and Augustine Gbao*, Decision on Prosecution Motion for Modification of Protective Measures for Witnesses, Trial Chamber, 5 July 2004, *discussing Maryland v. Craig*, 497 US.836 (1990) (holding that the use of closed circuit television does not violate the constitutional right of an accused to confrontation if it is necessary in the opinion of the Court to protect a child witness from psychological harm).

28 SCSL, Decision on Preliminary Motion Based on Lack of Jurisdiction (Child Recruitment), *Prosecutor v Sam Hinga Norman*, 31 May 2004 ('*Norman* Child Recruitment Decision'), paras 1, 3.

29 *Norman* Child Recruitment Decision, paras 10-16.

was prohibited in customary international law in the period prior to 1996, having ascertained the relevant State practice and *opinio juris*.[30]

Having so concluded, the Appeals Chamber turned to the issue of whether the prohibition on child recruitment also entailed individual criminal responsibility at the time in question. In answering in the affirmative, the Appeals Chamber pointed to *inter alia* extensive domestic legislation that criminalized child recruitment prior to 1996. Accordingly, a majority of the Appeals Chamber held that child recruitment was criminalized by November 1996 – the relevant time for the purposes of the indictment – in a considerable number of States of different legal traditions (e.g., common law, civil law, Sharia).

2 The AFRC and CDF Cases

To date, the Special Court has completed proceedings in three cases involving prosecutions for the offence of child recruitment.

Both Trial Chambers and the Appeals Chamber have considered Article 4 (c) of the Statute to contain one crime the *actus reus* of which can be satisfied in three different ways: by conscripting children under the age of 15, by enlisting them, or by using them to participate in hostilities.[31]

Conscription and enlistment into an armed force or group

Adopting language from the *Norman* Child Recruitment Decision, Trial Chamber II considered that '"Conscription" implies compulsion, in some instances through the force of law.' It encompasses 'acts of coercion, such as abductions and forced recruitment, by an armed group against children, committed for the purpose of using them to participate actively in hostilities.'[32] This formulation of conscription as 'forcible recruitment' has been followed by an International Criminal Court (ICC) Pre-Trial Chamber in the *Prosecutor v. Thomas Lubanga Dyilo*.[33]

By contrast, 'enlistment' was defined by Trial Chamber II as 'accepting and enrolling individuals when they volunteer to join an armed force or group'. This

30 *Norman* Child Recruitment Decision, paras 17-24.

31 *AFRC* Trial Judgment, para 733; *CDF* Appeal Judgment at para 139.

32 *AFRC* Trial Judgment, para 734.

33 ICC, *Prosecutor v. Thomas Lubanga Dyilo*, ICC-01/04-01/06, 29, January 2007, para 246, *citing Norman* Child Recruitment Decision, Dissenting Opinion of Justice *Robertson.*

definition of the crime thus excludes consent on behalf of the child as a valid defence.[34]

The Special Court Appeals Chamber has held that: 'for enlistment there must be a nexus between the act of the accused and the child joining the armed force or group. There must also be knowledge on the part of the accused that the child is under the age of 15 years and that he or she may be trained for combat. Whether such a nexus exists is a question of fact which must be determined on a case-by-case basis.'[35] Furthermore, the Appeals Chamber reasoned that, in situations in which 'the armed group is not a conventional military organization, 'enlistment' cannot narrowly be defined as a formal process. The Appeals Chamber regards 'enlistment' in the broad sense as including any conduct which evidences acceptance of the child as a part of the militia. Such conduct would include making him participate in military operations.'[36] In a partially dissenting opinion to the CDF Appeal Judgment, I noted that often the facts do not allow for easy differentiation of the modes of perpetration, particularly

> in the situation where there are no formal or informal processes for enlisting individuals, especially children, the 'use' of a child to participate actively in hostilities may amount to enlistment. However, where the evidence demonstrates the existence of a process that contributes to the enrolment and acceptance of a child into an armed force or group, logic dictates that 'use' of a child cannot constitute enlistment.[37]

This distinction seemed important to me as very often girls were used in the above mentioned ways but almost never "officially" enlisted. Thus girls, at a demobilisation stage, would not be recognized as child soldiers and would not be entitled to any assistance.

Use to Participate Actively in Hostilities

Both Trial Chambers have adopted the interpretation of 'using them to participate actively in hostilities' contained in a footnote to the draft ICC Statute which purports to distinguish 'active participation' from 'direct participation':[38]

---

34 *AFRC* Trial Judgment, at para 735.

35 *CDF* Appeal Judgment, para 141.

36 *CDF* Appeal Judgment, para 144.

37 *CDF* Appeal Judgment, Dissenting Opinion of Justice *Winter*, para 13.

38 AFRC Trial Judgment, paras 736-737; CDF Judgment, para193; Draft Statute for the International Criminal Court, Report of the Preparatory Committee on the Establishment of an International Criminal Court. UN doc. A/CONF.183/2/Add.1, 14 April 1998, 21, n. 12.

> The words 'using' and 'participate [actively]' have been adopted in order to cover both direct participation in combat and also active participation in military activities linked to combat such as scouting, spying, sabotage and use of children such as decoys, couriers or at military checkpoints. It would not cover activities clearly unrelated to the hostilities such as food deliveries to an airbase or the use of domestic staff in an Officer's accommodation. However, use of children in a direct support function such as acting as bearers to take supplies to the front line or activities at the front line itself would be included within the terminology.

Trial Chamber II applied an instrumentalist interpretation of using children to 'participate actively in hostilities' stating that:

> the use of children to participate actively in hostilities is not limited to participation in combat. An armed force requires logistical support to maintain its operations. Any labour or support that gives effect to, or helps maintain, operations in a conflict constitutes active participation.[39]

Applying this test to the facts of the case, the Trial Chamber ruled that because the underlying conflict involved the mining of diamonds to raise revenue for the war effort, using children to guard diamond mines constituted use of the child pursuant to Article 4 (c) of the Statute.[40] The Trial Chamber also separately found that 'forcing children to undergo military training in a hostile environment constitutes illegal use of children pursuant to Article 4.c'.[41] Trial Chamber II found the three AFRC accused individually criminally responsible for planning the use of child soldiers, and these convictions were upheld on appeal.

III. Concluding Remarks

It is quite a challenging task to work as a judge at the SCSL. A difficult climatic environment, problems with electricity, water, the sanitary situation and separation from family and friends (Sierra Leone is a non-family duty station) add to the financial problems of the Court. Working under constant time pressure is a consequence of such financial difficulties.

There is however reason to be proud: The Special Court has expeditiously and efficiently worked to complete its judicial mandate and has developed numerous ground breaking approaches to operating an international justice institution. It is, to date, the only court to adjudicate cases against the leadership of all

---

39 AFRC Trial Judgment at para 1266; See *also* Norman Child Recruitment Decision, Dissenting Opinion of Justice *Robertson* at para 5 (c).

40 AFRC Trial Judgment at para 1267.

41 AFRC Trial Judgment at para 1278.

of the warring factions; thus it cannot be said of this Court that it is delivering only victor's justice.

As the first international court to prosecute and convict individuals for sexual slavery, 'forced marriage' as an 'other inhumane act', and recruiting and using child soldiers, the Special Court began to elaborate the underlying prohibitions and the criminal responsibility for violating those prohibitions. It is hoped that this jurisprudence will assist future courts to adjudicate these complex questions of law.

Rechtsschutz im UN-System

Alexander Brenneis
Kirsten Schmalenbach

„Targeted sanctions“ oder „gezielte Sanktionen“ sind in den letzten Jahren zu einem beliebten Instrument der UN zur Durchsetzung ihrer weltordnungspolitischen Agenda geworden. Mit dieser Innovation der 1990er-Jahre, die vor allem dazu gedacht war, der Zivilbevölkerung in Krisenregionen die schweren negativen Folgen von umfassenden Sanktionen aus humanitären Gründen zu ersparen, eröffnete sich zugleich aber ein Rechtsschutzproblem auf UN-Ebene: Die vom Sicherheitsrat und seinen diversen Sanktionsausschüssen benannten Individuen haben praktisch keine Möglichkeit, gegen die Sanktionen vorzugehen.

Besonders virulent wurde dieses Problem mit der Erlassung der Sanktionen nach Sicherheitsratsresolution 1267[1] gegen die Taliban, Al-Qaida und die mit ihnen assoziierten Personen, bei denen erstmals hunderte Personen unterschiedlichster Staatsangehörigkeit aufgelistet und mit tiefgreifenden Sanktionen, insbesondere dem Einfrieren von Vermögenswerten („assets freeze“), belegt wurden. Die Taliban- und Al-Qaida-Sanktionen werden daher im Folgenden prototypisch für alle gezielten Sanktionen des UN-Sicherheitsrats behandelt. Die Problematik des Rechtsschutzes gegen Individualsanktionen geht allerdings über die Sanktionen nach Resolution 1267 hinaus.[2]

Bei der Bearbeitung des Themas sollen zunächst *(A.)* die menschenrechtlichen Anforderungen, die sich positivrechtlich für die UN ergeben, identifiziert und sodann *(B.)* mögliche Rechtsschutzmechanismen skizziert werden.[3]

---

1 Sicherheitsratsresolution 1267 (1999), 15. 10. 1999, UN Doc S/RES/1267 (1999) und Folgeresolutionen, insb Resolution 1333 (2000), 19. 12. 2000, UN Doc S/RES/1333 (2000).

2 Vgl etwa zu den nach Sicherheitsratsresolution 1343 (2001), 7. 3. 2001, UN Doc S/RES/1343 (2001) erlassenen Sanktionen (mittlerweile abgelöst durch Sicherheitsratsresolution 1521 [2003], 22. 12. 2003, UN Doc S/RES/1521 [2003]) Report of the Panel of Experts on Liberia, UN Doc S/2002/470 (2002), para 158.

3 Der erste Teil wurde von *Alexander Brenneis* bearbeitet, der zweite von *Kirsten Schmalenbach.*

A. Menschenrechtsstandards für das UN-Sanktionensystem

I. Die UN und die Menschenrechte

Die Bindung der UN an die Menschenrechte wird im Schrifttum bereits seit längerem ausführlich diskutiert.[4] Diese Debatte soll an dieser Stelle nicht von neuem angefacht werden. Sie ist hier nur insoweit von Interesse, als sich aus dem normativen Fundament auch ergibt, ob von den UN überhaupt menschenrechtliche Standards einzuhalten sind und wenn ja, welche.

1. Bindung der UN an den völkergewohnheitsrechtlichen Menschenrechtsstandard?

Die UN sind bekanntlich nicht Partei der einschlägigen völkervertraglichen Instrumente des internationalen Menschenrechtsschutzes. Zunächst wäre daher nur an eine Bindung der UN als Völkerrechtssubjekt an die Normen des Völkergewohnheitsrechts zu denken.[5] Bei dieser Konstruktion ergäben sich wohl eher bescheidene Anforderungen für einen Rechtsschutz gegen gezielte Sanktionen. Zwar ist davon auszugehen, dass das Recht auf ein faires Verfahren prinzipiell Bestandteil des völkergewohnheitsrechtlichen Menschenrechtsschutzes ist,[6] der konkrete normative Inhalt dürfte allerdings im Vergleich zu den wichtigsten menschenrechtlichen Abkommen eher beschränkt sein.[7] Noch problematischer als der rudimentäre Umfang des Menschenrechtsschutzes im Völkergewohnheitsrecht wäre im Kontext der gezielten Sanktionen freilich, dass der Sicherheitsrat die völkergewohnheitsrechtlichen Bindungen der UN bei Maßnahmen nach Kapitel VII der UN-Charta überwinden könnte;[8] einzige Grenze wäre das

---

4 Vgl nur *G. Thallinger*, Sense and Sensibility of the Human Rights Obligations of the United Nations Security Council, Zeitschrift für ausländisches öffentliches Recht und Völkerrecht 67 (2007), 1015–1040 mwH.

5 Grundlegend dazu *C. F. Amerasinghe*, Principles of the Institutional Law of International Organizations, 2. Aufl, Cambridge 2005, 400. Siehe auch IGH, *Interpretation of the Agreement of 25 March 1951 between the WHO and Egypt (Advisory Opinion)*, ICJ Reports 1980, 73 (para 37).

6 *B. Fassbender*, Targeted Sanctions and Due Process, Studie für das UN Office for Legal Affairs, 20. 3. 2006, 21 qualifiziert „certain standards of due process" als allgemeine Rechtsgrundsätze iS von Art 38 Abs 1 lit c IGH-Statut.

7 Vgl etwa die Ergebnisse von *Fassbender* (Fn 6), 15 f und 19 ff.

8 Näher dazu *K. Schmalenbach*, The Constitutional Limits to Security at UN and EU Level, in: *H. Eberhard et al* (Hrsg), Constitutional Limits to Security, Baden-Baden 2009, 21–42 (26 f mwH).

ius cogens.[9] Auch wenn der Wortlaut des Art 103 UN-Charta der Charta lediglich einen Anwendungsvorrang vor widerstreitenden völkerrechtlichen Verträgen einzuräumen scheint, so ist heute doch anerkannt, dass dieser Vorrang auch gegenüber Völkergewohnheitsrecht gilt.[10] Den Anwendungsvorrang des Art 103 genießen im Hinblick auf Art 25 UN-Charta auch die bindenden Resolutionen des Sicherheitsrats.[11]

2. Bindung der UN an die Menschenrechte auf Grundlage der UN-Charta

Auch wenn also Völkergewohnheitsrecht dem Sicherheitsrat so gut wie keine Schranken auferlegt, so ist er in seiner Tätigkeit doch selbstverständlich an die UN-Charta gebunden.[12] Insbesondere können nur chartakonforme Resolutionen den Anwendungsvorrang des Art 103 UN-Charta für sich beanspruchen.[13] Eine rechtliche Begrenzung der Handlungsfreiheit des Sicherheitsrats ergibt sich also (nur) aus den Bestimmungen der Charta.

Bei näherer Betrachtung der UN-Charta sprechen für eine Bindung des Sicherheitsrats an die Menschenrechte vor allem drei Erwägungen: Erstens handelt

---

9 Für die Bindung an ius cogens IGH, *Application of the Convention on the Prevention and Punishment of the Crime of Genocide (Bosnia and Herzegovina v Yugoslavia) (Provisional Measures)*, ICJ Reports 1993, 325, Separate Opinion of Judge Lauterpacht, para 100. Das Jugoslawien-Tribunal hat allerdings den hier interessierenden Art 14 IPBPR in toto als „imperative norm of international law" qualifiziert, siehe ICTY 27. 2. 2001, *Prosecutor v Tadić*, Appeal Judgement on Allegations of Contempt Against Prior Counsel, Milan Vujin, Case No IT-94-1-A-AR77 (im französischen Original: „une norme impérative de droit international à laquelle le Tribunal ne saurait déroger").

10 Siehe nur *R. Bernhardt*, Article 103, in: *B. Simma* (Hrsg), The Charter of the United Nations: A Commentary, 2. Aufl, München 2002, Bd II, 1292–1302 (1298 f). Zu divergierenden Meinungen vgl *R. Liivoja*, The Scope of the Supremacy Clause of the United Nations Charter, International & Comparative Law Quarterly 57 (2008), 583–612 (609 ff).

11 In diesem Sinn schon IGH, *Legal Consequences for States of the Continued Presence of South Africa in Namibia (South West Africa) Notwithstanding Security Council Resolution 276 (1970)*, ICJ Reports 1971, 16, Separate Opinion of Vice-President Ammoun, para 18, insb aber IGH, *Questions of Interpretation and Application of the 1971 Montreal Convention Arising from the Aerial Incident at Lockerbie (Libya v United Kingdom, Libya v United States) (Provisional Measures)*, ICJ Reports 1992, 3 (para 39) und 114 (para 42).

12 IGH, *Conditions of Admission of a State to Membership in the United Nations (Advisory Opinion)*, ICJ Reports 1948, 57 (64); ICTY 2. 10. 1995, *Prosecutor v Tadić*, Interlocutory Appeal on Jurisdiction, Case No IT-94-1-AR72, para 28.

13 So schon *H. Kelsen*, The Law of the United Nations, London 1950, 95. Siehe zB auch *A. Orakhelashvili*, The Impact of Peremptory Norms on the Interpretation and Application of United Nations Security Council Resolutions, European Journal of International Law 16 (2005), 59–88 (69).

der Sicherheitsrat gemäß Art 24 Abs 1 UN-Charta bei der Wahrnehmung seiner Pflichten im Namen der Mitgliedstaaten, sodass es nur folgerichtig ist, dass der Sicherheitsrat seine Aufgaben in verantwortlicher Weise erfüllt, also insbesondere auch unter Wahrung der Menschenrechte, die in Art 1 Z 3 UN-Charta ausdrücklich unter den Zielen der Vereinten Nationen aufscheinen und deren „allgemeine Achtung und Verwirklichung" Art 55 lit c UN-Charta gebietet.[14] Zweitens handelt der Sicherheitsrat gemäß Art 24 Abs 2 UN-Charta „im Einklang mit den Zielen und Grundsätzen der Vereinten Nationen", zu denen wie erwähnt auch die Wahrung der Menschenrechte gehört.[15] Und drittens ergibt sich eine Bindung des Sicherheitsrats schon aus dem konstitutionellen Gesamtkonzept der UN-Charta. Wie der IGH bereits 1954 im *Effect-of-Awards*-Gutachten festgehalten hat, wäre es ein inakzeptabler Widerspruch innerhalb der Charta, einerseits die UN zur Förderung der Menschenrechte in den Mitgliedstaaten zu berufen und andererseits eine Missachtung der Menschenrechte vonseiten der UN hinzunehmen.[16] Dies gilt umso mehr, wenn UN-Organe wie ein Staat unmittelbar oder mittelbar in Rechtspositionen von Individuen eingreifen.[17] Und genau das ist bei den gezielten Sanktionen der Fall, spezifizieren die UN-Organe dabei doch konkrete Personen und tragen den Mitgliedstaaten auch verbindlich konkrete Maßnahmen gegen diese Personen auf. Die Mitgliedstaaten

14 Dies folgt schon aus der alten römischrechtlichen Regel *nemo plus iuris transferre potest quam ipse habet*: Wenn schon die Staaten an die Menschenrechte gebunden sind, können die von den Staaten geschaffenen internationalen Organisationen nicht von diesen Verpflichtungen frei sein. Vgl auch *A. Reinisch*, Securing the Accountability of International Organizations, Global Governance 7 (2001), 131–149 (137 ff), der die UN als funktionalen Rechtsnachfolger der Staaten bei menschenrechtlichen Verträgen versteht. *Fassbender* (Fn 6), 20 stellt hingegen – in Analogie zur EU – auf die „constitutional traditions and values common to the Member States of the United Nations" ab.

15 Dazu könnten noch die in Art 1 Z 1 UN-Charta erwähnten „Grundsätze der Gerechtigkeit" („principles of justice", „principes de la justice") sowie die Bindung der UN an „Treu und Glauben" („good faith", „bonne foi") gemäß Art 2 Z 2 UN-Charta genannt werden; vgl etwa *E. de Wet/A. Nollkaemper*, Review of Security Council Decisions by National Courts, German Yearbook of International Law 45 (2002), 166–202 (171 ff).

16 Vgl IGH, *Effect of Awards of Compensation Made by the UN Administrative Tribunal (Advisory Opinion)*, ICJ Reports 1954, 47 (57). Auch das allgemeine Rechtsprinzip *venire contra factum proprium nemini licet* ließe sich anführen, eventuell (je nach dessen Ausgestaltung) auch das *estoppel*-Prinzip sowie der (bereits in Fn 15 erwähnte) Grundsatz von Treu und Glauben.

17 Auch der UN-Sicherheitsrat selbst ermahnt die Staaten zur Beachtung der Menschenrechte bei der Terrorbekämpfung, siehe die Resolution 1456 (2003), 20. 1. 2003, UN Doc S/RES/1456 (2003), para 6.

finden sich somit in der Rolle bloßer Vollzugsorgane wieder, sodass eine Bindung der UN an die Menschenrechte unverzichtbar ist.[18]

3. Anzuwendender Menschenrechtsstandard

Als auf die UN und damit auch den Sicherheitsrat anzuwendender Menschenrechtsstandard kommt nur der Kanon der universellen Menschenrechte in Frage.[19] Dieser Standard ist hauptsächlich in der Allgemeinen Erklärung der Menschenrechte (AEMR) von 1948[20] und den beiden UN-Menschenrechtspakten von 1966[21] niedergelegt.[22] (Dazu kommen noch diverse besondere Vertragswerke wie etwa die UN-Kinderrechtskonvention von 1989.[23])

Welche Menschenrechte durch die gezielten UN-Sanktionen tangiert sind – und folglich auch, ob und in welchem Umfang Rechtsschutz zu gewähren ist –, kann nicht pauschal für alle Sanktionsmaßnahmen beurteilt werden, da die verschiedenen Sanktionsmaßnahmen jeweils in eine andere Richtung zielen. Am deutlichsten zeigt sich dies bei den Sanktionen, die nach Sicherheitsratsresolution 1267 gegen mit Al-Qaida und Taliban assoziierte Personen erlassen wurden: Hier werden Geldmittel und Vermögenswerte eingefroren, Einreise- und Transitverbote erlassen und Waffenembargos verhängt. Im Zusammenhang mit dem Rechtsschutz gegen derartige Individualsanktionen ist vor allem der Internationale Pakt über bürgerliche und politische Rechte (IPBPR) relevant, in dem die hier interes-

---

18 Dazu kommt noch cin gewichtiges rechtspolitisches Argument: Für die UN wäre ein jeweils ganz unterschiedlich praktizierter Rechtsschutz auf mitgliedstaatlicher oder regionaler Ebene (iS etwa einer „globalisierten“ inversen *Solange*-Judikatur) ein Alptraum. Vgl diesbezüglich schon 2006 die Warnung des damaligen EU-Vorsitzlandes Österreich im Sicherheitsrat, 5446. Sitzung, 30. 5. 2006, UN Doc S/PV.5446, 26. Die in jüngster Zeit ergangenen einschlägigen Entscheidungen europäischer (vgl EuG 30. 9. 2010, *Kadi gegen Kommission,* Rs T-85/09, insb para 127 mwH) und nationaler Gerichte (vgl Federal Court of Canada 4. 6. 2009, *Abdelrazik v Canada* [Minister of Foreign Affairs], [2009] FC 580) scheinen die seinerzeitigen Bedenken eher zu bestärken.

19 Dies schließt freilich nicht aus, dass die UN sich in einzelnen Tätigkeitsfeldern unilateral zur Einhaltung auch regionaler Menschenrechtsstandards verpflichten, wie etwa im Fall von UNMIK im Kosovo, vgl Section 1.3 UNMIK Regulation No 1999/24, 12. 12. 1999, UN Doc UNMIK/REG/1999/24.

20 Resolution der Generalversammlung 217 (III), 19. 12. 1948, UN Doc A/810 (1948), 71.

21 International Covenant on Economic, Social and Cultural Rights, 19. 12. 1966, 992 UNTS 3; International Covenant on Civil and Political Rights, 19. 12. 1966, 999 UNTS 171.

22 Eine darüber hinaus gehende, durch unilaterale Akte der UN „axiomatisch“ begründete Bindung sieht *A. Clapham,* Human Rights Obligations of Non-State Actors, Oxford 2006, 127.

23 Convention on the Rights of the Child, 20. 11. 1989, 1577 UNTS 3.

sierenden Normen auch am konkretesten ausgestaltet sind. Anspruch auf Rechtsschutz gewähren im IPBPR zwei Bestimmungen: Art 14 und Art 2 Abs 3.

II. Art 14 IPBPR

Im Zusammenhang mit dem Rechtsschutz gegen Individualsanktionen drängt sich aus dem allgemein anerkannten Menschenrechtskanon der UN zuallererst Art 14 IPBPR auf, der bei strafrechtlichen Anklagen und zivilrechtlichen Ansprüchen eine Verhandlung vor einem unabhängigen und unparteiischen Gericht gewährleistet.

1. Strafrechtliche Verfahren?

Zu klären ist zunächst, ob gezielte Sanktionen der UN einen strafrechtlichen Charakter haben. Grundsätzlich erfasst das Tatbestandselement „strafrechtliche Anklage“ zwar nur Akte, die nach nationalen Strafgesetzen bestraft werden. In seinem General Comment No 32 hat der Menschenrechtsausschuss 2007 iS einer autonomen Auslegung des Paktes jedoch klargestellt – offenkundig in loser Anlehnung an die Judikatur des EGMR[24] –, dass von diesem Element des Art 14 IPBPR auch andere ihrer Natur nach kriminelle Handlungen umfasst sind, die – unabhängig von ihrer Einordnung im nationalen Recht – wegen des Zwecks, des Charakters oder der Schwere der angedrohten Sanktionen als strafrechtlich zu qualifizieren sind.[25] Auch eine formelle „Anklage“ („charge“, „accusation“) der betreffenden Person ist nicht erforderlich, sofern Maßnahmen ergriffen werden, die den Betroffenen nachhaltig in seiner Rechtsposition beeinträchtigen können.[26] Das Vorliegen einer Anklage ist daher ab jenem Zeitpunkt anzunehmen, ab dem sich eine hoheitliche Tätigkeit substantiell auf die Situation der betreffenden Person auswirkt.[27]

---

24 Beginnend mit EGMR 8. 6. 1976, *Engel ua gegen Niederlande*, Nr 5100/71, Serie A 22, para 83 ff = EuGRZ 1976, 221.

25 HRC, General Comment No 32, UN Doc CCPR/C/GC/32 (2007), para 15. Ähnlich zuvor schon HRC, *Perterer v Austria*, No 1015/2001, UN Doc CCPR/C/81/D/1015/2001 (2004), para 9.2.

26 Vgl für den Bereich der EMRK zB EGMR 10. 12. 1982, *Foti ua gegen Italien*, Nr 7604/76, Serie A 56, para 52 = EuGRZ 1985, 578. Auf den Mangel an case law des Menschenrechtsausschusses in dieser Frage weist *E. de Wet*, The Security Council as a Law Maker: The Adoption of (Quasi-)Judicial Decisions, in: *R. Wolfrum/V. Röben* (Hrsg), Developments of International Law in Treaty Making, Berlin 2005, 183–225 (196 mwH) hin und greift daher ebenso auf EGMR-Rechtsprechung zurück.

27 *M. Nowak*, UN Covenant on Civil and Political Rights: CCPR Commentary, 2. Aufl, Kehl/Strassbourg 2005, Art 14 Rz 22.

Dass die gezielten Sanktionen der UN idR als Reaktion auf „ihrer Natur nach kriminelle Handlungen“ zu sehen sind, scheint unzweifelhaft, handelt es sich doch im Fall des Terrorismus (einschließlich seiner Planung und Unterstützung) sogar um eine explizit in zahlreichen Konventionen und Rechtsakten auf universeller und regionaler Ebene geächtete Handlung,[28] die in bestimmten Fällen sogar den völkerstrafrechtlichen Tatbestand eines Verbrechens gegen die Menschlichkeit erfüllen kann.[29] Für eine Qualifizierung der Sanktionen als strafrechtliche Maßnahme muss zu diesem Element aber zumindest eines von drei Alternativelementen hinzutreten.

a) Strafrechtlicher Zweck?

Einen strafrechtlichen Zweck scheinen die Sanktionen auf den ersten Blick nicht zu verfolgen. Zwar zielen nach den heute in den meisten liberalen Demokratien herrschenden Strafzwecktheorien gerichtliche Strafen gerade auch auf Prävention ab (Spezial- und Generalprävention).[30] Allerdings beruhen strafrechtliche Sanktionen doch eindeutig auf einem strafwürdigen Verhalten der belangten Personen in der Vergangenheit. Die von UN-Organen verhängten Sanktionen haben dagegen reine Lenkungsfunktion, stellen sie doch primär auf gegenwärtiges und zukünftiges Verhalten ab und dienen allein der Verhinderung weiterer sanktionswürdiger Aktivitäten[31] – sie wirken also nicht repressiv, sondern nur

28 Siehe zB die International Convention for the Suppression of the Financing of Terrorism, Resolution der Generalversammlung 54/109, 9.12.1999, UN Doc A/RES/54/109, insb Art 2, sowie die „legislative“ Sicherheitsratsresolution 1373 (2001), 28.9.2001, UN Doc S/RES/1373 (2001), insb para 1 f. Einschränkend zu kriminalisierenden Sicherheitsratsresolutionen aber EGMR 27.11.2003, *Zollmann gegen Vereinigtes Königreich*, Nr 62902/00, RJD 2003-XII.

29 Vgl zu den hierzu vertretenen Meinungen ua die diversen Beiträge in Journal of International Criminal Justice 4 (2006), 891 ff; eine selbständige völkerrechtliche Strafbarkeit sieht etwa *A. Cassese*, The Multifaceted Criminal Notion of Terrorism in International Law, Journal of International Criminal Justice 4 (2006), 933–958. Auch andere gezielte Sanktionen als jene nach Resolution 1267 dienen stets dem Schutz besonders bedeutsamer Rechtsgüter, die idR ebenso in nationalen Rechtsordnungen geschützt sind. Sogar Sanktionen, die aus rein (sicherheits)politischen Erwägungen erlassen werden, schützen Rechtsgüter der Allgemeinheit, insb die internationale Sicherheit.

30 Vgl hierzu grundlegend *C. Roxin*, Strafrecht Allgemeiner Teil I, 4. Aufl, München 2006, 64 ff; *H. Fuchs*, Österreichisches Strafrecht Allgemeiner Teil I, 7. Aufl, Wien/New York 2008, 9 ff.

31 Ein ähnliches Unterscheidungskriterium wendet übrigens auch der EGMR an, vgl EGMR 21.2.1984, *Öztürk gegen Deutschland*, Nr 8544/79, Serie A 73, para 53 = EuGRZ 1985, 62.

präventiv.[32] Dies zeigt sich insbesondere daran, dass eine gelistete Person von der Liste zu streichen ist, sobald sie ihr sanktionsbegründendes Verhalten aufgibt.[33] Die Sanktionen der UN weisen also nicht wie eine gerichtliche Strafe ein (zumindest im Grundsatz) im Vorhinein bestimmtes Maß auf, sondern ihre Dauer bemisst sich allein nach dem Verhalten der gelisteten Personen in der Zukunft.[34]

b) Strafrechtlicher Charakter?

Aus den bereits genannten Gründen scheinen die gezielten Sanktionen auch ihrem Charakter nach nicht strafrechtlicher Art zu sein. Zwar haben insbesondere die Taliban- und Al-Qaida-Sanktionen einen allgemeinen Adressatenkreis, wie er für Sanktionen mit Strafcharakter typisch ist, und sie weisen auch den für Strafen typischen Übelscharakter auf, dh sie sind ein von hoheitlicher Seite bewusst und gewollt zugefügtes Übel, mit dem Rechtsgüter entzogen werden; es mangelt ihnen aber an der (noch charakteristischeren) Tadelsfunktion, dh die Strafe enthält kein explizites Unwerturteil über den Täter wegen seiner Tat.[35]

---

32 Dieser Befund deckt sich offenkundig auch mit der Rechtsmeinung des Sicherheitsrats, der in der Präambel der Resolution 1735 (2006), 22. 12. 2006, UN Doc S/RES/1735 (2006) betonte, dass seine Sanktionsmaßnahmen „preventative in nature" seien; siehe weiters Al-Qaida and Taliban Sanctions Committee, Guidelines of the Committee for the conduct of its work, 7. 11. 2002 (zuletzt geändert am 22. 7. 2010, abrufbar unter *http://www.un.org/sc/committees/1267/pdf/1267_guidelines.pdf*), section 6(c): „the sanctions are intended to be preventive in nature", „les sanctions ayant un caractère préventif". Zumindest ernsthaft in Frage gestellt wurde diese Auffassung mittlerweile aber durch das EuG in *Kadi gegen Kommission* (Fn 18), para 150 (mwH); vgl auch ebd, para 163.

33 Für die nach Resolution 1267 erlassenen Sanktionen klargestellt durch Sicherheitsratsresolution 1735 (Fn 32), para 14.

34 Ebensowenig kann von einer Aussetzung einer Strafe zur Bewährung gesprochen werden – so unterscheidet sich im Fall eines „Rückfalls" einer von der Sanktionsliste gestrichenen Person weder das Verfahren noch die Sanktion von einer „Erstlistung". Im Übrigen erscheint sogar eine (möglicherweise intendierte) generalpräventive Wirkung (jedenfalls für die Sanktionsmaßnahme per se) eher fraglich, muss doch eine gelistete Person, um sich der Sanktion zu entledigen, lediglich von ihrem sanktionswürdigen Verhalten ablassen, ohne (zumindest vonseiten der UN) mit weiteren Nachteilen rechnen zu müssen.

35 Dazu *Fuchs* (Fn 30), Rz 8 und 10. Allerdings könnte schon in der Aufnahme auf eine Sanktionsliste eine Stigmatisierung gesehen werden, die einer strafrechtlichen Verurteilung sehr nahe kommt, siehe *de Wet* (Fn 26), 206; vgl auch HRC, *Sayadi and Vinck v Belgium*, No 1472/2006, UN Doc CCPR/C/94/D/1472/2006 (2008), para 10.13. Ferner stellen die Sanktionen – spätestens seit Resolution 1735 (Fn 32) – doch klar auf das Verhalten (und so evtl auch auf die individuelle Schuld) des Gelisteten ab, und überdies sind auch schuldunabhängige Maßnahmen dem Strafrecht keineswegs fremd.

Zudem scheint das Übel, das der gelisteten Person mit der Sanktionsverhängung zugefügt wird, oftmals gar nicht an diese Person selbst gerichtet zu sein, geht es doch beispielsweise nicht darum, das Vermögen des Sanktionsunterworfenen abzuschöpfen, sondern darum, die Terrornetzwerke von ihrem Nachschub mit Finanzen, Waffen etc abzuschneiden. Dem Charakter nach scheint es sich bei gezielten UN-Sanktionen also eher um eine Art administratives Zwangs- und Beugemittel zu handeln.

c) *Strafrechtliche Schwere?*

Auch eine bloße administrative Maßnahme kann freilich eine Schwere aufweisen, die die Einhaltung der besonderen verfahrensrechtlichen Garantien eines Strafprozesses gebietet.[36]

Der bereits erwähnte vorübergehende Charakter einer UN-Sanktion scheint zunächst eher gegen einen typisch strafrechtlichen Schweregrad zu sprechen. Umgekehrt gibt es aber auch keinerlei zeitliche Begrenzung der Sanktionen; so sind viele der Taliban- und Al-Qaida-Unterstützung Verdächtige durchgehend seit Jänner 2001 gelistet.[37] Insbesondere das Einfrieren von Geldmitteln und Vermögenswerten ist eine überaus gewichtige Sanktionsform, wird damit doch den betreffenden Personen oft über Jahre bis auf ein Existenzminimum[38] ihre gesamte wirtschaftliche Lebensgrundlage entzogen. Aufgrund der strafrechtsähnlichen Schwere dieser Sanktionsart erscheint es also angezeigt, das bei den gezielten Sanktionen angewendete Verfahren an Art 14 IPBPR zu messen.[39]

---

36 Vgl General Comment No 32 (Fn 25), para 15.

37 Siehe Al-Qaida and Taliban Sanctions Committee, Consolidated List (abrufbar unter *http://www.un.org/sc/committees/1267/consolidatedlist.htm*). Explizit thematisiert wird diese Problematik im Bericht der UN-Hochkommissarin für Menschenrechte *Pillay* vom 2. 9. 2009 (Report of the UN High Commissioner for Human Rights on the protection of human rights and fundamental freedoms while countering terrorism, UN Doc A/HRC/12/22, para 41) sowie in EuG, *Kadi gegen Kommission* (Fn 18), para 148 ff.

38 Siehe Sicherheitsratsresolution 1452 (2002), 20. 12. 2002, UN Doc S/RES/1452 (2002), para 1. Ein besonders eindringlicher Hinweis auf die Folgen findet sich in Supreme Court of the United Kingdom 27. 1. 2010, *HM Treasury v Ahmed et al*, [2010] UKSC 2 (para 4, 38 f).

39 In diesem Sinn etwa auch die Stellungnahme von Amnesty International zu Sicherheitsratsresolution 1904: Security Council's Creation of Ombudsperson to Look at Al Qaida and Taliban Sanctions Regime Welcome But Insufficient, 17. 12. 2009, AI Index IOR 41/032/2009. Einen inhärent punitiven Charakter der De-facto-Konfiszierungen sehen auch *Watson Institute Targeted Sanctions Project*, Strengthening Targeted Sanctions Through Fair and Clear Procedures, White Paper 2006, 30. 3. 2006, 40 ff; *Thallinger* (Fn 4), 1034. Siehe weiters *de Wet* (Fn 26), 206; *A. Bianchi*, Assessing the Effectiveness of

Anders sieht es hingegen mit dem Verbot der Visaerteilung, dem Reiseverbot und dem Waffenembargo aus – diese Sanktionen weisen nicht einen für das Strafrecht typischen Schweregrad auf. Eine Ausnahme könnte in spezifischen Fällen darin gesehen werden, als bei bestimmten wirtschaftlichen Tätigkeiten mit internationalem Bezug Reisebeschränkungen von ihrer Wirkung her durchaus einem Berufsverbot nahekommen können; in diesen Fällen werden idR auch zivilrechtliche Ansprüche tangiert sein.[40]

Eine solche Differenzierung ließ hingegen das zur Überwachung der Tätigkeit des Al-Qaida- und Taliban-Sanktionsausschusses berufene Monitoring Team vermissen: Es qualifizierte 2005 in einem Bericht[41] alle nach Resolution 1267 verhängten Sanktionen pauschal als bloße „administrative Maßnahmen" und versuchte so – mit bescheidenem Erfolg, wie sich herausstellte –, alle Zweifel an der Ausgestaltung des Sanktionsverfahrens vom Tisch zu wischen. Die dabei vorgelegte Begründung erscheint eher dürftig: Es werde schließlich keine Inhaftierung oder Auslieferung der gelisteten Personen angeordnet.[42] Aus der individuellen Sicht eines Betroffenen, dem – zusätzlich zu administrativen Reisebeschränkungen – die Verfügungsmacht über sein Vermögen entzogen wird, muss diese Argumentation fast zynisch wirken.

2. *Zivilrechtliche Ansprüche?*

Aber selbst wenn man einen hinreichenden Schweregrad der Sanktionen verneint und somit, dem Monitoring Team folgend, eine Anwendung der Bestimmungen über einen fairen Strafprozess ablehnt, stellt sich doch immer noch die Frage, ob es sich bei den Rechtspositionen der gelisteten Personen, die durch die Sanktionen beschränkt werden, um „zivilrechtliche Ansprüche" („rights in a suit at law", „droits de caractère civil") iS des Art 14 IPBPR handelt.

Für den Bereich der EMRK besteht zum Begriff des „zivilrechtlichen Anspruchs" ein umfassendes case law. Die Rechtsprechung des EGMR erscheint

---

the UN Security Council's Anti-Terrorism Measures: The Quest for Legitimacy and Cohesion, European Journal of International Law 17 (2007), 881–919 (905 f). Vgl zum inhärent punitiven Charakter jüngst auch EuG, *Kadi gegen Kommission* (Fn 18), para 149 f mwH.

40 Vgl für den Bereich der EMRK zB EGMR 23. 6. 1981, *Le Compte ua gegen Belgien*, Nr 6878/75, Serie A 43, para 53 = EuGRZ 1981, 551. Vgl außerdem den der Entscheidung *Abdelrazik v Canada* (Fn 18) zugrundeliegenden Sachverhalt, mit den in para 155 beschriebenen Folgen.

41 Third report of the Analytical Support and Sanctions Monitoring Team appointed pursuant to resolution 1526 (2004) concerning Al-Qaida and the Taliban and associated individuals and entities, 9. 11. 2005, UN Doc S/2005/572.

42 Third report (Fn 41), para 41.

aber gerade in dieser Frage kaum geeignet, um einen universellen Menschenrechtsstandard zu bestimmen. Zum einen interpretiert der Straßburger Gerichtshof just diesen Begriff sehr extensiv und in einer Weise, die schon auf regionaler Ebene einigen Widerspruch hervorruft.[43] Zum anderen ist der Begriff im IPBPR von einer ganz eigenen Komplexität gekennzeichnet, die sich nicht nur aus den vielen unterschiedlichen Rechtstraditionen in diesem Bereich ergibt, sondern auch aus der noch größeren Anzahl von divergierenden authentischen Sprachfassungen.[44] Im Ergebnis kann es also im Bereich des IPBPR durchaus zu einem von der EMRK erheblich abweichenden Verständnis des „zivilrechtlichen Anspruchs" kommen.[45] Um den normativen Inhalt dieses Elements des Art 14 IPBPR zu bestimmen, ist daher auf die Praxis des Menschenrechtsausschusses abzustellen.[46]

Seit langem anerkannt ist in der Spruchpraxis des Ausschusses, dass neben „klassischen" privatrechtlichen Ansprüchen (zB aus Vertrag oder auf Schadenersatz) auch ähnliche Erscheinungen im Verwaltungsrecht vom Schutzbereich des Art 14 IPBPR erfasst sind; der General Comment aus dem Jahr 2007 nennt in diesem Zusammenhang etwa ausdrücklich auch Enteignungen.[47] Permanente Entziehungen von Eigentum nehmen die UN-Sanktionsausschüsse aber gerade nicht vor, sondern sie beschränken Eigentumsrechte „nur" hinsichtlich Nutzung und Verfügung. Dass dem Menschenrechtsausschuss die Problematik solcher temporärer Verfügungsbeschränkungen durch gezielte Sanktionen im Jahr 2007 unbekannt war, kann wohl nicht unterstellt werden; eher ist davon auszugehen, dass sich das Gremium zum damaligen Zeitpunkt noch nicht zu einer abschließenden Klärung durchringen konnte. Darauf scheint auch die ausdrückliche Er-

---

43 Kritisch etwa *P. van Dijk/M. Viering*, Right to a Fair and Public Hearing (Article 6), in: *P. van Dijk et al* (Hrsg), Theory and Practice of the European Convention on Human Rights, 4. Aufl, Antwerpen/Oxford 2006, 511–650 (538 f); grundlegend *H. Schäffer*, Die Grundrechte im Spannungsverhältnis von nationaler und europäischer Perspektive, Zeitschrift für öffentliches Recht 62 (2007), 1–37.

44 Gemäß Art 53 Abs 1 IPBPR Chinesisch, Englisch, Französisch, Russisch, Spanisch. Vgl zu dieser Problematik General Comment No 32 (Fn 25), para 16. Bemerkenswert in diesem Zusammenhang auch die *individual opinion* der Ausschussmitglieder *Graefrath/ Pocar/Tomuschat* in HRC, *Y. L. v Canada*, No 112/1981, UN Doc A/41/40 (1986), 145 (para 3).

45 Diese Unterschiede zwischen IPBPR und EMRK wurden vom Menschenrechtsausschuss gerade in Bezug auf Art 14 IPBPR auch ausdrücklich anerkannt, siehe HRC, *Casanovas v France*, No 441/1990, UN Doc CCPR/C/51/D/441/1990 (1994), para 5.1.

46 Für einen Rückgriff auf die Rechtsprechung des EGMR hingegen *Nowak* (Fn 27), Art 14 Rz 4, der zugleich aber konzediert, dass die Judikatur zu wesentlichen Elementen von Art 6 EMRK kontroversiell ist (Rz 10 und 13).

47 General Comment No 32 (Fn 25), para 16.

wähnung von „anderen Verfahren“ (außer zivilrechtlichen und „gleichwertigen“ verwaltungsrechtlichen) hinzudeuten. Für diese behält sich der Ausschuss eine Überprüfung „on a case by case basis in the light of the nature of the right in question“ vor.[48]

Der Telos des Rechts auf ein faires Verfahren liegt in der Ergänzung der materiellen Freiheitsgarantien des Paktes durch eine verfahrensrechtliche Absicherung des individuellen Rechtsraums der privaten Lebensführung. Gerade vor dem Hintergrund des eher schwachen materiellen Eigentumsschutzes auf universeller Ebene[49] ist es sinnvoll, die Verfügung über und die Nutzung von Vermögenswerten verfahrensrechtlich über Art 14 IPBPR abzusichern. Unter zivilrechtlichen Ansprüchen sind daher also auch wesentliche Einschränkungen des Gebrauchs des Eigentums und die Beschränkung der Verfügungsrechte über Vermögenswerte und vertragliche Rechte zu verstehen.

Von Vermögenswerten abgesehen schützt das Zivilrecht außerdem die Reputation von Personen. Von daher ist das Verlangen einer gelisteten Person nach Rehabilitation zwecks Wiederherstellung ihres guten Rufes durchaus als zivilrechtlicher Anspruch iS von Art 14 IPBPR anzusehen.[50] Überdies wäre Art 14 IPBPR selbstverständlich auf allfällige gegen die UN geltend gemachte Schadenersatzansprüche[51] anwendbar.

3. *Die Sayadi-Entscheidung des Menschenrechtsausschusses: Zuspruch oder Widerspruch?*

Zur Frage des Rechtsschutzes gegen UN-Individualsanktionen, insbesondere im Hinblick auf Art 14 IPBPR, gibt es bisher nur eine einzige einschlägige Entscheidung des Menschenrechtsausschusses, in der Sache *Sayadi and Vinck v Belgium*,[52] bei der sich zwei belgische Staatsangehörige über das Einfrieren ihres Vermögens und das gegen sie verhängte Reiseverbot beschwert hatten. Der Menschenrechtsausschuss stellte im Dezember 2008 zwar einen Verstoß gegen Art 12 und Art 17 IPBPR fest, verneinte aber eine Verletzung des Art 14 wie auch des Art 2 Abs 3 IPBPR.[53]

---

48 General Comment No 32 (Fn 25), para 16.

49 Dazu sogleich bei A.III.2.

50 So auch *Bianchi* (Fn 39), 907. Vgl für den Bereich der EMRK (zu Reputationsschäden durch öffentliche Benennung als in den UN-sanktionswidrigen Handel mit „Blutdiamanten“ involvierte Person) *Zollmann gegen Vereinigtes Königreich* (Fn 28).

51 Und zwar auch, aber nicht nur auf Kompensationen nach Art 14 Abs 6 IPBPR.

52 Siehe oben Fn 35.

53 *Sayadi and Vinck v Belgium* (Fn 35), para 10.8–10.11 und 10.13.

Die Entscheidung widerspricht dem hier vertretenen Standpunkt aber keineswegs, im Gegenteil: Der Menschenrechtsausschuss beschränkte sich in seinem Ausspruch ausdrücklich „solely on consideration of the actions of the State party", und vor belgischen Gerichten war den Beschwerdeführern durchaus gerichtlicher Rechtsschutz gewährt worden, der nach Auffassung des Ausschusses auch effektiv war, jedenfalls „within the limits of the jurisdiction of the State party".[54] Die Frage des Menschenrechtsschutzes auf UN-Ebene wurde in diesem Fall also gar nicht angesprochen.[55] Der Menschenrechtsausschuss rüttelte im Prinzip auch nicht an der Anwendbarkeit der spezifisch strafrechtlichen Bestimmungen des Art 14 IPBPR auf die Sanktionsmaßnahmen: Er erklärte einerseits die Beschwerde in Bezug auf das Vorbringen zu Art 14 IPBPR (einschließlich der Absätze 2 und 3) für zulässig und somit hinreichend substantiiert[56] und ging andererseits auf die zivilrechtlichen Elemente des Art 14 IPBPR gar nicht ein. Der Ausschuss ließ sich im Übrigen bei seinen Erwägungen weder von Art 103 UN-Charta noch von Art 46 IPBPR beirren.[57]

Unklar bleibt lediglich, warum das Vorliegen einer „criminal charge" iS des Art 14 Abs 1 IPBPR verneint wurde, obwohl der Ausschuss doch festgestellt hatte, dass „the sanctions regime has serious consequences for the individuals concerned, which could indicate that it is punitive in nature".[58] Eine Begründung dafür, warum hier dennoch keine strafrechtliche Anklage vorliegen soll, blieb der Ausschuss leider schuldig, was insbesondere vor dem Hintergrund einer fehlenden Spruchpraxis zu diesem Element zu bedauern ist.[59]

---

54 *Sayadi and Vinck v Belgium* (Fn 35), para 10.9. Tatsächlich hatte sich die belgische Regierung auf ein Urteil des Tribunal de première instance de Bruxelles hin im Sanktionsausschuss für eine Streichung der beiden Beschwerdeführer eingesetzt, bis zum Ende des Verfahrens vor dem Menschenrechtsausschuss aber ohne Erfolg. *Sayadi* und *Vinck* wurden erst am 20. 7. 2009 von der Sanktionsliste gestrichen (Press Release SC/9711, Security Council Al-Qaida and Taliban Sanctions Committee removes names of two individuals from Consolidated List, 21. 7. 2009, abrufbar unter *http://www.un.org/News/Press/docs/2009/sc9711*).

55 Beachte aber die harsche Kritik am Sicherheitsrat in den abweichenden Meinungen von *Rodley/Shearer/Motoc* und *Shearer* zu *Sayadi and Vinck v Belgium* (Fn 35).

56 *Sayadi and Vinck v Belgium* (Fn 35), para 7.5. Vgl auch die Kritik in den abweichenden Meinungen von *Rodley/Shearer/Motoc*, *Kälin/Iwasawa* und *Wedgwood*.

57 Vgl *Sayadi and Vinck v Belgium* (Fn 35), para 10.3 und 10.6 sowie die Kritik dazu in den abweichenden Meinungen der Ausschussmitglieder *Rodley/Shearer/Motoc*, *Wedgwood* und *Shearer*.

58 *Sayadi and Vinck v Belgium* (Fn 35), para 10.11.

59 Methodisch fragwürdig ist im Übrigen auch, dass das Vorliegen dieses Grundelements erst verneint wird, nachdem etwa der logisch darauf aufbauende Art 14 Abs 3 IPBPR bereits inhaltlich gewürdigt wurde.

III. Art 2 Abs 3 IPBPR

In Anbetracht dessen, dass die Adressaten der gezielten UN-Sanktionen in mehreren auch durch den IPBPR grundrechtlich geschützten Positionen beeinträchtigt werden, könnte sich außer dem Recht auf ein faires (Gerichts-)Verfahren für die Betroffenen ein Anspruch aus Art 2 Abs 3 IPBPR ergeben, der den Zugang zu einer „wirksamen Beschwerde" („effective remedy", „recours utile") bei Grundrechtsverletzungen gewährleistet.

Zum Verhältnis von Art 2 Abs 3 und Art 14 IPBPR ist anzumerken, dass Art 14 wegen seiner erweiterten Verfahrensgarantien gegenüber dem allgemeineren Art 2 Abs 3 IPBPR, dessen Anwendungsbereich auch wesentlich breiter ist, prima facie als lex specialis angesehen werden könnte. Allerdings werden Art 2 Abs 3 und Art 14 IPBPR vom Menschenrechtsausschuss sehr wohl parallel angewendet, und Art 14 ist als materielles Grundrecht eine geeignete Grundlage für eine Anwendung des Art 2 Abs 3 IPBPR.[60] Bei Verletzungen von Art 14 wird vom Menschenrechtsausschuss allerdings nur selten auch eine Verletzung von Art 2 Abs 3 IPBPR ausdrücklich festgestellt.[61]

1. Akzessorietät von Art 2

Nach jahrelanger Spruchpraxis des Menschenrechtsausschusses ist Art 2 Abs 3 IPBPR nur dann verletzt, wenn zugleich eine Verletzung eines anderen durch den Pakt geschützten Grundrechts vorliegt.[62] Diese Akzessorietät wurde allerdings schon früher vereinzelt in Frage gestellt.[63] Mittlerweile ist durch den Menschenrechtsausschuss klargestellt, dass für die Inanspruchnahme der Garantie des Art 2 Abs 3 IPBPR eine Verletzung eines anderen Artikels des Paktes nicht erwiesen sein muss.[64] Art 2 Abs 3 IPBPR verlangt nach diesem Verständnis zwar nicht, dass für jede Behauptung einer Grundrechtsverletzung Rechtsmittel zur Verfügung stehen müssen, es genügt aber, dass eine Beschwerde „sufficiently well-founded to be arguable under the Covenant" ist.[65]

---

60 Vgl General Comment No 32 (Fn 25), para 58.

61 *Nowak* (Fn 27), Art 2 Rz 76.

62 *Nowak* (Fn 27), Art 2 Rz 15.

63 Siehe zB die abweichende Meinung der Ausschussmitglieder *Evatt/Medina Quiroga/Chanet* in HRC, *Kall v Poland*, No 552/1993, UN Doc CCPR/C/60/D/552/1993. Vgl weiters *J. T. Möller/A. de Zayas*, United Nations Human Rights Committee Case Law 1977–2008: A Handbook, Kehl/Strasbourg 2009, 128.

64 HRC, *Faure v Australia*, No 1036/2001, UN Doc CCPR/C/85/D/1036/2001 (2005), para 7.2–7.4.

65 So schon HRC, *Kazantzis v Cyprus*, No 972/2001, UN Doc CCPR/C/78/D/972/2001 (2003), para 6.6.

2. In Frage kommende Grundrechtsverletzungen

Wie bereits zuvor erwähnt, geht es bei den Maßnahmen des Sicherheitsrats und der von ihm bestellten Sanktionsausschüsse unter anderem um das Einfrieren von Vermögenswerten. In diesen Fällen wird also die Eigentumsfreiheit berührt. Das Recht auf Eigentum ist, wiewohl schon in der französischen Erklärung der Menschen- und Bürgerrechte von 1789 enthalten,[66] auf universeller Ebene nur sehr rudimentär geschützt. So findet sich diesbezüglich weder im IPBPR noch im Internationalen Pakt über wirtschaftliche, soziale und kulturelle Rechte eine Bestimmung; lediglich Art 17 AEMR enthält eine Eigentumsgarantie.[67]

Des Weiteren werden Ein- und Durchreiseverbote erlassen, die insbesondere vor dem Hintergrund der durch Art 12 IPBPR garantierten Reisefreiheit[68] und wegen ihrer möglichen Implikationen für das Privat- und Familienleben (Art 17 IPBPR)[69] von Relevanz sein können. (Auch die durch Art 22 IPBPR geschützte Vereinigungsfreiheit[70] kann in bestimmten Fällen tangiert sein, und in Extremfällen – insbesondere bei dringendem Bedarf an spezieller medizinischer Hilfe – sogar das Recht auf Leben nach Art 6 IPBPR.[71])

Dass schließlich auch Art 14 IPBPR ein materielles Grundrecht ist, das in den Anwendungsbereich des Art 2 Abs 3 fällt, wurde bereits erwähnt. Bei einer substantiierten Behauptung, dass Art 14 IPBPR verletzt sei, hat die betroffene Person also ebenfalls Anspruch auf effektiven Rechtsschutz.[72]

IV. Zulässige Einschränkungen der Menschenrechtsgarantien

Internationale Menschenrechtsinstrumente sehen regelmäßig die Möglichkeit der Einschränkbarkeit der gewährleisteten Grundrechte vor. Der IPBPR ist hier keine Ausnahme und lässt dem Rechtsanwender Raum für die Abwägung konfligierender Interessen.

---

66 Art 2 und 17 Déclaration des droits de l'homme et du citoyen, 26. 8. 1789.

67 Siehe außerdem Art 1 des 1. ZPEMRK, Art 21 AMRK.

68 Siehe *Sayadi and Vinck v Belgium* (Fn 35), para 10.8.

69 Siehe *Sayadi and Vinck v Belgium* (Fn 35), para 10.13; vgl zB UK Supreme Court, *Treasury v Ahmed* (Fn 38), para 38 f, 60.

70 Vgl etwa *Sayadi and Vinck v Belgium* (Fn 35), para 3.12.

71 Siehe etwa den in Sierra Leone Sanctions Committee, Annual Report, 27. 2. 2004, UN Doc S/2004/166, para 13 f geschilderten Sachverhalt.

72 Siehe zB HRC, *Czernin v Czech Republic*, No 823/1998, UN Doc CCPR/C/83/D/823/1998 (2005), para 7.5.

Von vornherein nicht in Frage kommt eine Abwägung jedoch bei Grundsätzen wie dem Zugang zu einem unabhängigen Gericht gemäß Art 14 IPBPR.[73] Gerade bei heiklen Abwägungsfragen ist eine Entscheidung durch ein Organ mit Tribunalqualität unentbehrlich.[74] Dem IPBPR ist also insoweit eine Art „Wesensgehaltssperre" inhärent, wie sie auch aus dem nationalen Grundrechtsschutz bekannt ist:[75] Der Sicherheitsrat darf keine Regelungen erlassen, die gegen das Wesen des Grundrechts verstoßen und so in ihrer Wirkung der Aufhebung des Grundrechts gleichkommen. Dieser unbedingte Schutz des fundamentalen Inhalts von Art 14 IPBPR wird auch vom Menschenrechtsausschuss seit langem ausdrücklich anerkannt.[76]

Überdies ist allem Handeln des Sicherheitsrats nach Kapitel VII ein Proportionalitätsgebot immanent, ermächtigt ihn doch Art 42 UN-Charta nur zur Ergreifung der „erforderlichen" Maßnahmen.[77] Grundrechtseingriffe durch Kapitel-VII-Resolutionen sind also schon allein nach dem internen System der Charta nur dann gerechtfertigt, wenn der Eingriff überhaupt einer Verhältnismäßigkeitsprüfung standhält – anderenfalls läge ein Ultra-vires-Handeln des Sicherheitsrats vor.[78] Es ist also gerade bei einer Beschränkung von Verfahrensrechten jedenfalls sorgfältig abzuwägen, ob sie wirklich geeignet, notwendig

73 So auch *I. Cameron*, The European Convention on Human Rights, Due Process and United Nations Security Council Counter-Terrorism Sanctions (2006), 21.

74 In diesem Sinn auch *de Wet* (Fn 26), 206 f.

75 Vgl in der deutschen Grundrechtsdogmatik Art 19 Abs 2 GG, aber zB auch für Österreich VfSlg 3118/1956 und VfSlg 3505/1959.

76 HRC, General Comment No 29, UN Doc CCPR/C/21/Rev.1/Add.11 (2001), para 11; para 16 verweist auf den gemeinsamen Art 3 der Genfer Konventionen von 1949, der sogar in Kriegssituationen Kernelemente eines fairen Verfahrens garantiere; für Derogationen in anderen Notsituationen gebe es keine Rechtfertigung; siehe weiters General Comment No 24, UN Doc CCPR/C/21/Rev.1/Add.6 (1994), para 8. Ebenfalls sehr kategorisch General Comment No 32 (Fn 25), para 19. Die UN Sub-Commission on Prevention of Discrimination and Protection of Minorities hatte 1993 den Vertragsstaaten gar ein drittes Fakultativprotokoll vorgeschlagen, das Art 14 IPBPR als Ganzes für nichtderogierbar erklärt hätte. Dieser Vorschlag wurde vom Menschenrechtsausschuss als unpraktikabel abgelehnt, was jedoch nichts an der Nichtderogierbarkeit der Kernelemente des Art 14 IPBPR ändert, vgl *de Wet* (Fn 26), 197 Fn 48 mwH. Der ICTY geht sogar noch weiter und scheint von einer Ius-cogens-Qualität des gesamten Art 14 IPBPR auszugehen (siehe Fn 9).

77 So auch *Thallinger* (Fn 4), 1031.

78 Das Proportionalitätsgebot wurde für den IPBPR selbst bereits in HRC, General Comment No 5, UN Doc HRI/GEN/1/Rev.1 (1981), 5 (para 1 und 3) statuiert und später in General Comment No 29 (Fn 76), para 2 und 4 bekräftigt. Vgl für den Bereich der EMRK ua EGMR 18. 2. 1999, *Waite und Kennedy gegen Deutschland*, No 26083/94, RJD 1999-I, 393 (para 59).

und verhältnismäßig sind, oder ob nicht doch mit gewissen Modifikationen des Verfahrens der Zweck der Sanktionen ebenso erfüllt werden kann.[79]

Eine Ausnahme von den Anforderungen des Paktes könnte sich allerdings aus der Notstandsklausel des Art 4 IPBPR ergeben. So haben in der Vergangenheit etliche Staaten einen Notstand wegen terroristischer Akte erklärt und notifiziert, zB Israel,[80] Spanien und das Vereinigte Königreich, aber auch Staaten wie Aserbaidschan, Nepal oder Peru. Allerdings stellt sich die Frage, wie weit Bestimmungen über den „öffentlichen Notstand[], der das Leben der Nation bedroht", auf das UN-System übertragen werden können.

Dazu ist zunächst festzuhalten, dass sich die UN als Grundrechtsverpflichtete grundsätzlich in derselben Rechtsposition wie ein Staat wiederfinden. Ausgehend von der Überlegung, dass bei Staaten die Notstandssituation innerhalb des eigenen Territoriums vorliegen muss, wäre bei den UN analog von einem Notstand innerhalb der eigenen Jurisdiktion auszugehen. Von daher könnte eine Bedrohung des Weltfriedens, wie sie Art 39 UN-Charta für Zwangsmaßnahmen nach Kapitel VII verlangt, mutatis mutandis durchaus als ein öffentlicher Notstand iS des Art 4 IPBPR angesehen werden.

Nicht zuletzt vor dem Hintergrund des in den letzten Jahren immer großzügiger angewendeten Begriffs der „Friedensbedrohung"[81] wäre es aber wohl verfehlt, bei Kapitel-VII-Maßnahmen des Sicherheitsrats generell das Vorliegen eines öffentlichen Notstands anzunehmen.[82] So gelten für eine Anwendung von Kapitel VII andere Kriterien als für einen Notstand iS des Art 4 IPBPR. Insbesondere ist auch zu beachten, dass zwischen dem Beschluss einer Sicherheitsratsresolution und der tatsächlichen Erlassung einer individualisierten Sanktionsmaßnahme oft ein langer Zeitraum von mehreren Jahren liegt, sodass in vielen Fällen gar kein unmittelbarer Notstand mehr bestehen mag, der eine Derogation von Verfahrensgarantien rechtfertigen würde. Oftmals scheint bei nach Kapitel VII erlassenen Folgeresolutionen nicht einmal der Sicherheitsrat selbst davon auszugehen, dass die ursprüngliche Friedensbedrohung noch fortbesteht.[83] Die Anwendung der Notstandsklausel des Art 4 IPBPR ist jedoch gemäß ihrem Abs 1 stets auf das in der jeweils gegebenen Situation unbedingt notwendige Maß zu reduzieren.[84]

---

79 In diesem Sinn auch *Fassbender* (Fn 6), 28.

80 Siehe dazu IGH, *Legal Consequences of the Construction of a Wall in the Occupied Palestinian Territory (Advisory Opinion)*, ICJ Reports 2004, 136 (para 127).

81 Dazu *S. Chesterman*, Just War or Just Peace? Humanitarian Intervention and International Law, Oxford 2001, 127 ff.

82 In diesem Sinn aber *Thallinger* (Fn 4), 1029, der vom Sicherheitsrat lediglich „a diligent, non-abusive application of Article 39" verlangt.

83 Vgl die Nachweise bei *Chesterman* (Fn 81), 126.

84 General Comment No 29 (Fn 76), para 4.

Da also nicht alle Kapitel-VII-Maßnahmen unbeschränkt unter Art 4 IPBPR fallen, wäre es bei Akten mit menschenrechtlichen Implikationen auch Aufgabe des Sicherheitsrats, das Bestehen einer Notstandssituation zu prüfen und gegebenenfalls auch ausdrücklich festzustellen.[85] Art 4 Abs 3 IPBPR verpflichtet zu einer konkreten Mitteilung über die außer Kraft gesetzten Bestimmungen, einschließlich einer Begründung für die Derogation, sowie zu einer Notifikation der Beendigung des Notstands.[86]

Der Sicherheitsrat wäre bei Berücksichtigung dieser Anforderungen also in der Pflicht, menschenrechtliche Problemlagen – stärker als dies bisher gehandhabt wurde – prospektiv zu analysieren. Selbstverständlich dürfen bei sehr kurzfristig notwendigen Maßnahmen die impliziten prozeduralen Anforderungen des Art 4 IPBPR nicht überspannt werden, um den Sicherheitsrat in seiner Handlungsfähigkeit nicht zu sehr einzuschränken und ihn bei der Wahrnehmung seiner Hauptverantwortung für die Wahrung des Weltfriedens und der internationalen Sicherheit gemäß Art 24 UN-Charta nicht zu behindern. Für gezielte Sanktionen sind allerdings idR ohnehin aufwendige Vorarbeiten notwendig, in deren Verlauf auch eine adäquate Beurteilung der menschenrechtlichen Implikationen ohne Weiteres möglich ist.

Wenn also vom Sicherheitsrat schon eine gewisse vorausschauende Beachtung der menschenrechtlichen Dimension erwartet werden kann, so erscheint es umso unverständlicher, warum es ihm über ein Jahrzehnt nach dem Beschluss der ersten Taliban-Resolution 1267 (1999) nicht zuzumuten sein soll, ein transparenteres, menschenrechtskonformes Rechtsschutzverfahren zu schaffen.[87] Ein Ende des Kampfes gegen den Terror ist nicht in Sicht, aber eine Perpetuierung des globalen Ausnahmezustands, der unmittelbar nach 9/11 ausgerufen wurde, wäre unerträglich. Schließlich sollten sich gerade die UN dessen bewusst sein, dass der sorgsame Umgang mit Notstandsklauseln ein bedeutender Gradmesser für eine effektive Umsetzung der Menschenrechte ist.[88]

---

85 AM *Thallinger* (Fn 4), 1030, der vor dem Hintergrund seiner Gleichsetzung der Kriterien von Art 39 UN-Charta und Art 4 IPBPR (siehe oben Fn 82) folgerichtig schließt, dass die Feststellung einer Friedensbedrohung in einer Sicherheitsratsresolution in Anbetracht von deren Publizität den Deklarationserfordernissen des Art 4 IPBPR genügt.

86 Siehe dazu im Detail General Comment No 29 (Fn 76). Siehe auch *D. McGoldrick*, The Interface Between Public Emergency Powers and International Law, International Journal of Constitutional Law 2 (2004), 380–429 (422 ff).

87 Vgl in diesem Sinn auch die abweichende Meinung von *Rodley* zu *Sayadi and Vinck v Belgium* (Fn 35) und die Kritik des EuG in *Kadi gegen Kommission* (Fn 18), para 128, sowie des Federal Court of Canada in *Abdelrazik v Canada* (Fn 18), para 51.

88 Vgl nur *McGoldrick* (Fn 86), 388.

B. Menschenrechtskonforme Rechtsschutzmodelle auf UN-Ebene

Die Errichtung eines menschenrechtsadäquaten Sanktionsrechtsschutzes rührt bekanntlich an politischen Sensibilitäten der fünf ständigen Mitglieder des Sicherheitsrates. Das soll aber die Wissenschaft nicht davon abhalten, die verschiedenen Modelle eines institutionalisierten UN-Individualrechtsschutzes einem menschenrechtlichen Lackmustest zu unterziehen, um den organisatorischen Gestaltungsspielraum des Sicherheitsrates zu konkretisieren. Immerhin hat der Sicherheitsrat in der nunmehr fünfzehnjährigen Geschichte gezielter Sanktionen einen beachtlichen Lernprozess durchlaufen, der noch nicht beendet ist, wie die neueste Sicherheitsratsresolution 1904 vom 17. 12. 2009[89] verdeutlicht: Als Reaktion auf die vielen nationalen und supranationalen Gerichtsverfahren, in denen adäquater Rechtsschutz auf UN-Ebene eingefordert wurde,[90] richtete der Sicherheitsrat die Position einer Ombudsperson ein, deren Kompetenz auf Untersuchungen und Empfehlungen begrenzt ist.[91] Der Sicherheitsrat hat also zielsicher auf jenes Rechtsschutzmodell zurückgegriffen, das am weitesten von den verfahrensrechtlichen Anforderungen des Art 2 Abs 3 und des Art 14 IPBPR entfernt ist.

I. Ombudsperson und andere Modelle unabhängiger, aber unverbindlicher Sanktionsüberprüfung

Die UN haben bereits ihre leidigen Erfahrungen mit streitbaren Ombudspersonen gemacht, die mit „naming and shaming“ durchaus politische Wirkung erzielten konnten: Durch die UNMIK-Verordnung Nr 2000/38 wurde im Kosovo die Institution einer Ombudsperson errichtet, mit der „jurisdiction to receive and investigate complaints from any habitual resident of Kosovo […] concerning violations of international human rights standards as incorporated in the applicable law and acts, including omissions, which constitute an abuse of authority by the Kosovo Institutions.“[92] In den ersten Sonderberichten prangerte Ombudsmann *Marek Antoni Nowicki* die Jurisdiktionsimmunität von UNMIK, KFOR und ihrem Personal vor lokalen Gerichten des Kosovo an[93] und ließ auch

89 Siehe Fn 18.

90 Siehe den 9. Erwägungsgrund der Sicherheitsratsresolution 1904 (Fn 18).

91 Annex II der Sicherheitsratsresolution 1904 (Fn 18).

92 Section 3.1 UNMIK Regulation No 2000/38, 30. 6. 2000, UN Doc UNMIK/REG/2000/38, idF der UNMIK Regulation No 2006/6, 16. 2. 2006, UN Doc UNMIK/REG/2006/6.

93 *M. A. Nowicki* (Ombudsperson in Kosovo), Special Report No 1 on the compatibility with recognized international standards of UNMIK Regulation No 2000/47 on the Status, Privileges and Immunities of KFOR and UNMIK and Their Personnel in Kosovo (18

die menschenrechtswidrige UNMIK-Praxis der Executive Detention Order nicht ungeschoren.[94] Die Institution einer Ombudsperson wurde auch in Osttimor für die Zeit der UN-Territorialverwaltung (UNTAET) errichtet.[95] Und schließlich griff die unter US-amerikanischer Führung stehende Coalition Provisional Authority (CPA) während der Besetzung des Iraks auf das Ombudsmodell zurück.[96] Der Grund, warum sich die Kontrollinstanz „Ombudsperson" bei den zu kontrollierenden Behörden einer gewissen Beliebtheit erfreut, liegt auf der Hand. Mit mehr oder minder institutionell abgestützten Untersuchungsbefugnissen ausgestattet, unterstreichen internationale Akteure durch die Einsetzung einer unabhängigen Ombudsperson öffentlichkeitswirksam ihre Bereitschaft zur Rechenschaftlegung, ohne rechtlich an die Kette gelegt zu werden; denn bindende Entscheidungs- und Streitbeilegungskompetenzen hat die Ombudsperson traditionell nicht.

Die Position einer „1267-Ombudsperson", die der Sicherheitsrat durch Resolution 1904 am 17. 12. 2009 errichtet hat, ist mit eben jenen begrenzten Untersuchungskompetenzen ausgestattet, die eine solche Institution traditionell auszeichnen. Annex II der Resolution 1904 setzt für das Al-Qaida-Taliban-Sanktionsregime die Ombudsperson an die Stelle des Focal Point. Verfahrensrechtlich wird unterschieden zwischen der zweimonatigen Phase der Informationssammlung durch die Ombudsperson und einer anschließenden zweimonatigen Phase des „Dialoges" der Ombudsperson mit allen Verfahrensbeteiligten, dh dem Petitionär, den involvierten Staaten, dem Monitoring Team und dem 1267-Sanktionsausschuss. In der dritten und letzten Phase – der Entscheidungsphase – wird die Ombudsperson vom entscheidungsbefugten 1267-Sanktionsausschuss angehört.[97] Da die Ombudsfunktion notwendigerweiser Zugang zu entscheidungsrelevanten Informationen benötigt, ist zumindest das Monitoring Team zur Informations-

---

August 2000), 26. 4. 2001 (abrufbar unter *http://www.ombudspersonkosovo.org/repository/docs/E4010426a.pdf*).

94 *M. A. Nowicki* (Ombudsperson in Kosovo), Special Report No 3 on the conformity of deprivations of liberty under 'Executive Orders' with recognised international standards, 29. 6. 2001 (abrufbar unter *http://www.ombudspersonkosovo.org/repository/docs/E4010629a.pdf*).

95 Einsetzung berichtet von *C. Stahn*, The Law and Practice of International Territorial Administration, Cambridge 2008, 621; *C. Bongiorno*, A Culture of Impunity: Applying International Human Rights Law to the United Nations in East Timor, Columbia Human Rights Law Review 33 (2002), 623–692 (685); einige der wenigen Hinweise auf die tatsächliche Existenz und Operabilität der Institution sind zu finden unter *http://www.un.org/en/peacekeeping/missions/past/etimor/DB/Db010601.htm.*

96 CPA Order No 98, Iraqi Ombudsman for Penal and Detention Matters, 27. 6. 2004.

97 Sicherheitsratsresolution 1904 (Fn 18), Annex II para 10; das gewöhnliche Verfahren ist niedergelegt in den Guidelines of the Committee (Fn 32), insb para 3.

weiterleitung verpflichtet,[98] wenn schon nicht die UN-Mitgliedstaaten. Einen Informationsfluss von der Ombudsperson zum Petitionär sieht Resolution 1904 nicht vor.

Unabhängig davon, ob sich die Ombudsperson zu einem einflussreichen Player im De-listing Verfahren entwickeln wird, wird die Institution isoliert betrachtet weder die Anforderungen des Art 14 Abs 1 noch des Art 2 Abs 3 lit a und b IPBPR an ein faires Verfahren bzw einen effektiven Rechtschutz („effective remedy", „recours utile") erfüllen. Während Art 14 IPBPR unstrittig ein mit Entscheidungsbefugnissen ausgestattetes gerichtliches Tribunal verlangt, sind die verfahrensrechtlichen Anforderungen des Art 2 Abs 3 lit b IPBPR an den Rechtsschutz bei Menschenrechtsverletzungen weniger klar umrissen. Gleichwohl lässt sich dem Wortlaut der Norm entnehmen, dass die mit der Menschenrechtsbeschwerde befasste gerichtliche, administrative oder legislative Instanz befugt sein muss, über die Verletzung eines Konventionsrechts zu befinden (lit b: „determine[]", „statuer[]") und Abhilfe zuzusprechen (lit a: „effective remedy" ", „recours utile").[99]

Auch wenn also die Errichtung eines Ombudsoffice im 1267er-Sanktionsverfahren als Schritt in die richtige Richtung politisch zu begrüßen ist, muss die menschenrechtliche Bewertung negativ ausfallen. So ließ die Kritik des UK Supreme Court nicht lange auf sich warten. Im Urteil *HM Treasury v Mohammed Jabar Ahmed et al* vom 27. 1. 2010[100] kanzelte Lord *Hope* mit Zustimmung der Richtermehrheit das neue UN-Ombudsoffice in einem Nebensatz ab: „While these improvements are to be welcomed, the fact remains that there was not when the designations were made, and still is not, any effective judicial remedy."[101] Wie sich aus den weiteren Ausführungen des Lordrichters ergibt, liegt der Kern der Kritik vor allem in dem offenkundig fehlenden gerichtlichen Sanktionsrechtsschutz auf UN-Ebene: „[T]here exists no judicial procedure for review".[102] Diese Feststellung ist zweifelsohne im Lichte des Art 14 IPBPR richtig; im Kontext des Art 2 Abs 3 IPBPR bleibt allerdings die Frage, ob die empfehlende Ombudsperson in ihrem Zusammenwirken mit dem entscheidungsbefugten Sanktionskomitee einen effektiven quasi-justiziellen Rechtsschutz bietet, der den Anforderungen des Art 2 Abs 3 IPBPR genügt.

---

98 Sicherheitsratsresolution 1904 (Fn 18), Annex II para 3 lit a.

99 Siehe für die Standards nach Art 13 EMRK („effective remedy") EGMR 25. 2. 1983, *Silver ua gegen Vereinigtes Königreich*, Nr 5947/72 ua, Serie A 61, para 115 = EHRR 5, 347.

100 Siehe Fn 38; siehe auch EuG, *Kadi gegen Kommission* (Fn 18), para 128.

101 UK Supreme Court, *Treasury v Ahmed* (Fn 38), para 78. Ganz in diesem Sinn auch EuG, *Kadi gegen Kommission* (Fn 18), para 128.

102 UK Supreme Court, *Treasury v Ahmed* (Fn 38), para 239 aE.

II. Quasi-justizieller Rechtsschutz

Lange bevor das internationale Schrifttum den Begriff „quasi-justiziell“ für internationale Institutionen entdeckte, wurde er im anglo-amerikanischen Verwaltungsrecht dazu genutzt, um das Zusammenfallen von politisch-administrativen und rechtsprechenden Funktionen zu bezeichnen.[103] So wird unter anderem vertreten, dass im quasi-justiziellen Verfahren der streitige Sachverhalt im geordneten und fairen Verfahren festgestellt und in dieser Phase Recht angewendet wird, die endgültige Entscheidung über die individuelle (Rechts-)Position aber rein politisch, dh interessensgeleitet, ist.[104] Auch eine auf Grundlage von Rechtsnormen gefällte Entscheidung eines politisch bestellen und mit politischen Funktionen betrauten Organs über Rechtspositionen kann als quasi-justiziell bezeichnet werden.[105]

Im internationalen Raum wird das WTO Dispute Settlement Unterstanding allgemein als Prototyp eines quasi-justiziellen Streitbeilegungsmechanismus angesehen. Im Panel-Verfahren bzw im daran anschließenden Berufungsverfahren wird auf Basis des WTO-Rechts ein unverbindliches Rechtswidrigkeits- oder Rechtmäßigkeitsvotum in Gutachtenform gefällt. Die Annahmeentscheidung des Dispute Settlement Body (DSB) – Rechtsgrund für die Bindung der Streitparteien an das Gutachten – gründet ausschließlich auf den politischen Interessen der im DSB versammelten WTO-Mitgliedstaaten. Auch das Inspection Panel der Weltbank fällt unter die Kategorie des quasi-justiziellen Rechtsschutzes: Das Inspection Panel erstattet auf Basis eingehender Untersuchungen des Sachverhaltes und einer Anwendung auf die einschlägigen Weltbank-Regeln und -Verfahren dem entscheidungsbefugten Exekutivdirektorium, einem politischen Organ, Empfehlungen.[106]

Die Parallelen zum neuen Ombudsperson-System im 1267er-Sanktionsverfahren drängen sich auf: Die Ombudsperson empfiehlt die Streichung eines Peti-

---

103 *H. W. R. Wade*, ‘Quasi-Judicial’ and Its Background, Cambridge Law Journal 10 (1949), 216–240 (217).

104 *Wade* (Fn 103), 235.

105 *O. Schachter*, The Quasi-Judicial Rôle of the Security Council and the General Assembly, American Journal of International Law 58 (1964), 960–965 (961).

106 *I. F. I. Shihata*, The World Bank Inspection Panel: In Practice, Oxford 2000, 85 ist der Auffassung, es handele sich bei dem Inspection Panel um keinen „court of law“, da das Panel nicht befugt sein, Abkommen und internes Weltbankrecht auszulegen. Bei aufkommenden Auslegungs- und Rechtsfragen sei die Rechtsabteilung der Weltbank um Rat („advice“) zu fragen (Resolution No IBRD 93-10 und Resolution No IDA 93-6, para 15); die Auffassung *Shihatas* greift zu kurz, da bereits die Rechtsanwendung unter den Kanon der richterlichen Aufgaben fällt und sich kaum sinnvoll von der Rechtsinterpretation trennen lässt.

tionärs von der Liste nach Aufklärung der relevanten Fakten, die verbindliche Entscheidung trifft das Sanktionskomitee. Damit dieses Vehikel allerdings als quasi-justizieller Mechanismus eingeordnet werden kann, muss die Frage geklärt werden, ob zumindest die Ombudsperson auf Basis rechtlicher Erwägungen zu der Empfehlung der Listenstreichung kommt; das anwendbare Recht wären die einschlägigen Sicherheitsratsresolutionen, aber auch die UN-Charta und gegebenenfalls Individualrechte, die die UN kraft ihrer völkerrechtlichen Verpflichtungen zu wahren haben. Es ist bemerkenswert, dass Resolution 1904 bei der Beschreibung der Ombudsfunktion kein Wort über die Kontrolle der Listung auf Basis von UN-Recht verliert. Vielmehr wird in para 7 des Annexes II der Resolution 1904 festgelegt, dass der Abschlussbericht der Ombudsperson neben der Darstellung aller fallbezogenen Maßnahmen „ausschließlich" eine Zusammenfassung und Analyse der Informationen enthalten darf, die die Grundlage für die Streichungsempfehlung der Ombudsperson bilden. Die auf fact-finding reduzierte Funktion der Ombudsperson erinnert an die Kernaufgabe der United Nations Compensation Commission (UNCC).[107] Als UN-Generalsekretär *Pérez de Cuéllar* dem Sicherheitsrat die Errichtung der UNCC zur Abwicklung der Schäden aus dem Irak-Kuwait-Krieg empfahl, strich er deren nicht-justizielle Funktion heraus: „[T]he Commission is not a court or an arbitral tribunal before which the parties appear; it is a political organ that performs an essentially fact-finding function of examining claims, verifying their validity, evaluating losses, assessing payments and resolving disputed claims; it is only in this last respect that a quasi-judicial function may be involved." Streitbeilegungsfunktionen, in deren Rahmen Rechtsnormen auf den ausgeforschten Sachverhalt angewendet werden, hat die 1267er-Ombudsperson nach den Buchstaben der Resolution 1904 nicht, wobei allerdings davon auszugehen ist, dass sie notwendigerweise den ausgeforschten Sachverhalt an den einschlägigen Sicherheitsratsresolutionen messen muss, um überhaupt zu einer Streichungsempfehlung kommen zu können.[108] Der 1267er-Sanktionsausschuss entscheidet wiederum über die Streichungsempfehlungen im Konsensverfahren, ohne dass die Ausschussrichtlinien die Entscheidungsbasis konkretisieren würden. Mit anderen Worten, das Stimmverhalten im Sanktionsausschuss darf auch von rein politischen Überlegungen getragen werden. Erst wenn sich also die Ombudsperson entgegen der Intention

107 Die UNCC wurde als Nebenorgan des Sicherheitsrates durch Sicherheitsratsresolution 692 (1991), 20. 5. 1991, UN Doc S/RES/692 (1991) in der Folge des Irak-Kuwait-Krieges errichtet und beendete 2007 endgültig ihre Tätigkeit.

108 Für die Listungsentscheidung des Sanktionsausschusses sehen dies die Guidelines of the Committee (Fn 32), section 6(c) ausdrücklich vor: „The Committee will consider proposed listings on the basis of the 'associated with' standard described in para 2 and 3 of resolution 1617 (2005) […]".

des Sicherheitsrates zu einer unabhängigen Rechtsschutzinstanz entwickelt, die auf Basis des UN-Rechts (unter Beachtung der internationalen Menschenrechte) die Listung richterlich-neutral überprüft und das Ergebnis dem Sanktionsausschuss zur Entscheidung vorlegt, ließe sich das De-listing-Verfahren als quasijustizieller Mechanismus einstufen.

Damit ist freilich noch nicht die Frage beantwortet, ob ein quasi-justizieller Rechtsschutzmechanismus auf UN-Ebene die Anforderungen des Art 2 Abs 3 IPBPR erfüllt. Zumindest im Falle des Art 14 IPBPR ist das Urteil klar: Die politische Entscheidung, die am Ende des Verfahrens steht, ist im Lichte dieses Menschenrechts konventionswidrig. Der effektive Rechtschutz, den Art 2 Abs 3 IPBPR verlangt, kann dagegen hybride Beschwerdeverfahren durchaus absorbieren. Voraussetzung ist allerdings, dass das hybride Beschwerdeverfahren einen effektiven Schutz der Konventionsrechte bewirkt. Im Fall *Faure v Australia* verwies der Menschenrechtsausschuss auf seine ständige Spruchpraxis, dass bei Konventionsverletzungen Individuen ein zugänglicher, effektiver und erzwingbarer Rechtsschutz zur Verfügung stehen müsse.[109] Zum effektiven Rechtsschutz gehört auch die Wiedergutmachung im Falle einer festgestellten Konventionsverletzung,[110] zu der in erster Linie die Streichung von der 1267-Sanktionsliste gehört, aber darüber hinaus wohl auch Maßnahmen zur Rehabilitation der zu Unrecht sanktionierten Person und gegebenenfalls Schadensersatz. Abgesehen davon, dass der Sanktionsausschuss nur die Kompetenz besitzt, die Sanktionslisten auf Grundlage der neuen Fakten anzupassen, erfüllt der Sanktionsausschuss auch seiner Natur nach nicht die Anforderungen des Art 2 Abs 3 IPBPR. Im Fall *Sinitsin v Belarus* konkretisierte der Menschenrechtsausschuss seine Vorstellung von effektivem Rechtsschutz: „[N]o effective remedies were available to the author to challenge the Central Electoral Commission ruling declaring his nomination invalid, nor could he challenge the subsequent refusal by the CEC to register him as a presidential candidate before an *independent and impartial body*. The Committee considers that the absence of an independent and impartial remedy to challenge (1) the CEC ruling on the invalidity of the author's nomination and, in the present case, (2) the CEC refusal to register his candidacy, resulted in a violation of his rights under article 25 (b) of the Covenant, read in conjunction with article 2."[111] Die Attribute „unabhängig" und

---

109 *Faure v Australia* (Fn 64), para 7.2 unter Verweis auf *Kazantzis v Cyprus* (Fn 65); siehe auch HRC, General Comment No 31, UN Doc CCPR/C/21/Rev.1/Add.13 (2004), para 15.

110 General Comment No 31 (Fn 109), para 16.

111 HRC, *Sinitsin v Belarus*, No 1047/2002, para 7.3, UN Doc CCPR/C/88/D/1047/2002 (2006) (Hervorhebung durch Verfasserin); General Comment No 31 (Fn 109), para 15. Siehe bereits *O. Schachter*, The Obligation to Implement the Covenant in Domestic Law,

„unparteiisch“ erfüllt der Sanktionsausschuss als verlängerter Arm des Sicherheitsrates sicherlich nicht, auch wenn er durchaus effektiv Abhilfe schaffen kann. Die Ombudsperson dagegen, deren Unabhängigkeit durch para 20 der Sicherheitsratsresolution 1904 explizit hervorgehoben wird, ist mangels Entscheidungsbefugnis keine effektive Rechtsschutzinstanz. Aus diesen beiden unvollkommenen „Hälften“ wird auch nicht dadurch ein vollkommenes „Ganzes“, dass Ombudsperson und Sanktionsausschuss im De-listing-Verfahren zusammenarbeiten. Solange am Ende des Verfahrens keine unparteiische Entscheidung mit effektiver Wirkung steht, bleibt Art 2 Abs 3 IPBPR verletzt.

Ob das De-listing-Verfahren zumindest dann im Lichte des Art 2 Abs 3 IPBPR „gerettet“ werden könnte, wenn analog zum WTO-DSB (Art 17 Abs 14 DSU) im Sanktionsausschuss ein „negativer“ Konsens für die Ablehnung der Streichungsempfehlung der Ombudsperson notwendig wäre, ist zu bezweifeln. Während im DSB der im Panel-Verfahren obsiegende Mitgliedstaat immer für die Annahme des Panelgutachtens sorgen wird, hat kein Mitgliedsstaat des 1267er-Sanktionsausschusses ein genuines Eigeninteresse an der Streichung eines Petitionärs, und zwar selbst dann nicht, wenn der Petitionär die Nationalität eines Mitgliedsstaates besitzt. Insofern wird das Erfordernis eines negativen Konsenses keine unüberwindliche Hürde bei der Ablehnung der Streichungsempfehlung der Ombudsperson sein; die Effektivität des Individualrechtsschutzes kann folglich durch eine Änderung des Abstimmungsmodus im Sanktionskomitee nicht hergestellt werden.

III. Administrativer Rechtschutz

Effektiver Rechtsschutz gegen Exekutivmaßnahmen kann grundsätzlich auch im Verwaltungsverfahren durch Verwaltungsbehörden gewährt werden.[112] Voraussetzung ist allerdings, dass die Verwaltungsbehörde unabhängig und unparteiisch die Konventionsverstöße überprüft und darüber hinaus befugt ist, Abhilfe zu schaffen. Der 1267er-Sanktionsausschuss erfüllt, wie dargelegt, diese Anforderungen nicht. Denkbar wäre allerdings, ein mit den Attributen „unabhängig“ und „unparteiisch“ ausgestattetes Verwaltungsorgan innerhalb des UN-Sekretariats zu schaffen, wenn schon der Sanktionsausschuss aufgrund seiner Nähe zum Sicherheitsrat keine Funktion im Rahmen des Art 2 Abs 3 IPBPR erfüllen

---

in: *L. Henkin* (Hrsg), The International Bill of Rights – the Covenant on Civil and Political Rights, New York 1981, 311–331 (330 f).

112 Die Frage, ob ein Verwaltungsverfahren einen effektiven Rechtsbehelf („effective remedy“, „recours utile“) darstellt, war bei den Verhandlungen zum IPBPR umstritten, siehe *Nowak* (Fn 27), Art 2 Rz 11.

kann. Die UN hat durchaus Erfahrungen mit administrativem Rechtsschutz: Bei jeder militärischen UN-Peacekeeping- und -Peacebuilding-Mission wurden bislang „Local Claims Review Boards" eingerichtet, die organisatorisch zum Generalsekretariat gehören und weisungsgebunden vor Ort die Schadensersatzforderungen von Individuen gegen die UN-Missionen in tatsächlicher wie rechtlicher Hinsicht überprüfen und gegebenenfalls – mit Zustimmung des UN Legal Office – Entschädigung zusprechen.[113] Kann der Streit zwischen dem Geschädigten und den UN nicht im Rahmen dieses administrativen Verfahrens beigelegt werden, besteht prinzipiell die Möglichkeit, eine schiedsgerichtliche Kommission – die Standing Claims Commission – einzusetzen.[114] Die Waffenungleichheit zwischen dem Geschädigten und den UN haben allerdings bislang die UN davor bewahrt, dieses aufwändige Verfahren zu aktivieren.[115]

Ob derartige Formen des administrativen UN-Rechtsschutzes als Modell für das Sanktionsverfahren dienen können, dh ein „1267 Petition Review Board" die Lösung aller menschenrechtlichen Probleme verheißt, hängt entscheidend davon ab, wie viel Weisungsgebundenheit Art 2 Abs 3 IPBPR erlaubt.

Grundsätzlich stellt die Einbindung des entscheidenden Exekutivorgans in die Verwaltungshierarchie nicht per se die Unabhängigkeit seiner Entscheidung in Frage. Allerdings muss zumindest die Einflussnahme desjenigen Organs ausgeschlossen sein, das die Konventionsverletzung ermöglicht, angeordnet oder vollzogen hat. Ein Weisungsrecht des Sicherheitsrates oder seines Nebenorganes, des 1267er-Sanktionsausschusses, wäre im Rahmen des Art 2 Abs 3 IPBPR zweifelsohne unzulässig. Dagegen ist die Ansiedlung eines „1267 Petition Review Board" im Generalsekretariat auch bei Weisungsbefugnissen des UN-Generalsekretärs durchaus eine im Lichte des Art 2 Abs 3 IPBPR überlegenswerte Lösung. Das gilt zumindest dann, wenn in diesem Verfahren die üblichen Grundsätze eines fairen Verfahrens, zB Anhörungs-, Informations- und Beweisrecht, gewährleistet sind und zudem ausgeschlossen ist, dass der Sicherheitsrat über Art 98 UN-Charta substantiell Einfluss auf das Verwaltungsverfahren nimmt.[116] Im Übrigen müsste die Entscheidung des „1267 Petition Review Board" – gegebenenfalls nach Bestätigung durch den UN-Generalsekretär – das Verwaltungsverfahren innerhalb der UN durch eine Listenstreichung abschließen können.

---

113 Näher dazu *K. Schmalenbach*, Die Haftung Internationaler Organisationen, Frankfurt am Main 2004, 238 ff, 410 ff und 455 ff.

114 Siehe Art 51 des Modell-Statusabkommens der UN, 9. 10. 1990, UN Doc A/45/594.

115 *Schmalenbach* (Fn 113), 459.

116 Üblicherweise ist mit der Delegation einer Aufgabe an den Generalsekretär gemäß Art 98 UN-Charta lediglich eine Berichtspflicht über die Implementierung verbunden, siehe *S. D. Bailey/S. Daws*, The Procedure of the UN Security Council, Oxford 1998, 120.

Art 14 IPBPR – der nach der hier vertretenen Auffassung die Qualität des Sanktionsrechtsschutzes auf UN-Ebene diktiert – würde freilich gebieten, dass nach dem administrativen Rechtsschutzverfahren dem Petitionär eine gerichtliche Rechtsschutzmöglichkeit offen stünde.

IV. Justizieller Rechtsschutz

Gerichtlicher Rechtsschutz, wie ihn Art 14 IPBPR vor Augen hat, verlangt ein auf Basis des Gesetzes eingesetztes, in richterlicher Unabhängigkeit zur Exekutive (und bis zu einem gewissen Grad auch zur Legislative) agierendes und kompetentes Organ, das sein verbindliches Urteil auf Basis des Rechts fällt.[117] Auf die konkrete Bezeichnung als „Gericht" oder „Tribunal" kommt es nicht an; entscheidend sind die Kompetenzen des rechtsprechenden Organs und seine Positionierung in der Staatsorganisation zur Absicherung der richterlichen Unabhängigkeit von politischen oder sonstigen interessengerichteten Einflüssen.[118]

Gerichtlicher Rechtsschutz auf UN-Ebene ist – abgesehen von der Tätigkeit des UN Administrative Tribunal – selten, aber nicht unbekannt. Ein umstrittenes[119] Beispiel für Menschenrechtsschutz durch ein richterliches UN-Organ ist die Detention Review Commission im Kosovo (tätig von August bis Oktober 2001). Ihre Aufgabe bestand darin, von UNMIK angeordnete Verhaftungen (Executive Orders) zu überprüfen und bei Rechtswidrigkeit die Entlassung anzuordnen. Die mit internationalen Richtern besetzte Kommission hat während ihrer dreimonatigen Tätigkeit in der Praxis richterliche Unabhängigkeit gegenüber UNMIK bewiesen, wobei die Sicherheitsinteressen der Verwaltung durch ein besonderes *in camera*-Verfahren gewahrt wurden.[120]

Mit der Einrichtung der Detention Review Commission haben die UN gezeigt, dass sie nach entsprechendem öffentlichen Druck durchaus bereit und in der Lage sind, auch außerhalb der Organisation richterlichen Individualrechtsschutz

---

117 General Comment No 32 (Fn 25), para 15 ff.

118 *Nowak* (Fn 27), Art 14 Rz 23.

119 Während UNMIK den Mechanismus als „judicial review" einstuft (siehe den 5. Erwägungsgrund der Präambel von UNMIK Regulation No 2001/18, 25. 8. 2001, UN Doc UNMIK/REG/2001/18), wurde die Gerichtsqualität vom Ombudsmann aufgrund der Bestellung durch den Special Representative of the Secretary General bezweifelt (*M. A. Nowicki* [Ombudsperson in Kosovo], Special Report No 4 on certain aspects of UNMIK Regulation No 2001/18 on the Establishment of a Detention Review Commission for Extra-judicial Detentions Based on Executive Orders [25 August 2001], 12. 9. 2001, abrufbar unter *http://www.ombudspersonkosovo.org/repository/docs/E4010912a.pdf*, para 17); siehe hierzu auch *Stahn* (Fn 95), 694 f.

120 Section 5 UNMIK Regulation No 2001/18.

zu gewähren, mit zeitnahen Entscheidungen unter Wahrung besonderer Sicherheits- und Geheimhaltungsinteressen durch *in camera*-Verfahren. Auch wenn *in camera*-Verfahren selten vom Menschenrechtsausschuss gebilligt wurden,[121] so kann bei ausreichender Wahrung der Interessen des Beschwerdeführers ein solches Verfahren durchaus vor Art 14 IPBPR Bestand haben, zB durch die verfahrensrechtliche Einbindung eines „Special Counsel"[122] als Interessenvertreter des Petitionärs, der allerdings nicht zur Informationsweitergabe berechtigt ist.[123]

Unabhängig von berechtigten Geheimhaltungsinteressen müssen auch im gerichtlichen *in camera*-Verfahren die Grundregeln eines fairen Verfahrens beachtet werden. So stellte der UK Supreme Court in der Entscheidung *Mohammed Jabar Ahmed et al* vom 27. 1. 2010 nicht nur das Fehlen eines gerichtlichen Sanktionsüberprüfungsverfahrens fest, sondern monierte auch: „[T]here exists [...] no guarantee that individuals affected will know sufficient about the case against them (or even know the identity of the Member State which sought their designation) in order to be able to respond to it."[124]

C. Fazit

Trotz der weltweit geäußerten Kritik am bestehenden Sanktionssystem und trotz der Möglichkeit, mit verhältnismäßig geringem Aufwand die internationalen Menschenrechte zu honorieren, fehlt es am Willen des Sicherheitsrates, den sanktionierten Personen einen effektiven administrativen Rechtsschutz innerhalb des UN-Sekretariats und ein faires Verfahren vor einer richterlichen „1267 Sanctions Review Commission" einzuräumen. Die Errichtung eines Ombudsoffice ist im Lichte des Art 14 und des Art 2 Abs 3 IPBPR eine menschenrechtliche Friedenstaube mit lahmen Flügeln und wird schon deshalb die Kritik am Sicherheitsrat nicht verstummen lassen. Dessen Rechtsschutzfeindlichkeit trägt weder zur Effizienz des Sanktionsregimes bei noch stärkt sie den Respekt der Mitgliedstaaten vor der menschenrechtsschützenden Funktion der Vereinten Nationen (Art 1 Z 3 UN-Charta). Es bleibt abzuwarten, wie viele Jahre noch vergehen müssen, bis sich diese Erkenntnis im Sicherheitsrat durchsetzt.

---

121 Siehe zB HRC, *Antonaccio v Uruguay*, No 14/63, UN Doc A/37/40 (1982), 114 (para 20); HRC, *Cubas v Uruguay*, No 70/1980, UN Doc CCPR/C/OP/1 (1985), 130 (para 11.2); HRC, *van Meurs v Netherlands*, No 215/86, UN Doc CCPR/C/39/D/215/1986 (1990), para 6.1.

122 Vgl Section 5.3 UNMIK Regulation No 2001/18.

123 Siehe auch die Anforderung des Principle 14 der Draft Principles Governing the Administration of Justice Through Military Tribunals, 13. 1. 2006, UN Doc E/CN.4/2006/58, 4.

124 UK Supreme Court, *Treasury v Ahmed* (Fn 38), para 239.

Österreich im Sicherheitsrat und die *Rule of Law*

Konrad G. Bühler[*]

1. Einleitung

Zu Beginn möchte ich mich sehr herzlich bei Professor *Werner Schroeder* und den Veranstaltern für die Einladung bedanken, beim heurigen Völkerrechtstag zu sprechen. Botschafter *Thomas Mayr-Harting* lässt alle Teilnehmer sehr herzlich grüssen und bedauert, aus Termingründen nicht selbst teilnehmen zu können. Ich freue mich persönlich sehr, nach so vielen Jahren wieder beim Völkerrechtstag dabei zu sein und viele Freunde wiederzusehen. Ich erinnere mich noch gut an die Teilnahme an meinem ersten Völkerrechtstag vor 15 Jahren als junger Assistent bei Professor *Karl Zemanek* im Stift Admont in der Steiermark und auch der letzte Völkerrechtstag in Südtirol nicht weit von hier in Meran ist mir in guter Erinnerung.

Als Vorbemerkung muss ich festhalten, dass ich diesen Vortrag in persönlicher Eigenschaft halte und keine meiner Aussagen als offizielle österreichische Position zitiert werden sollte. Ich kann aus Zeitgründen auch nur einige wenige Aspekte aus der Fülle der relevanten Themen und Aktivitäten des Sicherheitsrates der Vereinten Nationen kursorisch ansprechen. Ich bin jedoch gerne bereit, auf spezielle Fragen in der Diskussion näher einzugehen.

Vorweg möchte ich auch ein Wort zu dem von den Veranstaltern gewählten Titel meines Vortrages „Österreich im Sicherheitsrat und die *Rule of Law*" sagen. Manche haben sich vielleicht gefragt, warum der Titel des Vortrages einen englischen Ausdruck enthält. Der Grund liegt darin, dass der Begriff *Rule of Law* auf Deutsch nur unvollständig entweder als „Herrschaft des Rechts" oder „Rechtsstaatlichkeit" wiedergegeben werden kann. Keiner der beiden Ausdrücke erfasst alle Aspekte des Begriffs. Mangels einer entsprechenden deutschen Übersetzung ist es daher auch nach meiner Auffassung am besten, den Begriff unübersetzt zu lassen und von *Rule of Law* zu sprechen.

---

* Gesandter, Rechtsberater der österreichischen Vertretung bei den Vereinten Nationen in New York. Dieser Beitrag gibt einen am 20. Juni 2009 vor dem 34. Österreichischer Völkerrechtstag in Schloss Rechtenthal bei Tramin in Südtirol gehaltenen Vortrag des Autors wieder. Der Stand der Informationen in diesem Beitrag ist Juni 2009. Allfällige spätere Entwicklungen sind in den Fussnoten angemerkt.

Ich werde meine heutigen Vortrag auf folgende zwei Themenbereiche konzentrieren: Erstens, die österreichische *Rule of Law*-Initiative mit dem Abschlussbericht über „The UN Security Council and the *Rule of Law*". Hier werde ich mich aus Zeitgründen sehr kurz fassen. Die *Rule of Law*-Initiative ist vielen von Ihnen gut bekannt. Einige der heute anwesenden Zuhörer, wie etwa Staatssekretär a.D. Botschafter *Hans Winkler*, Botschafter *Christian Wenaweser* und Professor *Gerhard Hafner* waren selbst Teilnehmer diverser Panelveranstaltungen der *Rule of Law*-Initiative in New York. Der als offizielles Dokument der Vereinten Nationen veröffentlichte Abschlussbericht[1] wurde auch von den Veranstaltern bereits vorab an alle Teilnehmer zirkuliert. Alle jene, die besonderes Interesse an der österreichischen *Rule of Law*-Initiative haben, kann ich auf einen Artikel verweisen, der im Sommer 2008 im Max Planck Yearbook of United Nations Law erschienen ist.[2]

Der zweite Themenbereich, der das Hauptthema meiner heutigen Präsentation darstellen wird, sind die Schwerpunkte der Arbeit Österreichs im Sicherheitsrat im Bereich der *Rule of Law*. Ich werde einige Beispiele aus der täglichen Praxis des Sicherheitsrates in New York herausgreifen und den Fokus auf jene Aspekte legen, die nicht schriftlich „nachgelesen" werden können.

2. Die österreichische *Rule of Law*-Initiative

Die erste Frage, die oftmals gestellt wird, ist, warum Österreich für seine *Rule of Law*-Initiative in den Vereinten Nationen (VN) das Thema „The UN Security Council and the *Rule of Law*" ausgewählt hat. Die Antwort ist einerseits in der langjährigen Tradition und Schwerpunktsetzung Österreichs im Bereich des Völkerrechts und der *Rule of Law* zu finden. Ein auf Rechtsregeln basierendes internationales System ist für ein kleines Land wie Österreich der beste Garant für Frieden, Sicherheit und Stabilität. Andererseits kam die thematische Verbindung mit dem Sicherheitsrat nicht von ungefähr, die Initiative diente auch der inhaltlichen Positionierung im Hinblick auf die österreichische Kandidatur und spätere Mitgliedschaft im Sicherheitsrat.

1 The UN Security Council and the Rule of Law, Final Report of the Austrian Initiative 2004-2008; siehe A/63/69 – S/2008/270; deutsche Übersetzung siehe http://www.un.org/Depts/german/gv-sonst/a63-69-s08-270.pdf.

2 *K. G. Bühler*, The Austrian Rule of Law Initiative 2004-2008 – The Panel Series, the Advisory Group and the Final Report on the UN Security Council and the Rule of Law, in: *A. von Bogdandy/ R. Wolfrum* (Hrsg.): 12 Max Planck Yearbook of United Nations Law 409-446 (2008).

Der Startpunkt der Initiative war im September 2004 als VN-Generalsekretär *Kofi Annan* bei der Eröffnung der 59. VN-Generalversammlung eine bemerkenswerte Rede über die Bedeutung der *Rule of Law* hielt und ankündigte, dieses Thema zu einem Schwerpunkt der Vereinten Nationen für den Rest seiner Amtszeit zu machen. Bundesministerin *Benita Ferrero-Waldner* kündigte daraufhin in ihrer Rede vor der 59. VN-Generalversammlung die österreichische *Rule of Law*-Initiative als Beitrag zu den Bemühungen *Kofi Annan's* an.

2.1. Die Serie von Paneldiskussionen 2004 – 2008

Beginnend mit der Völkerrechtswoche im Oktober 2004 veranstaltete die Österreichische Vertretung bei den Vereinten Nationen in New York in den folgenden fünf Jahren eine Serie von sieben Paneldiskussionen über „Die Rolle des Sicherheitsrats bei der Stärkung eines auf Regeln beruhenden internationalen Systems" („The role of the Secuirty Council in strengthening a rules-based international system") in Zusammenarbeit mit dem „Institute for International Law and Justice" der „New York University School of Law". Das Thema der ersten Paneldiskussion 2004 lautete „The Security Council as World Legislator?", ein damals im Lichte der Annahme der Sicherheitsratsresolutionen 1373 (2001) und 1540 (2004) besonders aktuelles Thema. Als Themen weiterer Panels folgten u.a. „The Security Council as World Judge?", „The Security Council as World Executive?", „Who needs rules?" und „The Security Council and the Individual". Im August 2007 fand auch ein Retreat in Alpbach, Tirol, mit rund 35 Botschaftern, hochrangigen VN-Mitarbeitern und Experten zum Thema „The Security Council and the *Rule of Law*" statt.

An dieser Stelle möchte ich die ausgezeichnete Kooperation zwischen der Österreichischen Vertretung und der New York University (NYU) hervorheben, insbesondere mit Professor *Simon Chesterman* und Professor *Benedict Kingsbury*. Ganz besonders möchte ich auch an Professor *Thomas Franck* erinnern, der einer der Mentoren der Initiative war und diese auch als Redner und Panel-Vorsitzender aktiv unterstützt hat. Wir waren alle von der Nachricht seines Ablebens Anfang Mai 2009 sehr betroffen. Der Grundstein für die freundschaftlichen Beziehungen mit der NYU wurde schon durch Botschafter *Ernst* und *Lilly Sucharipa* während ihrer Zeit in New York gelegt. Der Erfolg dieses gemeinsamen Projekts, das (nunmehr) Botschafter *Axel Marschik* und Professor *Simon Chesterman* Anfang 2004 zu planen begonnen hatten, beruhte – wie die Völkerrechtstage – auf der sehr fruchtbaren Symbiose zwischen Wissenschaft und Praxis. Zahlreiche prominente Redner aus Wissenschaft und Praxis konnten für die

Panelserie gewonnen werden und haben wesentlich zum Erfolg der Initiative beigetragen.[3]

2.2. *Die Gruppe der Freunde der Rule of Law*

Zur Begleitung und Beratung der Initiative gründete der damalige österreichische Ständige Vertreter in New York, Botschafter *Gerhard Pfanzelter*, im Frühjahr 2005 eine kleine „Advisory Group" von ausgewählten gleichgesinnten Botschaftern aus allen Regionalgruppen und hochrangigen VN-Mitarbeitern. Im Lauf der Zeit entwickelte sich dieses Beratungsgremium der österreichischen Initiative zur Gruppe der Freunde der *Rule of Law* in New York. Diese informelle Gruppe ist ein Forum gleichgesinnter Staaten, um im Rahmen der Vereinten Nationen die *Rule of Law* zu stärken und gemeinsame Aktivitäten in diesem Bereich zu koordinieren. Da ich leider keine Zeit habe, näher auf die Aktivitäten der Freundesgruppe einzugehen, möchte ich nur folgende kurze Hinweise geben: Auf Initiative der Freunde der *Rule of Law* konnten im Ergebnisdokument des VN-Weltgipfels 2005 mehrere wichtige Textpassagen zur Stärkung der *Rule of Law* verankert werden.[4] Zwei Mitglieder der Gruppe, Liechtenstein und Mexiko, schlugen im Herbst 2006 die Einführung eines neuen Tagesordnungspunktes der VN-Generalversammlung über „The *rule of law* at the national and international level" vor. Schließlich wurde auf Betreiben der Freunde der *Rule of Law* Ende 2006 im Sekretariat der Vereinten Nationen eine „*Rule of Law* Unit" zur Koordination aller VN-Aktivitäten im Bereich der *Rule of Law* eingerichtet.[5]

2.3. *Der Abschlussbericht „The UN Security Council and the Rule of Law"*

Das wichtigste Ergebnis der österreichischen *Rule of Law*-Initiative ist zweifellos der von Staatssekretär *Hans Winkler* und Professor *Simon Chesterman* im April 2008 in New York der Öffentlichkeit präsentierte Abschlussbericht „The UN Security Council and the *Rule of Law*".[6] Der Bericht enthält 17 konkrete Empfehlungen, wie der Sicherheitsrat die Herrschaft des Rechts fördern und ein

---

3 Neben den bereits oben genannten Personen umfasst die Liste der Redner und Panel-Vorsitzenden zwei Präsidenten der VN-Generalversammlung, drei Vorsitzende des sechsten Komitees der VN-Generalversammlung, zwei stellvertretende VN-Generalsekretäre, mehrere VN-Untergeneralsekretäre, mehrere Richter des Internationalen Gerichtshofes, mehrere Mitglieder der Völkerrechtskommission, Professoren, Rechtsberater, u.v.m.

4 A/RES/60/1 of 16 September 2005, Abs. 134.

5 A/61/636 - S/2006/980.

6 Siehe oben Fn.1.

auf Regeln beruhendes internationales System stärken könnte. Der Verfasser des Abschlussberichts ist Professor *Chesterman*, der als Rapporteur der Initiative fungierte. Der Bericht hat aber *de facto* viele „Mütter" und „Väter", die Empfehlungen sind das kollektive Ergebnis eines fünfjährigen breiten Diskussionsprozesses.

Aus Zeitmangel kann ich den Bericht nicht im Detail besprechen. Ich möchte daher nur einige Empfehlungen herausgreifen, die im Zusammenhang mit dem diesjährigen Völkerrechtstag besonders relevant erscheinen.

- Empfehlung Nr. 5 regt Maßnahmen des Sicherheitsrates gegen Straflosigkeit und zur Förderung der strafrechtlichen Verfolgung internationaler Verbrechen an, einschließlich die Verweisung von Angelegenheiten an den Internationalen Strafgerichtshof (IStGH).
- Laut Empfehlung Nr. 13 soll der Sicherheitsrat die bestehenden gerichtlichen Institutionen des Völkerrechts (va IGH und IStGH) unterstützen und häufiger auf sie zurückgreifen.
- Gemäß Empfehlung Nr. 14 soll der Sicherheitsrat nur unter außergewöhnlichen Umständen neue gerichtliche *ad hoc* Institutionen schaffen, um eine Vermehrung kostspieliger neuer Gerichtshöfe und eine Fragmentierung des Völkerrechts zu vermeiden.
- Empfehlungen Nr. 15 bis 17 betreffen die Verbesserung „fairer und klarer Verfahren" zum Schutz der Rechte der von Sanktionsbeschlüssen des Sicherheitsrates betroffenen Personen. Die Empfehlungen beinhalten folgende im Juni 2006 vom VN-Generalsekretär genannten vier Mindeststandards[7]:

    i. Recht auf Information über die Maßnahmen und eine Falldarstellung
    ii. Recht auf rechtliches Gehör
    iii. Recht auf eine unabhängige Überprüfung
    iv. Regelmäßige *ex officio* Überprüfung durch den Sicherheitsrat

- Gemäß Empfehlung Nr. 17 sollte der Sicherheitsrat, aufbauend auf zB dem „Focal Point", den VN-Generalsekretär ersuchen, mögliche Optionen zur weiteren Stärkung der Legitimität und Wirksamkeit der Sanktionsregime vorzuschlagen.

Oftmals wird die Frage gestellt, ob der Bericht und die Empfehlungen als „Programm" der österreichischen Mitgliedschaft im Sicherheitsrat anzusehen sind. Die Antwort ist klar: Der Bericht ist kein „Programm" Österreichs und die Empfehlungen keine „Checkliste", auf der wir dann nach zwei Jahren im Sicherheitsrat Punkt für Punkt abhaken, was wir davon umgesetzt haben und was nicht. Der

7 Siehe Sicherheitsratsdebatte vom 15. Juni 2006, S/PV.5474 (2006), 5.

Bericht ist vielmehr ein kollektives Produkt und seine Empfehlungen richten sich an den gesamten Sicherheitsrat und alle VN-Mitglieder. Natürlich hat sich Österreich durch seine *Rule of Law*-Initiative und den Bericht über „The UN Security Council and the Rule of Law" inhaltlich klar positioniert. Die Stärkung der *Rule of Law* ist daher selbstverständlich eine der Prioritäten der Arbeit Österreichs im Sicherheitsrat.

3. Die Schwerpunkte der Arbeit Österreichs im Sicherheitsrat im Bereich der *Rule of Law*

Bevor ich zum zweiten Teil meiner Vortrages komme, um über die Schwerpunkte der Arbeit Österreichs im Sicherheitsrat im Bereich der *Rule of Law* zu sprechen, möchte ich einige allgemeine Vorbemerkungen zur Arbeit Österreichs im Sicherheitsrat machen.

Von Beginn der Sicherheitsratsmitgliedschaft am 1. Jänner 2009 an steht das Team der Österreichischen Vertretung in New York mehr oder weniger im Dauereinsatz. Aufgrund der Gaza-Krise zum Jahreswechsel 2008/09 begann die österreichische Mitgliedschaft gleich von Stunde „null" an mit einem Sprung ins „kalte Wasser" des Sicherheitsrates. Am Silvesterabend des Jahres 2008 fand eine dringliche Nahost-Sitzung des Sicherheitsrates statt und die Vertretung stand bereit, um gegebenenfalls ab Mitternacht die Plätze am „Hufeisen-Tisch" des Sicherheitsrates einzunehmen. Im Frühjahr ging es dann mit weiteren Krisen in Nordkorea und Sri Lanka im selben Tempo weiter.

In den letzten zwanzig Jahren seit der letzten Sicherheitsratsmitgliedschaft Österreichs im Jahr 1991/92 sind die Aktivitäten des Sicherheitsrates und damit auch der Arbeitsaufwand massiv angestiegen. Ein Blick auf die Statistik illustriert dies am besten: Allein im ersten Halbjahr 2009 (Stand vom 15. Juni) fanden 92 öffentliche und 59 geschlossene Sitzungen (Konsultationen) des Sicherheitsrates statt (ohne Sitzungen der Unterorgane des Sicherheitsrates wie Sanktionenkomitees, Arbeitsgruppen, etc). Österreich gab 2009 in weniger als sechs Monaten 29 öffentliche Stellungnahmen ab (ohne Stellungnahmen in geschlossenen Konsultationen). Im Vergleich dazu gab Österreich in den gesamten zwei Jahren von 1991 bis 1992 bloß 31 Stellungnahmen und Votumserklärungen ab (1991: 12; 1992: 19). Hinzu kommt die vier- bis fünffache Steigerung der „technischen" Arbeit des Sicherheitsrates in den Bereichen Sanktionen und Terrorismusbekämpfung: Heute gibt es rund 20 Sanktionenkomitees und informelle Arbeitsgruppen des Sicherheitsrates, in den Jahren 1991/92 gab es nur drei Sanktionenkomitees.

Diese Vergleiche sollen selbstverständlich keinesfalls die Arbeit und Leistungen der damaligen österreichischen Vertreter im Sicherheitsrat schmälern.

Damals stand der Sicherheitsrat durch die Irak- und Jugoslawienkrisen vor großen Herausforderungen. Wir leben jedoch heute in einem anderen Jahrhundert: Das Arbeitstempo, die Kommunikationstechnologie und die Informationsflut sind enorm gestiegen. Das Informationsmanagement, va die Verarbeitung der hunderten täglichen Emails, stellt eine große Herausforderung dar. Früher wurden „Telefax-Depeschen" nach Wien verschickt und auf Thermopapier ausgedruckt, heute wäre die tägliche Arbeit im Sicherheitsrat ohne Email und Blackberry unvorstellbar.

Nach dieser kurzen Einleitung möchte ich nun einige Schwerpunkte der Arbeit Österreichs im Sicherheitsrat im Bereich der *Rule of Law* in den folgenden drei Bereichen präsentieren:

3.1. Die Stärkung der Rule of Law in der täglichen Arbeit des Sicherheitsrates – einige ausgewählte Beispiele aus der Praxis

Die Stärkung der *Rule of Law* in der täglichen Arbeit des Sicherheitsrates und das sog „Mainstreaming" der *Rule of Law* in alle Aktivitäten des Sicherheitsrates ist eines der Hauptanliegen Österreichs im Sicherheitsrat. Die Bemühungen Österreichs in diesem Bereich möchte ich kurz anhand der folgenden vier Beispiele aus der Praxis darstellen.

(a) Der *Schutz von Zivilisten in bewaffneten Konflikten* wird den Schwerpunkt des österreichischen Sicherheitsratsvorsitzes im November 2009 darstellen. Aus Anlass des 10-Jahresjubiläums der Sicherheitsratsresolution 1265 (1999) ist eine offene Debatte auf Ministerebene und die Annahme einer neuen Sicherheitsratsresolution geplant.[8] Zur Vorbereitung findet Ende August 2009 in Alpbach ein Retreat mit rund 30 Botschaftern aus New York, hochrangigen VN-Vertretern und Experten statt, an dem auch VN-Generalsekretär *Ban Ki Moon* und Bundesminister *Michael Spindelegger* teilnehmen werden. Durch Setzung dieses Themenschwerpunktes soll ua die Verbesserung von Schutzmandaten in VN-Missionen vorangetrieben werden.

(b) Die *Einhaltung des humanitären Völkerrechts* steht in engem Zusammenhang mit dem Schutz von Zivilisten. Bei den jüngsten Konflikten in Gaza und Sri Lanka ist Österreich konsequent für die Einhaltung des humanitären Völkerrechts durch alle Konfliktparteien eingetreten. Während die Forderung nach Aufnahme eines Hinweises auf die Einhaltung des humanitären Völkerrechts in

8 Anmerkung: Die offene Debatte des Sicherheitsrates fand am 11. November 2009 statt, in deren Rahmen die von Österreich eingebrachte Resolution 1894 (2009) einstimmig angenommen wurde.

Sicherheitsratsresolution 1860 (2009) nicht durchdrang, konnte Österreich in der Presseerklärung des Sicherheitsrates zum Gazakonflikt vom 21. Jänner 2009 erstmals eine Erwähnung erreichen („...and recalled the obligations of all parties to a conflict to ensure respect for international humanitarian law").[9] Die Bedeutung und zugleich Brisanz dieser Passage lässt sich daran erkennen, dass wegen dieses Zusatzes beinahe die Einigung auf die Presseerklärung gescheitert wäre.

Da sich der Konflikt in Sri Lanka nicht formell auf der Tagesordnung des Sicherheitsrates befindet, trat Österreich aufgrund der negativen Auswirkungen der Kampfhandlungen auf die Zivilbevölkerung für eine zumindest informelle Befassung des Sicherheitsrates ein. In der Presseerklärung des Sicherheitsrates vom 13. Mai 2009 konnte Österreich ebenfalls einen Hinweis auf die Einhaltung des humanitären Völkerrechts verankern („The members of the Security Council demand that all parties respect their obligations under international humanitarian law").[10] Ein von Österreich geforderter Hinweis auf die Verantwortlichkeit („accountability") musste jedoch gestrichen werden.

(c) Die *Einhaltung der Menschenrechte bei der Terrorismusbekämpfung* ist ein weiterer wichtiger *Rule of Law*-Schwerpunkt Österreichs im Sicherheitsrat. Im Rahmen des 1267-Sanktionenkomitees betreffend Al-Kaida und Taliban, auf das ich in Kürze noch näher zu sprechen kommen werde, konnten zB erstmals in den vom Komitee genehmigten Bericht des österreichischen 1267-Vorsitzes an den Sicherheitsrat vom 26. Mai 2009 zwei Referenzen auf „due process" aufgenommen werden.[11] Auch im Anti-Terrorismuskomitee des Sicherheitsrates (CTC) und dessen Expertengruppe CTED setzt sich Österreich konsequent für die Stärkung der Menschenrechte ein. Bei den Verhandlungen zur Zwischenüberprüfung von CTED trat Österreich gemeinsam mit Mexiko und Costa Rica für die Schaffung eines weiteren Postens eines Menschenrechtsexperten, die Einbeziehung einer Menschenrechts-Komponente in alle CTED-Länderbesuche und die Verankerung von Verweisen auf Menschenrechte und *Rule of Law* im Bericht über die Zwischenüberprüfung ein.

(d) Schließlich sind die Bemühungen zur *Stärkung des internationalen Strafrechts* und der *strafrechtlichen Verantwortlichkeit* hervorzuheben. Im Zusammenhang mit den in Sudan/Darfur begangenen Verbrechen und den vom Internationalen Strafgerichtshof in Den Haag ausgestellten Haftbefehlen hat

9 Security Council Press Statement on the Middle East (Gaza), 21 January 2009 (SC/9580).

10 Security Council Press Statement on Sri Lanka, 13 May 2009 (SC/9659).

11 Briefing by Ambassador *Thomas Mayr-Harting*, Chairman of the Security Council Committee established pursuant to resolution 1267 (1999) concerning Al-Qaida and the Taliban to the Security Council, 26 May 2009, siehe http://www.bmeia.gv.at/newyorkov [Statements and Speeches].

Österreich immer eine klare Position gegen die Straflosigkeit bezogen. Die grundsätzliche Möglichkeit von Artikel 16 des Römer Statuts wird zwar anerkannt, dessen Anwendung hat jedoch mit größter Vorsicht zu erfolgen. Im Fall des Sudan ist keine Rechtfertigung der Anwendung gegeben.[12] Im Zusammenhang mit den Ergebnissen der Untersuchungskommission des VN-Generalsekretärs zum Gaza-Konflikt 2008/09 hat Österreich offen gefordert, dass alle behaupteten Verletzungen des humanitären Völkerrechts, egal wo oder von wem begangen, untersucht werden müssen.[13]

Aus Zeitgründen habe ich bloß eine kleine Auswahl der von der Österreichischen Vertretung in New York gesammelten „Austrian Footprints" im Sicherheitsrat zur Stärkung der *Rule of Law* präsentieren können. Oft sind es auch nur kleine Erfolge unter der Wahrnehmungsschwelle der Öffentlichkeit und der Medien, die jedoch zumeist mühsam in den Verhandlungen erkämpft werden müssen. Auch ist die kritische Frage völlig berechtigt, inwiefern zB durch einen Verweis auf die Einhaltung des humanitären Völkerrechts in einer Presseerklärung des Sicherheitsrates das Schicksal der betroffenen Zivilbevölkerung überhaupt verbessert wird. Ich bin nicht betriebsblind und mir ist durchaus bewusst, dass die konkreten Auswirkungen zumeist sehr gering sind. Andererseits werden derartige Signale des Sicherheitsrates doch von den Konfliktparteien, der interessierten Öffentlichkeit oder Nichtregierungsorganisationen wahrgenommen. Es handelt sich hier um langfristige Prozesse und viele kleine Schritte führen letztendlich auch zum Ziel.

3.2. *Die informelle Arbeitsgruppe über Internationale Tribunale*

Seit Beginn des Jahres 2009 führt Österreich den Vorsitz der informellen Arbeitsgruppe des Sicherheitsrates über Internationale Tribunale. Die Arbeitsgruppe, die ein informelles Forum der Rechtsberater aller Sicherheitsratsmitglieder ist, hat das Mandat, einen zukünftigen internationalen Restmechanismus zur Übernahme der Restfunktionen der *Ad Hoc*-Strafgerichtshöfe für das ehemalige Jugoslawien (ICTY) und für Ruanda (ICTR) nach deren Schließung zu errichten. In der Arbeitsgruppe werden auch alle Sicherheitsratsresolutionen betreffend ICTY und ICTR verhandelt. Gemäß ihren Abschlussstrategien sollten beide

---

12 Security Council Private Debate on Sudan/Darfur and ICC, Statement by Ambassador *Thomas Mayr-Harting*, 5 June 2009, siehe http://www.bmeia.gv.at/newyorkov [Statements and Speeches].

13 Security Council Debate on the situation in the Middle East, Statement by Foreign Minister *Michael Spindelegger*, 11 May 2009, see http://www.bmeia.gv.at/newyorkov [Statements and Speeches].

Tribunale ihre Arbeit bis Ende 2010 abschließen.[14] Aufgrund diverser Verzögerungen werden jedoch die Berufungsverfahren laut jüngsten Prognosen bis 2013 bzw 2014 dauern.

Die Arbeitsgruppe ist sehr aktiv und hielt im Frühjahr 2009 bereits 15 Sitzungen ab, in denen die acht Restfunktionen der Tribunale diskutiert wurden.[15] In Kürze werden die Beratungen über den Bericht[16] des VN-Generalsekretärs über Optionen für Standorte der Archive und eines internationalen Mechanismus für die Restaufgaben der Strafgerichtshöfe beginnen, den der Sicherheitsrat in einer Vorsitzerklärung im Dezember 2008 angefordert hat.[17] In einigen Fragen konnte bereits Einigung erzielt werden: Der Restmechanismus soll die Verfahren gegen die hochrangigen Flüchtigen durchführen und die Archive der Tribunale verwalten. Andere Fragen werden noch diskutiert wie zB die Struktur des Restmechanismus (ein oder zwei Restmechanismen bzw ein Restmechanismus mit zwei Abteilungen); die Standort(e); Beginn und Dauer; Anzahl der Restfunktionen; Auswahl der Richter; etc.

Die Verhandlungen über den Restmechanismus stellen eine rechtlich und politisch komplexe Herausforderung dar. Sie sind auch die juristisch interessanteste Tätigkeit im Sicherheitsrat und betreffen zahlreiche knifflige völkerrechtliche und strafrechtliche Fragen (zB die Kontinuität der Jurisdiktion zwischen den Tribunalen und dem Restmechanismus bzw auch deren Abgrenzung; die Annahme einer Sicherheitsratsresolution gemäß Kapitel VII der VN-Satzung mit legislativem Charakter; etc). In den Diskussionen der Arbeitsgruppe bewahrheitet sich, dass es leichter ist, einen neuen Gerichtshof zu errichten, als einen bestehenden Gerichtshof „zuzusperren".[18]

3.3. Das Al-Kaida/Taliban Sanktionenkomitee gemäß Resolution 1267 (1999)

Seit Jahresbeginn hat Österreich auch den Vorsitz des Al-Kaida/Taliban Sanktionenkomitees gemäß Sicherheitsrats-Resolution 1267 (1999) inne. Das sog

14 Siehe Resolutionen 1503 (2003) und 1534 (2004).

15 (1) Strafverfahren gegen die derzeit Flüchtigen, (2) Verfahren wegen Missachtung des Gerichts, (3) Zeugenschutz, (4) Wiederaufnahme von Verfahren, (5) Übertragung von Verfahren an nationale Gerichte, (6) Überwachung des Strafvollzugs, (7) Management der Archive und (8) Unterstützung nationaler Behörden.

16 Report of the Secretary-General on the administrative and budgetary aspects of the options for possible locations for the archives of ICTY and ICTR and the seat of the residual mechanism(s) for these Tribunals (S/2009/258).

17 Statement by the President of the Security Council, 19 December 2008 (S/PRST/2008/47).

18 Der Sicherheitsrat nahm am 22. Dezember 2010 die von Österreich eingebrachte Resolution 1966 (2010) zur Errichtung des Restmechanismus an.

„1267-Komitee" ist das arbeitsintensivste Komitee des Sicherheitsrates: An der Vertretung sind zwei Expertinnen ausschließlich für Terrorismusfragen und zur Unterstützung der 1267-Vorsitzführung durch Botschafter *Mayr-Harting* zuständig. Vor der Türe des 1267-Vorsitzes gab es keine lange Schlange. Österreich wurde um Übernahme des Vorsitzes ersucht. Da Österreichs Profil im Bereich der *Rule of Law* allgemein bekannt war, ist es durchaus möglich, dass manche beabsichtigten, einen Kritiker zum Vorsitz zu machen, um diesen zu neutralisieren. Als Vorsitz übernahm Österreich eine neue Rolle und Verantwortung, vergleichbar mit dem Pilot eines Flugzeuges.

Ich gehe davon aus, dass die Grundzüge des 1267-Komitees allgemein bekannt sind: Das 1267-Komitee wurde vor zehn Jahren durch Sicherheitsratsresolution 1267 (1999) eingerichtet. Es wird durch ein Expertenteam (sog „Monitoring Team") unterstützt. Hauptaufgabe des Komitees ist die Überwachung der Umsetzung der Sanktionen gegen Al-Kaida und die Taliban sowie gegen mit diesen assoziierte natürliche und juristische Personen. Die Sanktionen umfassen das Einfrieren von Konten, ein Reiseverbot und ein Waffenembargo. Hauptinstrument des Komitees ist die sog „konsolidierte Liste" von rund 500 natürlichen und juristischen Personen, gegen die Sanktionen verhängt werden.

Aus Zeitgründen muss ich mich auch hier sehr kurz fassen. Ich setze auch voraus, dass die Problematik der Listing/Delisting-Verfahren im Lichte des EuGH-Urteils im Fall *Kadi/Barakaat* in Grundzügen bekannt ist. Ich werde daher nur zwei Aspekte aus der Praxis des 1267-Komitees herausgreifen, um die Bemühungen zur schrittweisen Verbesserung der *Rule of Law* darzulegen.

(a) Gemäß Absatz 25 der Sicherheitsratsresolution 1822 (2008) hat das 1267-Komitee bis 30. Juni 2010 eine umfassende *Überprüfung aller Namen auf der konsolidierten Liste* durchzuführen. Die tatsächliche Überprüfung begann erst gegen Ende Dezember 2008, nachdem nach sechsmonatigen Verhandlungen unter belgischem Vorsitz eine Einigung über die Richtlinien und Modalitäten der Überprüfung erzielt werden konnte. Hierbei ist zu beachten, dass alle Entscheidungen in Sanktionenkomitees im Konsens gefällt werden müssen und eine Einigung oft schwieriger ist als im Sicherheitsrat selbst. Die meisten Beschlüsse werden im schriftlichen Verfahren mit Schweigefrist zirkuliert, daher findet zB zumeist gar keine Diskussion im Komitee über Listing- oder Delistingentscheidungen statt.

Als erster Schritt der Überprüfung werden die Namen in sog „Batches" mit dreimonatiger Stellungnahmefrist an den designierenden Staat sowie den Staat der Nationalität und des Aufenthaltsortes ausgesandt. Danach werden die Namen als zweiter Schritt mit Einmonatsfrist an alle Komiteemitglieder im Sicherheitsrat ausgesandt. Nach Einlangen aller Antworten wird jeder Name zur Beratung auf die Tagesordnung einer Komiteesitzung gesetzt, in der das Monitoring Team den Fall vorstellt. Die Komiteemitglieder evaluieren die gesamten Informationen und Dokumente und beraten, ob das Listing weiterhin im Lichte der Kriterien für das Listing (= Assoziierung mit Al Kaida oder Taliban) gerechtfertigt ist.

Das Ergebnis der Überprüfung kann entweder eine Aktualisierung des Listeneintrags (zB neue Identifikationsinformationen), die Streichung des Namens von der Liste (Delisting-Antrag wird eingebracht und angenommen), die Bestätigung des Verbleibs auf der Liste (kein Delisting-Antrag wurde eingebracht oder dieser wird nicht angenommen), die Anforderung zusätzlicher Informationen oder eine Aktualisierung der sog „Narrative summaries of reasons for listing" (siehe unten) sein. Mit Stand vom Juni 2009 wurden drei Fälle abgeschlossen und bestätigt, zwei Fälle (*Vinck & Sayadi)* sind noch offen, neun weitere Namen standen gestern auf der Tagesordnung.[19]

(b) Der zweite wichtige Aspekt ist die Verbesserung des rechtlichen Gehörs durch die *Veröffentlichung der sog „Narrative summaries of reasons for listing"*.[20] Zu beachten ist die Unterscheidung zwischen dem „publicly releasable part of the statement of case" (OP 12 Resolution 1822) und dem „Narrative summary of reasons for listing" (OP 13). Gemäß Resolution 1735 (2006) muss jeder Listing-Antrag ein „Statement of case" haben. Gemäß OP 12 der Resolution 1822 muss der designierende Staat festlegen, welcher Teil veröffentlicht und den Betroffenen notifiziert werden kann. Laut OP 13 erstellt das Monitoring Team nach dem Listing in Koordination mit dem designierenden Staat ein sog „Narrative summary of reasons for listing", das auf der Website veröffentlicht wird.

Die Veröffentlichung der „Narrative summaries" ist va bedeutend für alte Listings und stellen einen wichtigen Schritt zur Verbesserung der Transparenz und des rechtlichen Gehörs dar. Bislang wurden 63 „Narrative summaries" auf der Komiteewebsite veröffentlicht, 75 weitere wurden bereits angenommen und warten derzeit auf Übersetzung. Zur Verbesserung der Transparenz und Begründung bei neuen Listings hat der österrreichische Vorsitz die neue Praxis etabliert, dass bei Bekanntgabe des Listings (Verbalnote oder Presseaussendung) immer zugleich auch der öffentliche Teil des „Statement of case" beigefügt wird.

(c) Nach diesen beiden Beispielen aus der Praxis des 1267-Komitees stellt sich natürlich die Frage nach weiteren Schritten zur Verbesserung der Verfahren für Listing und Delisting und des Rechtsschutzes. Zu diesem Thema gibt es unzäh-

---

19 Die Überprüfung aller 488 Einträge wurde am 29. Juli 2010 abgeschlossen. Als Ergebnis wurden 45 Einträge (darunter Vinck & Sayadi, Nada und Barakaat International) von der Liste gestrichen.

20 Al-Qaida and Taliban Sanctions Committee: Narrative Summaries for Reasons of Listing, see http://www.un.org/sc/committees/1267/narrative.shtml

lige Studien, Initiativen und Vorschläge[21] und es wird auch Gegenstand des gleich folgenden Vortrages von Professor *Kirsten Schmalenbach* sein, dem ich keinesfalls vorgreifen möchte. Aus prozeduraler Sicht möchte ich nur anmerken, dass die mit Jahresende 2009 anstehende Nachfolgeresolution der Resolution 1822 (2008) zur Verlängerung des Mandates des Monitoring Teams die nächste Gelegenheit für allfällige Verbesserungen des 1267-Regimes sein wird. Kreative Vorschläge sind jederzeit gerne willkommen. Alle Vorschläge wären jedoch auf ihre „Realitätsnähe" („reality check") und tatsächliche Umsetzbarkeit in der Praxis zu prüfen. Der politische Spielraum für Änderungen ist nämlich angesichts der starren Positionen einiger permanenter Sicherheitsratsmitglieder sehr eingeschränkt. Die Erwartungshaltung der Öffentlichkeit hingegen ist sehr hoch und zumeist schon zwei Schritte weiter, während der erste Schritt noch nicht einmal umgesetzt ist.[22]

4. Schlussbemerkungen und Ausblick

Zusammenfassend möchte ich hervorheben, dass wir noch nicht einmal die ersten sechs Monate der „Lernphase" im Sicherheitsrat hinter uns haben. Es ist daher noch viel zu früh, um Bilanz über Österreichs bisherige Mitgliedschaft im Sicherheitsrat zu ziehen oder seriöse Prognosen für die restliche Mitgliedschaft zu machen. Neben den laufenden Bemühungen zur Umsetzung der Empfehlungen des Abschlussberichts über „The UN Security Council and the *Rule of Law*" sowie dem „Mainstreaming" in der täglichen Arbeit des Sicherheitsrates führt Österreich auch mehrere längerfristige Projekte zur Stärkung der *Rule of Law* an, sowohl in thematischen Bereichen wie dem Schutz von Zivilisten als auch als Vorsitz der Arbeitsgruppe über Internationale Tribunale bei den Verhandlungen zur Errichtung eines Restmechanismus oder als Vorsitz des 1267-Komitees bei den Verhandlungen zur Nachfolgeresolution der Resolution 1822 (2008).

Ich möchte meine Ausführungen mit einer Bemerkung einer New Yorker Kollegin abschließen, die nach Lektüre des Abschlussberichts über „The UN Security Council and the *Rule of Law*" erklärte: „Well, I think it is a very good report, but there was nothing *revolutionary* in it." Ich habe ihr daraufhin gedankt

21 Vgl Letters by Denmark, Germany, Liechtenstein, the Netherlands, Sweden and Switzerland to the President of the Security Council on Improving the implementation of sanctions regimes through ensuring „fair and clear procedures", 23 June 2008 (A/62/891–S/2008/428); *B. Fassbender*, Targeted Sanctions and Due Process (20 March 2006), siehe http://www.un.org/law/counsel/Fassbender_study.pdf.

22 Anmerkung: Der Sicherheitsrat nahm am 17. Dezember 2009 die Resolution 1904 (2009) an, mit der die Einrichtung einer Ombudsperson für Delisting-Anträge und weitere wichtige verfahrensrechtliche Verbesserungen beschlossen wurden.

und geantwortet: „We never planned a *revolution*, rather the *evolution* of a culture of *rule of law* in the Security Council“. Wie wir alle wissen, finden angekündigte oder geplante Revolutionen meist nicht statt. Die Evolution lässt sich hingegen nicht aufhalten.

Völkerrecht, Europarecht und Internationales Wirtschaftsrecht

Herausgegeben von Peter Hilpold und August Reinisch

Band 1 Florian Razesberger: The International Criminal Court. The Principle of Complementarity. 2006.

Band 2 Christian Wimpissinger: Steuerliche Verlustverrechnung nach EG-Recht. 2006.

Band 3 Christina Knahr: Participation of Non-State Actors in the Dispute Settlement System of the WTO: Benefit or Burden? 2007.

Band 4 Daniela Kröll: Toward Multilateral Competition Law? After Cancún: Reevaluating the Case for Additional International Competition Rules Under Special Consideration of the WTO Agreement. 2007.

Band 5 Georg Nolte / Peter Hilpold (Hrsg.): Auslandsinvestitionen – Entwicklung großer Kodifikationen – Fragmentierung des Völkerrechts – Status des Kosovo. Beiträge zum 31. Österreichischen Völkerrechtstag 2006 in München. 2008.

Band 6 Irmgard Marboe: Die Berechnung von Entschädigung und Schadenersatz in der internationalen Rechtsprechung. 2009.

Band 7 Peter Neumann: United Nations Procurement Regime. Description and Evaluation of the Legal Framework in the Light of International Standards and of Findings of an Inquiry into Procurement for the Iraq Oil-for-Food Programme. 2008.

Band 8 Kirsten Schmalenbach / Wolfgang Benedek (Hrsg.): Von Terrorismusbekämpfung bis Klimaschutz. Beiträge zum 32. Österreichischen Völkerrechtstag 2007 in Altaussee. 2008.

Band 9 Stephan Wittich / August Reinisch / Andrea Gattini (Hrsg.): Kosovo – Staatsschulden – Notstand – EU-Reformvertrag – Humanitätsrecht. Beiträge zum 33. Österreichischen Völkerrechtstag 2008 in Conegliano. 2009.

Band 10 Peter Hilpold (Hrsg.): Das Selbstbestimmungsrecht der Völker. Vom umstrittenen Prinzip zum vieldeutigen Recht? 2009.

Band 11 Peter Hilpold / Christoph Perathoner (Hrsg.): Immigration und Integration. Völkerrechtliche und europarechtliche Antworten auf eine zentrale Herausforderung der Zeit. 2010.

Band 12 Claudia Alfons: Recognition and Enforcement of Annulled Foreign Arbitral Awards. An Analysis of the Legal Framework and its Interpretation in Case Law and Literature. 2010.

Band 13 Peter Hilpold / Walter Steinmair / Christoph Perathoner (Hrsg.): Rechtsvergleichung an der Sprachgrenze. 2011.

Band 14 Werner Schroeder / Jelka Mayr-Singer (Hrsg.): Völkerstrafrecht, Rechtsschutz und Rule of Law. Das Individuum als Herausforderung für das Völkerrecht. Beiträge zum 34. Österreichischen Völkerrechtstag 2009 in Tramin/Südtirol. 2011.

www.peterlang.de